张勋

北洋风云人物

董 尧◎著

中国言实出版社

图书在版编目(CIP)数据

　　张勋 / 董尧著 . -- 北京 : 中国言实出版社，
2015.11
　　（北洋风云人物）
　　ISBN 978-7-5171-1617-2

　　Ⅰ . ①张… Ⅱ . ①董… Ⅲ . ①张勋（1854 ~ 1923）—
生平事迹 Ⅳ . ① K827=52

　　中国版本图书馆 CIP 数据核字（2015）第 247482 号

责任编辑　　史会美
责任校对　　崔文婷

出版发行　　**中国言实出版社**
　　　　地　　址：北京市朝阳区北苑路180号加利大厦5号楼105室
　　　　邮　　编：100101
　　　　编辑部：北京市海淀区北太平庄路甲1号
　　　　邮　　编：100088
　　　　电　　话：64924853（总编室）64924716（发行部）
　　　　网　　址：www.zgyscbs.cn
　　　　E-mail：zgyscbs@263.net
经　　销　　新华书店
印　　刷　　北京温林源印刷有限公司
版　　次　　2016年1月第1版　　2020年4月第3次印刷
规　　格　　710毫米×1000毫米　1/16　21.25 印张
字　　数　　335千字
定　　价　　45.80元　　ISBN 978-7-5171-1617-2

目录

第一章

顽劣少年 / 001

第二章

从当旗牌兵开始 / 021

第三章

恩赏一件黄马褂 / 043

第四章

他在南河沿安了家 / 065

第五章

徐州是久居之地吗？ / 087

第六章

他要在九里山上竖纛旗 / 111

第七章

在徐州建祠堂 / 133

第八章

我看咱们再观望几天 / 155

第九章

徐州召开复辟会 / 179

第十章

日本人灰溜溜地走了 / 203

第十一章

辫子军挥师北京城 / 225

第十二章

黎元洪握着张勋的冷手 / 249

第十三章

溥仪想起了不剪辫子的人 / 271

第十四章

辫帅逃进荷兰使馆 / 293

第十五章

石皮为破，破了破了 / 313

尾　声 / 331

第一章

顽劣少年

他从小就顽劣无比，八岁死了娘，十二岁死了爹，十四岁又气得后娘投河身亡。从此，他成了没有人敢管的孩子。

这就是幼年的张勋。可是，十五岁时候他却浪子回头了——

秧田里的风波

1868 年。仲夏。

江西奉新县的虬岭地区，已经许多日子没有落雨了，新插下田的秧苗，一片一片枯萎了，掠过地面的风也是干燥的。望着湛蓝的天空，许多庄稼人都在长吁短叹！

此刻，从赤田村走出一个毛头孩子，赤背光脚，腰间挂一件破烂的裤头，草绳系一只烂竹篓挎在肚皮前，手中拿一根竹棍，蓬头垢面朝一片秧田走去。肚皮挺着，脸仰向天，脚步迈得疾速，像是有十分紧迫的事要做。

他叫顺生者（张勋二十六岁以前的名字，虽然还有名叫系瓒，可村上人谁也不叫，早被人忘记了），是村上最顽劣的孩子，去年刚把后娘气死，成了无人敢收养的孤儿。望着他的背影，村上人不屑一顾地叹道："浪子，又到什哩地方去作孽！"

顺生者顶着烈日，从大道上下来，迈过田头埂，便大步流星地朝一片秧田冲过去。

　　这片秧田是岗嘴头村老翰林许振礽家的。许家殷富，牛强马壮，田广地肥，又有自家的河塘。秧田旱了，自然有水车往田中车水；田里有水了，苗壮秧青，一派葱郁。常言说得好：有水便有鱼。许家秧田里的鱼虾，引得这个天不怕、地不怕的孤儿顺生者心痒。故而，背着篓、拿着杆赶来摸鱼捉虾。

　　顺生者来到秧田中，把竹篓放在田埂上，手拿杆儿便跃进了秧田。

　　顺生者野惯了，平时无事还生非，何曾做事守过规矩。进得秧田，不管秧苗、垄溪，大脚小步只管糟蹋：刚刚复苏的秧苗被他踩入泥底，拦水的溪埂被他踩得沟沟壑壑。眨眼工夫，稻田中便一片片墙倒屋塌，像临了一场严重的雹灾。

　　许家的稻田里，近几天已经发现了好多片秧苗被这样毁坏了。主人十分气怒，决心抓住坏秧的坏蛋。于是，便交代了长工头老熊去暗地里守护。

　　老熊，五十岁的人了，在许家当长工也有二十多年了。为人忠厚，干活勤快，甚得翰林一家人的器重，十年前便委他做了长工头。秧苗被人糟蹋的事他也听说了，心里怪纳闷的："难道说是东家的仇人坏的？不会呀！翰林的人缘还可以，小辈们多是女孩子，唯一的一位少爷许希甫，正在馆里读书，是个典型的书呆子，他不会得罪人。再说，一片一片地毁秧苗，即便是报复，也算不了大仇。"老长工接受了任务，对东家说："我去看看。"又说："怕不是什么大事。"熊长工躲在一个河沟边，正在吸烟瞭望，忽见一个半大孩子钻进稻田，大跳大跃，发疯般地蹿来蹿去，把秧苗坏了许多。他从河沟跳出来，一边朝秧田跑去，一边大声吆喝："你在做什哩，小坏蛋？！"

　　顺生者正兴致勃勃找鱼寻虾，踩倒秧苗的同时，他也弄了一身泥水，早已成了一个泥人。听得有人喊叫，心中一惊，连逃跑也忘了。老长工冲上去，一抓把他揪了过来，大声骂道："坏东西，你家不吃米？秧苗都踩坏了，怎么长稻？你瞧瞧，田塍也都坏了，水沟也坏了，你家就不种田了吗？作孽不作孽？"

　　顺生者自知做错了事，任凭老长工叫骂，只是垂头不语，那光亮的额头，渐渐冒出了汗水，两只泥猴般的小手，只顾在沾满泥水的短裤上抓捏。此刻，熊长工倒是萌起了爱惜之情。他瞅瞅他，觉得这孩子眉眼、脸膛都长得端正，只是体瘦，面污，像个小乞丐。便换了和蔼的口气，问："你叫什哩名字？"

"我叫顺生者。"他仍然垂着头，半天才说。

"你是哪个村的？姓甚？"

"赤田村，姓张。"

"你爸叫甚名字？"

"我爸早死了，叫张衍任。"

"你娘呢？"

"前娘后娘都死了。"

老长工心中一惊，脸也沉了下来——原来赤田村张家发生的事，早已名扬八方。老长工心想："难道他就是把后娘气死的那个小……小……人人唾的孩子？"他觉得他又可气又可怜。老长工朝他走过去，用手为他擦抹脸上的污泥，又问："你有哥哥姐姐吗？"

"有哥哥，比我大一岁；还有个弟弟，两岁了。他们都过继给人家了。"

"为甚不把你过继给人家？"

顺生者垂下头，半天才说："人家都不要我。"

"谁抚养你哩？"

"自己养自己。"

"能养活自己吗？"

"赚到就吃，赚不到就去讨。"顺生者仰起脸，望着站在他面前的老长工，说，"有什办法，无爸无娘，无田无地，我是一个孤儿。"顺生者这么一说，老长工更加同情了。他抚了抚他的头，说："你这么大了，总是这样混下去也不是办法。现在河塘里有鱼有虾，冷天没有鱼虾怎么办？这么大的人了，去讨饭，好手好脚也不光彩。"他指了指被糟蹋的秧苗又说："你到处抓鱼摸虾，把人家的秧苗、田塍、水沟都弄坏了。干死了禾，人家会讨厌你的，有的人还会打你。何不帮人家去放牛，赚固定的饭吃，好不好？"

顺生者虽然顽劣，总也是十几岁了，心里也有了天地。早先，伯伯、叔叔都不愿收养他时，他就着实痛苦了些日子。他曾经扪心问过自己："难道说我就会像人说的，闯不出路来，必成为流氓赤膊鬼吗？我得争气，活得像人！"一年来，确实也难为了他，孤苦伶仃一个人，天天抓鱼摸虾，偷瓜摘果。有一顿，无一餐，饱一餐，饿一顿，东游西荡，怎么呢？听了老长工的话，忙说："大叔，放牛好是好，就是没人家要啊。"

"如果有人家要，你愿不愿干？"

"愿干。只要有饭吃，我就愿干。"

"能吃苦吗？"

"能。"

"能听话吗？"

"能。"

老长工看他答应得很诚心，很顺当，便一边夸奖几句，一边又说："好，就这样说定了。我回去问问东家，过两天你还到这里来，东家若是答应了，我就带你去，东家不答应呢，我也回你个话。"

顺生者感激地点点头，又内疚地望望被他踩坏的秧田。老长工说："你走吧。倒了的秧，我扶扶就行了。别忘了，过两天再来。"顺生者这才收拾了篓杆，胆怯怯地走了。两天后，他真的又来到这里。

老长工望见他，老远就笑着对他招手。见了面，就说："顺生者，算你幸运，东家答应了，你就到他们家去吧。"又说："东家姓许，是做官的人家。如今当家的老爷是翰林，有学问的人，你可得丢去恶习，好好学好，正儿八经地做人，说不定日后会有个出人头地的日子，到那时，才像个堂堂的汉子。"

顺生者答应道："您的话我听明白了，我一定会记住。大叔，以后我听你的，你就算是我爸。"

他气死了后娘

赤田村的张家也算是一门望族。据说，张家是北宋时由河北清河县迁来，到张勋——顺生者——这一辈，业经四十二代了，是系字辈。所以，顺生者大名系瓒。张家素有"清河世家"之称。赤田张家的第一代祖宗名张琼，与宋朝的开国皇帝赵匡胤同为五代后周周世宗战将，曾在战争中救过赵匡胤的命。赵当了皇帝之后，便封张琼为殿前都虞候，成了宋主赵匡胤的心腹骁将。后来被权臣陷害，囚于狱中。张琼为明心迹，撞墙而死。赵获悉后很后悔，遂封琼子为官。张家小子不受，便携带家小和父亲遗骨南渡，迁到赤田隐居起来。这都是张氏宗谱上记载的，并不见正史。其实也无须细考，哪家四十多代前的祖宗当皇帝老儿也好，四十几代以后的孙儿们也不一定受惠。如今只能说顺生者的祖上能说清的，他的祖父叫张大吉，号昆一，是个以种田为主兼做豆腐干的劳动者，为人倒也耿直忠厚，还会两套武功。张大吉身下有三个儿子，长子张衍恩，次子张衍任，三子张衍杞，都是种田的，顺生者张勋，是次子张衍任的二儿子。一家三代，种着二十多亩田，也算村上的中等户。谁料到了1861年，竟遭了祸事——

那一年，太平天国韦昌辉的队伍进驻奉新，路过赤田村时，想筹点粮款。村上人不明这支队伍的底细，吓得躲的躲、藏的藏，早已家家闭门，户户无人了，村上剩下的老的老，小的小，都是些无法管事的。队伍到了张家，竟找到了张大吉。原来这位张大吉自恃有两套功夫，觉得吃不了亏，更加上想护家中的财产，所以就没躲藏。太平军问他："村上的人哪里去了？"

张大吉说："各家有各家的事，我怎么知道他们哪里去了？"

"村上谁家是富户？你带我们去找。"

"我不知道谁家富。我也不带路去找。"

"这么说你就是富户。"几个兵口气变硬了，"把你的粮食交出来吧，再拿一千银。不然，我们不答应。"

张大吉性躁，又有武功，哪里吃下这样讹诈，便挺着胸说："你们是兵还是匪？要是匪就抢吧，屋里钱粮甚都有。要是兵，你们就滚开！我不喜欢这样的土匪兵。"

说骂之间，激恼了当兵的，他们抢起大枪就朝张大吉打过来。张大吉本来就讨厌这群兵，怎肯任其发疯。顺手摸起木棍跟他们对打。双方相斗有时，终因张寡不敌众，被砍伤了唇部，流血过多，不久便死了。

张大吉死后，三个儿子无法再在一起，便分居开来，一家分了八亩田。

次子张衍任领着妻子魏氏和两个儿子系新、系瓒（即张勋），一家四口，日子还算过得去。谁知分居的当年，祸从天降，魏氏竟暴病身亡，日子也开始萧条了。两年后，张衍任继娶温家村温氏为续室。家有不幸，祸不单行，张衍任续娶之后只有两年，也一病去了，留下温氏和魏氏所生的十三岁长子系新、十二岁次子系瓒，以及温氏腹中待出生的小生命。日月也就更加艰难了。

本来温氏续到张家时，张家的日子又有好转。顺生者十一岁时，还被送进学堂去读书。张衍任病故后，不久温氏又生了一个男孩（即张勋的弟弟张系球），一家四口的生活又拮据起来。顺生者便辍学在家了。哪知这个顺生者竟是这样一个不争气的孩子：顽皮、任性、胆子大、脾气躁、好斗好胜、好出风头，再加上身个大，臂力强，很快便成了村中的孩子王，人人皱眉的野孩子。他常常领着成群的孩子，抓鱼摸虾，捉迷藏、跳房子，横行闹事，打架斗殴。赤田村被他们闹得日夜不得安宁。

顺生者不仅与同龄的孩子相比个头大，还比他们智谋多，无论是要行兵布阵，还是孔明捉曹操，孩子们总得听他的指挥，他是主帅，是军师，又是草头王。一天，他指挥着十六个孩子将他八抬八托，竟前呼后拥地称王称霸起来。这事被他的叔父衍杞看见，黑起脸来骂道："混账东西，你要什哩熊呢？瞧瞧村上还有人当你是人吗？连老子娘都殁了，啥好日子，还不觉死？！"

顺生者从孩子们抬他的棍棒上跳下来，冲着老叔耍了个鬼脸，挺着脖说："谁不把我当人他就不是人！有一天我当了官，我连他个乡亲也不认。"

老叔气了。"你能当大官？！你能当大官赖猴子都坐八抬大轿了！日后说不定要拉着打狗棒吃千家呢。"

"老叔你等着瞧吧，张家坟茔再冒烟，一定是我顺生者烧的。"老叔气得拍着屁股走了，走了老远还说："只怕九族都要跟着你杀头哩。"

叔父的吵骂无济于事，顺生者还是胡闹混耍。这些天，不当"主帅"了，把孩子们分成两队，对阵耍起打仗来，他们见泥打泥仗，见沙打沙仗，见水打水仗，见石打石仗，闹得村中鸡犬不宁。有时是打玩取闹的，有时是恼了真拼，打得头破血流，哭号叫骂，家家大人出来息事，还是不得安宁。顺生者先是指挥别的孩子打闹，打闹不过瘾，自己下手。一次，他拿个石头块参了战，瞎眼一扔，正击中一个小男孩的脑勺，小孩立即倒地，哇哇大哭。大人来了，一见孩子头上流了血，声张起来："顺生者打死孩子了，头打烂了！"一边喊，一边冲进他的家中，对着温氏继母说："这儿子不是你生的可是你养的。你养儿子为啥不教他学好，如今把我家孩子头打烂了。你们给养伤吧，以后有个三长两短，我跟你家没完！"

温氏明知顺生者不是个安分的孩子，又见这小孩满头是血，歉疚地先赔不是，好话说了千千万，又忙着煮了鸡蛋送到人家家中，总算把人家的火气按下了，这才把顺生者叫到面前。

"我问你，你干了什么好事？"温氏怒极了，说着扬起了巴掌，照着顺生者的屁股，"啪啪啪！"一连打了几下。又说："你打仗生事去吧，这里不是你的家，中午不准你吃饭！"

顺生者哪里是听训的孩子，他瞪着眼对继母说："后婆哩，我不要你管我。你凭什管我哩，你是啥人？"

温氏一气，通身发抖，瘫在地上再也说不出话。

顺生者这还不满足，他觉得后娘要管他，以后不知要挨多少打骂，便心生一计，先把自己的脸皮抓破，弄得满面血流，跑到伯父张衍恩家中，躺在地上大叫起来："后婆要打死我了，我不能活了。后婆狠心！大妈救救我呀！我没有命了！"

张衍恩和妻子听得侄子在屋外哭喊，急忙走出来。一见侄子通身泥土，满面血流，心里早已又急又气了，何况这侄子又没爹没亲妈，觉得真是受了后妈的委屈，大伯张衍恩，怒瞪着双目，直望温氏的房屋，虽未张口指责，却十分气怒。大伯母却沉不住气了，躬身拉起侄子，一边为他擦抹血水，一边说："顺生者莫哭，大妈为你出气，我不许那婆子虐待你。走，咱们找那婆子算账去！"大妈领着顺生者走进他的家，未见人便大声吆喝起来："他婶，你出来。出来睁眼看看，看看这孩子的血肉……"

温氏忙从屋里走出，正想说明顺生者如何顽皮，打伤了邻家孩子的头。未开口即被嫂子堵住了口。"你不用辩，孩子如有不对可以教他，怎么能动手就往死里打？！你也养儿子了，你儿子也是肉身子，你能那样打他吗？做后娘不能心忒狠，要手掌手背一样看。真不想要这孩子了，就明着打发去，卖也好，推下井也好，不能这样恶他……"

温氏是老实人，听得大嫂这么谴责，早已急昏了头脑；又见顺生者那么作假激大妈，心中又恼，竟是一句言语也说不出，便转身回屋，躺到床上痛哭起来。

大妈吵骂半日，气也消了，这才领着侄儿去洗面上的血污，却见并不是什么重击的伤，只是小小地伤了一点皮；再想想这个不争气的侄儿，知道自己过火了，有点后悔。想待消消气，再向温氏赔个不是。温氏哭了半天，越觉后娘难做，自是十分委屈。一气之下，跑出屋外，竟跳进一个石灰塘里淹死了。

家中小事出了人命，温氏娘家自不能善罢甘休，男女上百口人一起拥到张家，打起人命来。吓得张衍恩和妻子跑到不知什么地方去了。温家不好如何顺生者，因为他还是个孩子，只好把气怒冲在家产上。于是，把他们的八亩田以及破旧家什全卖光，买棺木，买衣裳，大吃大喝，闹腾得净光才算了事。死人的事完了，家也完了，三个孩子成了孤儿。经过族上人议商，老大张系新，过继给堂叔张衍寿为嗣子，老三张系球由大伯张衍恩抚养，唯独老二顺生者张系瓒，谁也不愿收养，生怕他惹是生非，只好任他流荡……

走上正道，真不容易

岗嘴头的许家，共兄弟二人。老大许振礽，是个翰林，没有出外做官，只在家中守着田土，教养子侄；老二许振祎（字仙屏），在江宁做着布政使，这是一家远近有名的书香门第。

那一天，顺生者跟着老长工来到许府。到门外，他便愣住了——原来这许家府第，是一片十分威严的深宅大院，整个院子全是灰砖灰瓦，高高的门楼，洞黑的大门，两只石狮蹲在门外，活的一般。赤田村没有这样的深宅大院，顺生者不知这样的高门楼里是怎样一片天地，怕进去了有什么不祥。老长工拍拍他的肩，说："走吧，别怕。有我呢。"

顺生者这才胆怯地往里走。进了大门，绕过影壁墙，眼前豁然一片开阔，竟是四边有对称瓦房的一个宽敞院落。东西厢房门外，各有一棵高大蔽天的梧桐树，以致院中有些阴冷感。他朝房里瞧瞧，并不见有人，却见有些囤囤箩箩。老长工对他说："以后你就在这前院跟着叔叔伯伯们干杂活儿吧。该干什么，叔叔伯伯们会叫你的，你得听话。"顺生者点头答应。老长工压低了声音又说："要记住，不叫你千万不能到后院去。后院是不许随便进出的。那里住的是东家老爷、奶奶，还有少爷、小姐。记住了吗？"

顺生者点点头。本来他并没注意后院，老长工这么一说，他却来了兴趣。侧着脑袋往里一瞅，只见又是黑洞洞一片，唯能分清的，是前后院相隔的那个穿洞房，竟是一座两层的楼，像个树桩般地立在院中。顺生者有些心跳地想："这就是我的新……安身处？！"又想："这片地方太可怕了，还许我撒野吗？我可得安分些！"

进许府的那年，顺生者十五岁。那是同治七年（1868年），戊辰。顺生者也已经长成人了，高高的身个，大大的圆脸膛，胳臂腿都是一派能够出大力的胎子。只是初来乍到，脸上总不免呈现出腼腆和紧张。老长工交代了一番在许府的规矩，介绍了几位常靠近的男工女佣，又给他安排了一个躺身的地方，还送给他一条破被子，两件裤衫，这才说："顺生者，你总算有了安稳窝。往后，就看你自己闯荡了。"停了片刻，又说："这里虽说院大府深，有钱有财有势，可也有一大群和你一样的穷人。许家的人咱们不说长短，这一大群穷人，可都是心眼极好的人，往后你就知道了，他们会像爹妈一样照料你。你呢，也得吃馒头争（蒸）口气，往日的性子改改，走正道。不就是心眼儿平和点，不惜力气多干点活吗？勤快些，不惹事，人人都会喜欢你的。"老长工交代着，顺生者不住地点头说："是——"老长工见他这样虚心听话，心里便多了几分高兴。又说："这样吧，从明儿起，你就赶着犊儿到坡田里去放牧。活不重，只是管着它们别到处跑，别坏了庄稼。"

顺生者住进许府，有了安乐窝，有了饱饭吃，还有那么多叔叔、伯伯、婶婶、大妈不给他冷眼看，他一下子觉得天地都温暖起来。当天夜里躺到铺上，翻来覆去睡不着觉，便瞪眼瞅着洞黑的房顶自问："顺生者，你都十五岁了，身个也不小了，总干些惹人骂的事，到以后赤田村不能回，岗嘴头没有人要，你去何处？难道去当强盗？"他回溯他走过来的路，回溯他气死了的后母，叔伯们谁家也不敢收留他的孤零遭遇，他哭了。"从今夜起，我在许家重新走路，走正道，一定让他们看看我不是个坏孩子！"

常言说得好，浪子回头金不换。顺生者回头了，他要成为好人。放牛、扫地、挑水、冲茶、捡拾柴火，什么活他都抢着干，谁的话他都认真听。不几日，许府的长工，用人，个个都喜欢他了，渐渐地把他当成自己的儿子对待，照顾他吃穿，照顾他干活休息，并且给了他许许多多夸赞。也该着顺生者出头有日，在许府两个月，竟然认识了和他年龄不相上下的小少爷许希甫。

许家有自己的学馆，在深宅大院，由一位叫刘毓贤的老先生守着，除了许希甫一个男孩之外，还有几位小姐妹，读书之外却也十分孤寂。许少爷先是早晚出来找顺生者玩玩，后来便领他到后院学堂里去。三来两往，成了不可分的伙伴。不久，他又向他的伯父许振礽提出，要让顺生者做他的书童，来家塾伴读。

许振礽皱着眉，一边想一边说："顺生者，什么人？来了个放牛的，我怎么不知道？"

这时，那位收容顺生者的长工头凑上来，把当初的收容情况又说了一遍，许振礽方才想起。忙叫老长工把顺生者叫到面前。这位许家当家一看，觉得他很清秀，也活泼，又听长工们对他的夸奖，倒对这位新来的小牧童有了很好的印象。

原来这位少爷许希甫，是老二许振祎的独生儿子。许振祎在外地做官，儿子教养事便托给了守家的兄长翰林许振礽。许振礽十分喜爱这个侄儿，也就顺口答应下来，并对顺生者说："陪着少爷读书，只需好好侍候。万不可调唆他干邪事。另外，家塾刘先生也是位长者了，同样要好好侍候。做事差错了，我可不答应。"

顺生者到学馆之后，许希甫便领着他拜见了老师刘毓贤。这位刘先生也是一位名儒，安义人，在许家坐馆多年，深受尊崇，又见顺生者也是眉清目秀的后生，交谈几句还觉知理，便高兴地点着头说："你就伴着少东家读书吧。看你也挺机灵的，能跟着读点书，岂不更好。"

顺生者连连点头，并说："谢谢先生，我一定听你的话，照顾好少爷，也服侍好刘先生。"

刘毓贤教了大半生书，养成善教爱才之心，教书之外，很注意观察这个书童。一经注意，便觉他有许多长处：心灵手勤，侍候人很有眼色；少爷读书、背书时卡了螺丝（忘记了，在先生面前背不出），他便从旁帮两句腔。这样，先生更喜爱他，没有书便帮他买，还帮他添置些纸笔墨砚，把他正式当成了义教学生。顺生者又重新获得了读书的机会。这样过了三四年，他在许府不仅身个长高了，本领也长进了。不幸的是，同时也染上了赌钱的恶习。

俗话说得好："心似平原跑马——易改难收！"顺生者起先是晚上跟着长工、用人们看赌，后来便下水试着玩玩。不想越赌胆子越大了，有一次赌得大输，竟把几年的积蓄全输光了，还欠了许多账。赢家觉得他是少爷面前的贴身人，一定有许多钱，便逼着讨债。

顺生者原本是个浪荡孩子，收敛了几年，恶习还是不断根的，混进赌场，走了下道，已是撒野的复活。如今欠账难躲，便又故技重演：竟然胆大地将东家几件贵重的衣物偷出还了赌债。一些衣物也就罢了，谁知其中有一件御赐的花瓶——被许家视若珍宝的——也被偷出还债。这一下惹出了麻烦。许家这件珍宝，府中上下人人皆知，谁收到手也不敢留。于是，慌慌张张，议论纷纷，竟被东家发觉了。许振礽是位治家极严的人，马上把顺生者找来，怒冲冲地训斥道："把你当成有出息的人养教起来，原来你恶性不改，竟偷到我头上来了，连御赐的珍物也敢偷，这还了得！再过几年，你岂不是要外通强盗，把我抢个倾家？！我养不住你了，你还回你赤田村吧。"

顺生者跪地求饶，表示"绝不再犯"，东家还是怒气不消。最后，还是刘先生出来说和，又由少爷拿出一部分体己钱将花瓶赎回，才算了事。可是，自此之后，许家对他就不像以前那样信任了。

出事的那天夜里，刘毓贤先生把顺生者拉到自己屋里，以老爹的情怀对他做了许多劝说和开导，告诉他应该怎么做人，应该如何待事；还告诉他人生的意义。末后说："顺生者，你也是个苦孩子，从小就没有了爹妈的疼爱，没走正道，那是情有可原的。'玉不琢，不成器'，谁生下来就是圣人？可总不能不长进呀！许家待你不薄，尤其是少东家。这次为了赎回那个御花瓶，少东家把自己的积存差不多全拿出来了。往后，你可得千万千万走正道呀！"又说："你也是看见的，许家算得大户人家了，还做着外官，家里人谁敢越规？连少爷也处处规规矩矩。我希望你有一天从许家出去，能成为一个好人，成为一个堂堂正正的人。"

刘先生的苦口婆心，大大感动了顺生者，他觉得刘先生的话句句都暖着自己的心。他跪倒在刘先生膝下，抽泣着说："刘先生，你的话都是老爹一般的话。我的老爹没来得及对我说，今天从你这里听到了。我一定记在心里，好好地做人。今后再发现我走邪道，请先生再别把我当人看待。"

刘先生扶起他，又劝勉了几句，这才把他送出来。

顺生者回到房中，躺在铺上左思右想，痛心地哭了。整整哭了一夜……

不久，许翰林决定，让刘先生带着侄儿希甫到南昌府里许家公馆去读书。顺生者仍然以书童伴少东家去了南昌。

这一年，顺生者二十一岁。

南昌城里遇知"姻"

南昌，赣江下游的一座古城，汉时为郡治，隋属洪州，明清才设南昌府，是江西省政治、经济、文化的中心；再加上有百花洲、青云浦等名胜古迹，早已成了江南最繁华的城市。

顺生者跟着少爷和刘先生来到南昌府，住进许公馆。只觉得这公馆的宅院又不同于乡下岗嘴头村的许府，却也不敢仔细打量。他一再告诫自己："务要改邪归正，多干事，少言语，不干那些不三不四的勾当，洗洗自己往日的臭名声，做一个堂堂正正的人。"许家公馆，是南昌府有名的半官半宅的府第。二进二出的宅院，平时只有几位闲客和几个用人住着。每年许氏二兄弟只是议商家、官事情，宴请官商人物或做寿、摆喜宴、办丧葬时在这里聚会几次。安排许希甫随老师来这里，是为了让他安心读书；再就是让这位少公子有机会多接触些社会贤达、官场人物，练一练以后入仕的能耐。这个用意是由翰林告诉刘先生的，少爷和顺生者都无从知道。所以，一个安心地去读"四书五经"，一个老老实实地去做该做的杂务事——岁月又转入了平静、安逸之中。这样，许家公馆也就一时无事可说了。

如今，让我们说一个"局外人"——一个在街坊上洗衣裳、做针线穷熬日月的孤寡老人李妈。

许公馆附近，有一条无名小巷。说是小巷，也属象征。其实，只住着几家搭着草屋、苦力混穷的贫苦黎民。李妈便是其中之一。她是清节堂的洗衣人。清节堂，是一所孤儿寡妇的收养单位。

李妈，六十出头，矮短身材，有点儿驼背，花白的散发蒙着半边布满皱纹的脸膛，颠着辣椒儿似的小脚，不分冬夏地坐在巷头边一个水井旁洗衣服。夜晚便坐在孤灯下做针线。她没有亲人了，身边只有一个九岁的没了爹娘的外孙女。这女孩虽然也是副瘦弱的身子，眉眼长得倒受看，圆圆的脸膛、圆圆的眼睛，墨黑的头发，脑后垂一条长长的辫子。这女孩姓曹，大名小名连在一起只有一个字，叫"琴"——这就是后来被皇上诰封为"一品夫人"的张勋的原配——小曹琴很勤快，外婆洗洗补补，她便拎着竹篮子外出拾破捡烂，回家烧火做饭。婆孙俩相依为命，倒也安逸。

李妈常到许公馆来洗送衣服。公馆门里有间管事房，房中墙角边有一张长凳子，隔一天长凳上便放几件要浆洗的衣服。李妈进来，有人便打声招呼，然后不声不响地把衣服拾到竹篮里，转身便走；衣服洗好了，还是这样，规规矩矩放回原处，转身便走。李妈给许公馆洗衣服不讲价、不收钱，只在月末或季末由管事人打总给。一个苦老婆子，堂堂公馆还会亏待她吗？每次收钱她都笑得眉飞色舞，连声说："这么多，这么多！"

有一次，李妈拎着洗好的衣服来到管事房，看到一个陌生的年轻人，便笑嘻嘻地说："小哥哥，你也是来这里办事的？"顺生者望望李妈，说："你是大伙说的李妈，对吗？"李妈点点头，说："你……"

"我叫顺生者，是新来的少爷身边的书童。以后你就认识了。"

"呀！你就是那个书童？"李妈揉揉眼，说，"也是个苦孩子。这样吧，以后换下的衣服就放这里吧，李妈我给你洗。"

"不啦，李妈，我自己能洗。"

"哪有男孩子洗衣服的？"李妈说，"还是交给我，费不了多大事。"

那以后，顺生者真把换下的衣服交给了李妈，李妈也认真地为他浆洗。一来二往，都是穷人，日复一日就亲和起来。这李妈是个心地善良的人，知道顺生者是个苦孩子，便像关心自己的孩子一样关心他，每次来公馆取送衣服，总要见着顺生者，问寒问暖地谈阵子，并且还常常带着针线，把他的脏烂衣服给缝补缝补。顺生者心里热，每当李妈为他做什么活计，他便偎在身旁，一口一声地"李妈，李妈"叫个不停，还常常把少爷吃剩的鱼肉，或少爷给他吃的东西或他舍不得吃留下来的好吃食送给李妈。说来也算有缘，李妈总觉顺生者像自己的亲儿子一般，有时没有衣服取送，她也到公馆来见见他，唠唠叨叨地问长问短。顺生者呢，也总爱见见李妈，有时还跑到小巷子里的清节堂或草庵子去看李妈，帮她做点儿笨重的活计。这样来往之后，自然便跟曹琴熟悉了，有时李妈不在家，他们便坐在一起唠叨什么，像一对兄妹似的亲亲热热。李妈是个有心人，见着他们亲亲热热，自己心里也热。人穷更怕无依靠，往日，她常常为婆孙俩的孤独伤心难过。现在，心里不难过了，猛然间便感到欣喜起来。

有一天，顺生者又来到草庵，坐在李妈面前跟李妈谈心。李妈装作无意地问道："小哥哥，听说你爹妈都不在了，是吗？"

"是。"顺生者说，"连后妈也死了。"

"真是一个苦命的人呀！"

"往天苦，现在不苦了。"

"为啥？"李妈明显的有点失神。

"在公馆里，有少爷、有刘先生，他们都十分疼爱我。"顺生者说，"外边有你，像亲妈一样疼爱我；还有这位小琴妹妹，也愿意和我说话谈心。都很亲热的，我还苦什么呀！"

李妈乐哈哈地点着头。又问："你喜欢琴妹妹吗？"

"喜欢。"顺生者忙答。

"她小，还不懂事。"

"懂事。比我懂事多了。"顺生者此时很激动，竟不知该再说什么，停了一阵才说，"我比她还大五六岁的时候，把后母气得自去寻死呢。"

李妈听他说过"气死后妈"的事。今天她不想勾起那个难堪的往事，忙说："别说那些陈年古董的事了。既然你很喜欢小琴，我想跟你商量一件事，你说行吗？"

"李妈，你说吧。要我干什么都行，别说商量的话。"

"不要做什么事，只要你答应一件事。"

"你说的事，我都可以答应。"

李妈陡然忧伤起来。她拉起衣襟，抹抹眼睛，又轻轻地叹声气，才说："我这个外孙女，跟你一样是个苦孩子，从小就没爹没妈，跟着我糠一把、菜一把地活下来。穷日子也磨炼了她，炼得她心眼好，会干活。我也是黄土埋到脖的人了，不知哪一天就不行了，留下一个女娃，无依无靠怪可怜的。我想把她嫁给你。就想叫你答应这件事。你说能答应吗？"

顺生者心里一惊，脸上顿觉热辣起来——他没有思想准备。二十多岁的人了，虽然青春期早到，他却不敢想媳妇的事，自己的一张嘴尚无处放，连个遮风雨的草庵子也没有，过了今儿不知明日的人，凭啥想女人？除了做梦之外，他连正眼也不敢看女人。今天，这位善良的老妈妈把女人送到他身边，他怎能不惊，怎能不喜！可是，他毕竟是寄人篱下，上无片瓦、下无席地，收人家的女娃往哪里放呀？！他眉头锁了展，展了锁，头垂着，两手不自然地揉搓着，半天才说："李妈，我是无家无亲人的独身人，我无本领养活琴妹呀！"

李妈摇着头说："独身怕啥子，屋里有了女人就不独身了。别说穷，小琴从娘肚里出来就穷。穷人就不要家了吗？穷人也得娶妻生子，也得传宗接代。我就不能想，张家到你这一代就断了香火！"

"李妈，只要你不怕琴妹跟我受苦，我就，我……"

李妈笑了。

顺生者这几年学乖巧了，一见李妈笑，忙改口称"外婆"。又说："我是个伴读的书童，无钱无物无住房。等我……"

李妈忙说："不急。小琴年纪小，完婚的事放几年不晚。"

顺生者说："请外婆放心，我以后一定好好干，干出点名堂，光光彩彩地娶琴妹。"

李妈心里的一块石头落了地。又说："小琴还跟我，我能养活她。日后你们成家时，我也不会亏待她，你只管好好地干你的。"

正说话间，曹琴从外边回来了。她挎着的竹篮子里，满满地拾了一篮菜叶。外婆冲她笑笑，说："琴呀，你看谁在屋里？"曹琴放下篮子，匆匆走进草庵。"啊，是顺生哥！"

外婆一本正经地说："往后就别这么叫了。昨儿同你说的话我已对顺生者说了，他答应了。以后……以后……"以后怎么称呼，李妈也没有主见。吞吐了半天，只说："是一家人了，咋着办？凭你——"

李妈的话刚说一半，曹琴早扭身跑出去，躲了起来——显然，他们之间发生了什么事，她是知道了。不知该喜还是该忧？小曹琴躲到一个僻处，心却跳得十分猛烈，她想静也静不下。

他要去闯荡世界了

自从答应了曹琴的婚事之后，顺生者便变成了另外一个人，沉默少语，行动迟缓，头总是低垂着，仿佛有重大的心事压在头顶。顺生者毕竟是二十好几的人，坎坎坷坷的生活给了他苦头，给了他教训，也给了他做人的开导。现在，他就要有个家了：有女人，有负担；有孩子，有负担。"堂堂正正的男人，总不能让岁月压死！"他又想："李妈是个苦命人，小琴也是个苦命人。两个苦命的女人，一老一小，该是世界上最苦的人。现在，人家把希望放在我身上了，我总不能让人家继续苦下去。再让人家苦，李妈还好说，那不误了小琴妹妹的终身！"

从岗嘴头许府到南昌城许公馆，顺生者都是老老实实、一声不响干活吃饭的，没有向少爷和先生提出任何要求。没有家，没有牵扯，有什么要求呢？现在，他在苦苦的思索中，觉得该向少爷提些请求或帮助？请求什么呢？他又想不准。要房子吗？来收养这苦命的婆孙二人。不行，现在八字还少一撇，要不得。要东西帮这婆孙二人吗？不行，那不是人家许家的责任，一切都得靠自己。"男子汉不能兴家立业养女人，那还算人吗？"他想去闯荡自己的家和业。

可是，到哪里去闯荡呢？闯荡什么呢？顺生者为此事忧愁了许多天。后来，他壮着胆子，把心事告诉了刘毓贤先生。刘先生先是心中大喜，觉得"这才是男子汉气派，敢到外边世界闯"，然后又锁着眉帮他想门路。"生意买卖不是你干的，也没有那么多资本。还去干什么呢？干什么都不易。凭着你这副体型身个，最好去军营里闯荡。你又机灵好学，准能闯一条宽路。"

顺生者也觉得自己是当兵的"料"，想去当兵。"我去当兵吧。我能混好。"

当天晚上，刘先生把这事对少爷许希甫说了，并且表明自己的想法："二十好几的人，总不能老是做书童，少东家你就帮他帮到底吧。许府官场上的路广，军中也有许多亲朋，无论大东家还是二东家，能出个面，推荐一下，也算许家给他一个厚恩。"又说："此人天赋还好，扶向正道，说不定会成为有用的栋梁；任他瞎去混，走了下道，啥坏事都可能干得出。别管怎么说，也是在许府过了许多年的人，还是帮他走正道。"

许希甫极尊敬老师，当然会言听计从。再说，他和顺生者一直是情投意合，更愿帮这个忙。便对老师说："先生放心，我去对伯父说明，他一定会推荐的。"

隔了两天，翰林许振礽来公馆会客，少公子瞅个空把这事对他说了。翰林爽快地说："这是一件好事，顺生者也成人了，总不能让人家当一辈子书童。此人虽也干了不正当的事——他没有忘记偷御花瓶的事——但在咱们家里，还是出了大力、干过许多事的。这样，南昌府台衙内是我的门生，如今也是有了官职的军人，我写封信推荐，明儿让他去就是了。"停了片刻又说："按照咱们的家规，下人出走时，都要厚赠点儿，你多给他点钱。再问问他还有什么事要咱办的，尽量帮他办好。听说最近他也订了亲了，咱们也该表示一下。"

许希甫都答应了。并且一件件告诉了刘先生。刘先生当晚便告诉了顺生者。"这就好了，只要东家出面，你一定会有个好去处。"屈指算来，顺生者进许府已经十多年了，一旦要离开，他心里挺不好受。晚上，他走到许希甫书房里，默默地把已经收拾好的书和文房四宝又重新收拾一遍，然后坐在许希甫面前，很想说点什么，却又沉默不语。许希甫也想对他说些话，二人相伴十多年了，有着深厚的情感，早已消失了主仆之分，能不惜别！可是，他也说不出话。直到夜很深很深时，他们才分手，许希甫破例地送他到他的住屋门外。

顺生者进屋时，发现刘先生正在等他，忙说："刘先生，您还没睡觉？"

"没有。"刘先生说，"明儿你就要走了，我猛觉得有许多话要跟你说，所以，就到你这里来了。"

"谢谢刘先生，"顺生者说，"我也和您一样，也想说许多话。"二人对面坐下，却又默不作声。唯有窗台上点燃的那支蜡烛，燃放着枣核般的火苗，有时发出低微的"噼——啪"声。沉默许久，还是刘先生先开了口："顺生者，你是最适合当兵的人，到外边闯闯，混得好，将来可能是个将才。好好干，路都是自己走出来的。我相信你会走好。"

"刘先生，这多年您对我帮助教育太多了，我永远不会忘了您。只要我能混好，我一定报答您。"

"报答什么？"刘先生摇摇头，"只要不误了人家子弟，我这教书人就心满意足了，哪曾想着图回报。你虽然不是我的正式学生，我可是把你看成义教的学生，有时比对少爷还费力。为啥？你不同，没有条件读书，肚里没文化底儿，不多费心不成呀！"

他们又谈了好久，刘先生也觉困乏了，明早还得早起讲学。他要告辞。不过，刘先生站起身，却又坐了下来，像是想起了大事："顺生者，我也是个穷苦先生，没啥好赠你的，思来想去……"

还没等刘先生把话说完，顺生者早插上话了。"刘先生，您可千万不要送我什么东西。吃粮当兵去了，队伍上什么都有，用不着咱们自己带。"

"不是这个意思。"刘先生说，"我想送你一个最有纪念意义的礼物！"

"什么礼物我也不要！"

"这个你得要。"刘先生说，"你去当兵了，不能再叫'顺生者'了。原先起的系瓒那个名字也不好听，又没有叫传开。我给你取个名字吧。"

"好好，求先生还求不得呢。"顺生者高兴了。

"当兵要好好干，要勇敢保家卫国，建立功勋。今后，你就叫'张勋'吧！"

"好好，这名字好！"顺生者说，"我谢谢先生，现在就改叫'张勋'。"

从那以后，张勋便成了他的名字，越叫越响，响到在中国近代史上绝无人敢遗漏！

张勋决定去当兵之后，便急匆匆地走进无名巷、走进那座低矮的草屋，向他的岳外婆和未婚妻曹琴去告别。

李妈早听说他要当兵了，十分热情，备了荤素两样菜，又打了半碗酒，与张勋面对面坐着，表情有些喜忧交错地谈着家常话。无非是些"好好照顾自己"，"多捎信来，免得惦记"，"注意热冷添换衣服"，等等。张勋都一一答应了。李妈又说："咱娘儿俩都是苦命人，小琴跟你一样苦。你吃粮当兵去了，千万千万别忘了咱这苦命人。我连连做梦，梦着我和小琴跟着你出去了，你当了大官，骑上高头大马，俺婆孙俩都坐着大花轿，要多光彩有多光彩……"李妈说激动了，浑浊的眸子流出了两行泪水。她又拉起裥襟子去擦抹。"那只是梦。我也不想有什么光彩。往后日子混好了，小琴有个落脚处，我一把老骨头埋哪里不行！"说着，又去抹泪。

张勋也有些凄楚地说："外婆，你的话我都记住了。我能混好，一定能。混好了，头一件事就是把外婆接到我身边去，把小琴妹妹接过去，咱一家人永不分离。"又说："到那时候，世界上什么好吃我买什么给你们吃；什么好穿我买什么给你们穿；什么地方好玩我就把你们领到什么地方去玩。地主老官们享过的福咱都享，让你婆孙俩扬扬眉，吐吐气，挺起腰杆做人！"

李妈的泪水又旺了，苍老的面颊上划出深深的两条溪。"会有那一天，我信。我知道你是个有出息的人。你说的这些都会办到，会办得到。"说着，把酒碗推到张勋面前，又把筷子用袖子擦擦递过去。"算外婆给你送行，喝吧，喝了就吃菜。"

张勋端起碗没有喝，捧到李妈面前，说："外婆，我借你的酒先敬你。一敬你千辛万苦养大了琴妹妹，把她给我了，我谢谢你；二敬你像娘一样关心我，使我这个孤儿又受到了亲娘的温暖；再就是向外婆拜托一件大事……"

"什么大事？只管说。千万别说'拜托'不'拜托'的话。"

"琴妹妹还小，俺也不能成家。我去当兵了，也不许带女人。外婆还得再苦几年，还得把琴妹妹拉扯大。"说着，把酒碗递给李妈，然后"扑通"跪倒在李妈面前。

李妈听得张勋如此说，已经喜得眉开眼笑，一见张勋跪在面前了，又有些惊。接过手中的碗，说："快别跪，快别跪！外婆我喝，喝了这酒！"

李妈喝了酒，把外孙女小琴叫到面前，说："琴呀，你过来。咱穷家破户，不必守那老规矩了。你已是张勋的人，早晚得吃一锅里饭。他要去吃粮当兵了，你们成家还得二年，这一走，就不是往天似的天天能见了，有什么该说的话，你们就开开心心地说说，都别羞口。我去给你们做饭。"说罢，便走了出去。临出屋又说："小琴，那碗里是酒，让顺生者——如今改有大名了，叫张勋了，让张勋哥哥多喝几口。"

曹琴是刚刚十二岁的女娃，对于家还是云雾般的想象；更还没到思索男人的年龄的时候。早时外婆对她讲了，她认为嫁人还是童话般的渺茫。而今，竟面对面地同男人说起告别的体己话，小琴实在惊恐得不知该如何说！

站立在张勋面前，只觉脸热。她把头垂下，一声不响。

张勋虽然二十四五岁了，谈爱说情的事却从不曾有过。今儿此刻，他也有点慌张。两人沉默了许久，还是张不开口。后来，大约是曹琴想起了外婆让她"劝酒"的嘱咐，便低垂着头，端起酒碗，走到张勋面前，脸也不敢看地对他说："哥哥，你……你……你喝吧！"

张勋双手去接，却见曹琴脸涨红、额冒汗，眼睛微微地闭着，一绺墨发垂在耳边，那羞怯劲儿令他心中一热——他把酒碗接过放下，竟身不由己地伸开双臂，一下子把她搂在怀中……

第二章
从当旗牌兵开始

有人说"好人不当兵，好铁不打钉"，其实是一种偏见。历来的兵中就不乏好人。军阀大混战年代，军营就成了烘炉！

张勋走出了许家公馆，去闯一片比许家扩大了不知多少倍的世界——

当了一名旗牌兵

张勋拿着东家许振祎的推荐信，到南昌府当了一个旗牌兵。也就是后来人们常说的侍卫兵。这一年是光绪五年（1879年），张勋二十六岁。

清朝自1636年（丙子）皇太极崇德元年始改国号为"清"以来，已经二百四十三年了，所谓康乾盛世早已不再，咸丰、同治、光绪，朝野上下无人不觉日落西山。"大清的气数尽了！"

张勋在江西南昌府当兵的时候，那个本来也执不了政的光绪皇帝，又赶上流年不利，头前年便是倾国性的旱连着涝，春夏多半年无雨，秋临又阴雨连绵，连长城脚下的永定河也决了口。光绪五年，更是水旱连接，再加上地震、蝗灾，举国上下早已凄凉一片，十户九贫了。于是，匪祸四起，盗寇揭竿，百姓涂炭，尸横遍野。

南昌府还算幸运，没有多大的灾害，人们还算有饭吃，有田可作。有"太平"日子可过。官也好、兵也好，总是平平庸庸，得过且过。

太平官好当，太平兵却不好当：没有腾达的机会。张勋在南昌府当了两年旗牌兵，依然是个旗牌兵。人也快到三十岁了，"三十而立"！他怎么立？到哪里去立呢？他有些着急了。

一天，他偷偷地走出衙门，先到小巷里的茅草屋去看了看曹琴和外祖婆，然后便偷偷地走进许公馆——他想找到刘先生和少爷许希甫，请他们帮他另攀高枝。

许希甫原本同张勋就情意相投，十分亲密。如今，他们又不常见面了，何况张勋也不是用人而是官府里堂堂一兵了，所以，他对他十分客气，香茶一杯，对面坐下，推心置腹地谈起相互爱谈的话。

"少爷……"张勋看到应酬完了，想谈心事。话刚出口，许希甫便摇手。

"以后千万别这样称呼。"许希甫说，"咱们得算同窗好友，万不可分主仆，有话只管直说。"

"好好。"张勋点着头，但又说，"咱俩对面可以，在许府或许公馆，我是绝不敢造次的，得规规矩矩。"许希甫还是摇头。

"我直对你说吧，有件事还得求你帮助。"

"说吧，啥事？"

"当兵也快三年了还是个兵。你看……"

"嗯！我明白。"许希甫微微锁了锁眉，又说，"南昌府台的这个衙内，也不是个正人君子，靠他也大多靠不住。"他又思索一阵子，说，"南昌地方，还有什么去处会更好呢？"

"离开南昌也可以。"张勋说，"好在我是只身一条，无牵无挂。"

"那曹……"

"你说曹琴祖孙二人？"

"是啊！"

"不怕，我们还不知道哪年哪月哪日才能完婚。再说，我混不好，也无法结婚。这两年我走远点，她们也会乐意。"

许希甫听张勋这么一说，先是轻松地一笑，然后说："这样吧，我父亲有个朋友，叫潘鼎新，如今是湖南的巡抚。人很好，我见过，又十分敬我父亲。介绍你去湖南怎么样？"

"好是好，"张勋说，"只是，老爷在外地做官，不知何时才能介绍？再说，还不知老爷乐意办这件事不乐意？"张勋尚未见过这位在外地做官的许家老二，怕只是空口说说。

许希甫淡淡地笑了。"这你就放心吧，我以父亲的名义写封信，你拿着去湖南。不成呢，回到南昌来，再干旗牌兵，以后瞅机会；成了呢，在湖南有个好地方，以后我对父亲说一声，也不是大不了的事。"

张勋觉得这是个两全其美的事，便点头答应了。许希甫取来文房模仿着父亲的笔迹，便给湖南巡抚潘鼎新写了一封盛情的信，无非是说些思念的话，末后提出"有一位至亲好友，想到兵营谋点差事，务盼多多关照"。信写好，又拿出体己的钱给张勋做路费。"你去吧，我想没有问题的。"

"这钱我不要。"张勋说，"我还有钱。我最近两天就动身。"

"钱不能不要。"许希甫说，"就算你有路费了，这钱算我帮你安家的。你拿给曹琴她们吧。你这一走，若是事成了，不知几时能回来，也惦记她们。留点钱给家中，心里边实在。"

张勋说了几句感激的话，还是把钱收下了。张勋走进无名小巷，见了李妈，叙说了一遍要去湖南的事情，然后说："外婆，我去湖南，一定会比这里好。这里府台的衙内，是个空架子官场，没有油水，湖南去找的是巡抚，管着偌大的地盘，领着众多兵马。潘大人又是许府许振祎的好友，那里是个有宽路的地方。只是我这一走，便很少有工夫来照顾你和琴妹妹了，心里不好受。"

李妈不知道湖南在哪里，也说不清巡抚是多大的一个官，只觉得路一定很远很远。人走远了，老婆子心里一下空落起来，她想留下他，不让他走。"哪里不是饱饱肚子有衣穿，何必走那么远呢？"转念又想："不能留他，人家总是在许府里长了见识的，又在衙门里过了两年，说不定就是个大官的坯子。扯人家的腿，不让人家走算啥？不是毁了人家的前程了吗？"想到这里，李妈笑了。

"去吧，去湖南就去湖南。只是，跟官不自由了，不知多久才能回来看看俺娘儿俩？"

张勋说："外婆放心，不管走多远，我的心都在您身边。只要有空，我准回来。"又说："在那边混好了，我就先把你和琴妹妹接过去，咱们好好地安个家，团团圆圆地过日子。"李妈又揉眼。没有流泪，笑了。

曹琴过来了。她已不是像往日那么腼腆害羞了，只偎在外婆身旁，默默地听，最后才低声说："要出远门了，衣服被子都得浆洗一下，明儿送来吧，我洗。"

张勋走到她面前，说："琴妹，你不要挂心了，衣服被子都是才洗过的，不脏。再说，到了湖南，有了新差事，衣服、被子都会新发给。"说着，从衣袋里拿出许少爷馈赠的银钱，递给曹琴。又说："这些钱，你留下，添补你和外婆的生活。到冬天，就添几件棉衣，再添条新被子，不能总是那么寒薄。"

李妈和曹琴都说："不，不要。日子过得去。你出门在外，处处有用项，没钱不行，还是你带在身上。"

张勋这才把许家少爷的深情厚赠说了一遍，然后说："许家这钱，就是留咱安家的，不给你们给谁？我身上有钱，够用。"

李妈还想再谦让，曹琴已把钱收下。"外婆，别推让了，这钱咱收下。添衣服不添衣服事小，往后日子还长呢，说不定会有想不到事，不得用钱？手里有钱，心里不慌。"

"孙女想得周到，"李妈说，"张勋呀，这钱算我为你先存着，日后有事，就捎信来要，我再给你。"

"那就不必了，你娘儿俩只管用。琴妹也大了，总得有件出门的衣裳。"

一说"出门"，李妈又揉眼，伤感地叹一声，说："'出门'上哪里去？晚上躺下，苦娘儿俩，白日站在太阳下，连影儿才四口人。除了你，天底下哪有亲人？！"

曹琴一见外婆忧伤了，忙用话岔开。"天不早了，快做点吃的吧。"

李妈笑了，仿佛想起了大事，忙又说："张勋呀！你要去湖南了，一走不知多久才能回，抽个空，回赤田村看看，也算向家人告别。"

张勋一听说"赤田村"，心里就不舒服。爹妈都死了，后妈也死了，叔伯们谁都不收留他，是把他逼出来的。"我不回去，那里没亲人。"

"不是还有叔、伯吗？"

"全死了。"

"还有兄弟。"

"早不知下落了。"

"那……"李妈善良，遇事只往好处想，觉得普天下都是一片阳光。

"外婆，以后别提赤田村了。这条巷子是我的家，你和琴妹是我的亲人。我永远不忘这条巷，不忘你娘儿俩。"

借着好风上青云

1881 年，冬。

几场早临的寒流，使湘赣之间的气温较往常低了好几度，枝头的黄叶使那些落叶乔木显得苍老，枯萎了。

张勋换了便装，背着李妈、曹琴为他准备的小包裹，离开南昌，匆匆朝长沙走去。水路、旱路交替，不日，便进了长沙城。他无心观赏这座业已有两千五六百年历史的古城，一心只想投进潘巡抚潘鼎新的衙门。

潘鼎新，行伍出身，在官场上混迹快二十年了，走着一条还算平坦的路子。近些年来，结识了许多文官、文士，总想装点一下"门面"，常常假斯文；由于官运亨通，心胸也开阔了，又想广招天下英雄和名士。这天，正在衙门闲坐，有人报"一位江西友人来访"，他顺口答应一声，"请客厅相见"。当张勋被领到他面前时，见是一位相貌堂堂的人，却并不认识，神情有点儿愕然。

张勋机灵，见此情形，跪拜之后，一边打开包裹拿信，一边说："南昌府许公馆许振祎老爷让我来拜见潘大人，请大人……"

潘鼎新一听是他的好友那里来的，忙接过信，一边拆一边说："坐吧！我那位仙屏大兄一向还好？眨眼工夫，就是几年不见了。"

张勋道了"谢谢"，又说："许老爷很好，让小人问候潘大人。"

潘鼎新乍见张勋一表人才，已是喜欢上了，又听他谈吐不凡，更为喜爱。他笑眯眯地看完信，说："你在许府十多年了，算是许府的老人了，怎么忍心离开许府？"张勋立起身，说："许府历来待下人宽厚，总想让下人朝高枝攀。再说，老爷十分敬仰大人，常在小人面前称道，动了小人的心，小人也想跟着大人腾达一番。"

几句话，说得潘鼎新心花怒放。"到底是从名门出来的人，心气不一般。那好吧，你就在这里吧，先给你个百总（相当于连长）当当，往后有机会了，只要你能好好干，我会关照你的。"说着，便向随从做了交代。

张勋一到长沙就弄了个百总干，自然满心欢喜，忙表示感谢，并说："请大人多教诲，张勋一定好好干。"

常言说得好，武士只有驰骋疆场才能见得威风。张勋到长沙，当了百总，正是和平岁月，没有仗打，领兵的人便见不得出息。一晃两年，还是个百总。不过，这两年，张勋也小有积蓄，人也快到三十岁了，便不能不思索娶妻成家的事。征得巡抚大人的应允，便写了封信给南昌的李妈，请她们婆孙二人来长沙，他要同曹琴成亲。

这一年，曹琴已是十五岁的大姑娘，长得个儿高高，脸膛俊秀，李妈也早把这事吊在心头，一见张勋信到，便对外孙女说："琴呀！咱娘儿俩的苦日子总算到头了。张勋有信，叫咱们去长沙。你也收拾收拾吧，咱早走。"

曹琴一听要去长沙成亲，心里一惊——她没有精神准备，虽然情窦早开了，但觉张勋在外当兵，没有定窝，总得有个安身处才能成家。再说，嫁人是件大事，自己总得有件新衣裳。她没有。原身打原身，多寒碜。

李妈是过来人，心中有数，便笑着说："琴呀！别怕，做新娘子的嫁衣，外婆早为你准备好了。能让你原身衣裳走吗？不能。"她又长长地舒了一口气说："家中有了男人，才像个家。往后，咱也能直起腰走路了。再说，听说张勋在长沙还混了个官儿，我心里更乐！"

"外婆，"曹琴说，"张勋凭什么当官，我看他还是个书童。人只可老老实实地做人，做官能是一辈子的事？成家之后，他能回来才好呢！"

外婆笑着，摇着头，只管匆匆忙忙去收拾衣物。两天后，便搭乘一只货船去了长沙。

……张勋毕竟只是个百总，没多大影响，成亲的事情也只好草草办过，又向巡抚请了三天假，领着这婆孙俩在长沙转悠一番。

长沙城古，文化悠久，光是诸如"汉代北津城遗址""定王台遗址""明城垣""铜官窑址"等古迹，就不下二十多处，再加上各种挖掘的、没有挖掘的古墓葬，多不胜数。这一些，张勋无兴趣，他不懂。长沙人引为自豪的什么"潇湘夜雨""洞庭秋月""平沙落雁""烟寺晚钟""远浦归帆"等潇湘八景，他也缺乏欣赏能力，所以都不去。他只拣好看、好玩的地方去逛逛。那自然是去"深涧幽谷，奇石盘道，泉水清绕，古木参天"的岳麓山了。

那一天，天晴气爽，微风送凉，他们徒步上山，边走边看，虽然说不清"妙在何处，典出何迹"，但望着那奇峰怪石、奇花异草，又听着潺潺的流溪，总觉到了神仙的家乡。最后，他们来到岳麓山东麓被称为宋代四大书院的"岳麓书院"休息吃饭——岳麓书院与河南嵩阳书院、庐山白鹿书院、河南应天书院齐名，是一片文人雅士向往的地方，里边除了藏书，讲学之外，还有供祀。张勋不管这些。他们胡乱吃了点东西，歇了歇，然后又穿过青枫峡，上了爱晚亭，举目四眺了山脚下的田园村舍，也就累坏了。于是，急急返回。累虽累了，竟乐得李妈和曹琴合不上嘴，三番五次地说："跟着女婿开了眼界！"

张勋官小，妻子不能跟随。李妈领着曹琴在长沙住了几天，肚也饱了，眼也饱了，成亲的大事也办了，这才想着"返回南昌去"。张勋觉得过意不去，一定要送她们回南昌。适巧，这年是许公馆的二东家许振祎六十寿辰，要回南昌过寿，张勋便有了借口，对潘鼎新说："想回南昌给老爷贺寿。"

许是潘的好友，好友做寿，本当亲往，怎奈军务在身脱不开，便备了些寿礼，让张勋公私兼顾，回一趟南昌。

"你去吧，对许仙屏大兄说我公务脱不开身，薄礼不成敬意。"

"我一定把大人的厚意转达。"张勋说，"事办完了，我就立即回来。"

潘巡抚说："不慌。新婚燕尔，还要把家安置一下，什么时候办妥帖了，再回来。"

张勋领着外婆、媳妇回到南昌，把原来的茅草房又修葺一番，添置了些用器，然后备了一份厚礼到许府去祝寿。

许振祎长期在外做官，跟亲邻和家人都有些疏远了。故而，此番做寿不在城里公馆，竟放在故里岗嘴头村，借以疏通关系，增厚情感。

岗嘴头村是个只有几十户人家的村庄，许家院子占了小半。院中扎彩，院外搭棚，宾客盈门，高朋满座。整个村庄都热腾起来。

张勋领着曹琴，一进岗嘴头村，便小有惊动："快来看呀！守牛者顺生者讨了一个俊'守牛婆'来了！"

张勋到岗嘴头村来时，名声并不好，何况后来又偷了许府的御花瓶，人们都以为他是个浪荡汉子。今天，领着媳妇，带着厚礼来给东家贺寿，自然别是一番风光。许府看到张勋今日模样，自然欢喜，也感到是自己家风好，把他熏染好的。管事的忙派人出去，把那些说风凉话的男女臭骂了一顿，把张勋接到待客厅。

许振祎虽然官气颇足，今日是他的大寿喜期，又是在桑梓之地，正想沽名钓誉，所以，特地到客厅来见张勋。张勋虽在许府做佣工十多年，许振祎却还是第一次见他。他一见张勋这个魁伟的身材，圆厚的脸膛和那双有神的眼睛，就知道是一个好军人，心里不禁一喜，忙走上去，跟他说话。

张勋行跪拜礼。许振祎不允，连说"自家人，自家人！"张勋说："勋在许府多年，承蒙诸多教诲。勋有今天，全赖老爷们的厚爱。今天老爷千秋大寿，勋和贱内敬祝老爷福寿千秋！这大礼是不可违的。"说着，便拉着曹琴，夫妻双双给许振祎磕了头。

许振祎现任着广东巡抚，是位守边重臣，总想显示自己的风度，免不了问一些张勋在长沙的情况，问一些他对国事的态度，最后谈到湖南巡抚潘鼎新。

"那是一位老成持重的干练将领。国家有事时，皇上会重用他的。"许振祎说，"你去长沙，随他做事了，这是你的幸运。"

张勋含含糊糊地说："说起这事，我得感谢老爷你栽培。"于是，又把当年拿着许公馆的信去长沙事说了一遍。

许希甫已将此事在往日的信上对老爹说明了，所以，许振祎并不感到意外，只淡淡地笑着说："小事，不值一提。"又说："'人往高处走'，只要有'高处'可走，我许家对谁都是乐于帮助的。"许振祎沉思了一下，又说："当今，世界形势很不好；咱们中国形势也不好。法国人侵略越南，越南是我大清属国，战火烧到中国地上来了。现在，中法实际上已经打起仗了。我估计，潘巡抚可能要去广西边防打仗。到那时，你最好也去广西。"

张勋升官心切，总觉机会难寻，如今听说广西有仗打，便不想放过这个机会，忙说："这事还得请老爷帮助，再向潘大人转知一下。"

许振祎点点头，随即找来文房四宝，给潘鼎新写了封信。信上除了表示感谢他的寿仪之外，便简略地说了广西吃紧情况，"如老弟调往广西前线，务请将张勋带往，以给他报效朝廷之机"。

信写好了，又问张勋："如今你已成家、娶妻了，日子如何？要不要我帮一下？"

张勋忙说："不必了，不必了。多谢大人的关心。小的日子还过得去。"

许振祎也就点头作罢。

冲锋陷阵立奇功

世界形势，总是乱哄哄的，一些自称的强国，睁大着眼睛，想把别的国家变成他们的殖民地。法兰西就是这样。

1858年起，法国借口"传教士被杀"，联合西班牙，发动对越南的侵略战争，迫使越南阮氏王朝签订了第一次《西贡条约》，将南圻东部边和、嘉定、定祥三省和昆仑岛割让给法国。接着，法国又占领了南圻西三省。从那以后，法国接二连三侵略越南。到 1882 年，法军再次入侵越南，次年进攻顺化，迫使越南又同他们签订了第一次《顺化条约》，第二次《顺化条约》。从此，越南沦为法国殖民地。

法国人侵占越南还不满足，继续北犯。于是，挑起了中法战争。果然像许振祎分析的那样，中法之战一起，广西形势恶化，朝廷调遣了潘鼎新往广西治军，由他督办两广军务、广西巡抚。潘鼎新自然想起了好友许振祎之托，把张勋带往广西。这是 1884 年。

张勋到了广西前线，即决心创功报效朝廷。5 月的观音山大战，8 月的船头大战，张勋都是作战英勇，奋不顾身大败敌人，屡立战功，很快便升任了千总（类似营长）。到了这年 11 月，经潘鼎新和两广总督张之洞、帮办军务、广西提督苏元春等人的会衔奏保，上谕免补外把千总，以守备尽先补用并加都司衔，赏戴花翎。次年 3 月，张勋领兵收复了越南文渊州谅山省长庆府和谅江府，声威大震。复经张之洞、苏元春护理，广西巡抚李秉衡会衔奏保，8 月奉上谕免补守备督司，以游击尽先补用；又奉苏元春之命管带广武右军各营，驻扎广西边防。从此，张勋成了苏元春属下的一个称得起亲信的"守备"官。

说来也是巧合，潘鼎新向苏元春介绍张勋时，提及是"江西许仙屏所荐"，原来苏许还是金兰兄弟，这就更加信得过了。不久，便将张勋以参将尽先补用并加副将衔。

中法战争结束之后，中国又一度呈现着风平浪静的形势，当官的做着升平官，当兵的过着马放南山的安逸日子。张勋驻守边防，有家有室又有官，也算混得人模人样了。就在此时，张勋却萌生了一个很大的梦想："凭着我的能耐，凭着我的成功，我的官职是不是太小了？我还得升腾一番！"

有人说，世界上最难填平的沟壑，就是人的欲望。做流浪儿，当守牛官时，张勋只盼着有一片安稳的立足地，一日有三顿饭吃。现在不同了，有了守备之职，还加副将衔，他成了显赫的人物，有上爬的资本了。

张勋在边防五年，深得顶头上司苏元春的信赖，他自己也丰富了混迹官场的本领，怎样向上爬？他约略懂得了其中的奥妙——他要抓住那个炙手可热的广西提督苏元春。

苏元春，也是个贪财不厌的人。在广西十年，抓了一个庞大可观的家业，因而，也引来不少非议，他正想找一个"清白人"为他遮风挡雨。找来找去，找到了张勋，便把他秘密地叫到内宅，似含似露地作了"托付"。

"张勋哪，你来广西几年了，我有许多地方待你不周，心里总不是滋味。今儿，咱们关起门来，作为一家人，好好谈谈心。"苏元春一副诚恳厚道的姿态。

"苏大人！"张勋有点慌张了，忙站起身，局促不安地说，"张勋来到广西，处处承蒙大人关照，小人的官职一升再升，全凭大人的保举，小人感恩还感不尽。大人你……"

苏元春谦虚地摇摇手。"你坐下，坐下。你也不必说感恩的话。咱们同是皇上的臣子，要说感恩，自然是皇恩雨露，没齿不忘。话又得说回，咱们这同朝为官的，就算是同船共渡，福兮祸兮，命运相连，总要求得一个携手相顾。你说是不是呀？"

张勋官场上的阅历浅，苏元春想干什么，他猜不透。该怎么回答，他拿不定主意。他只点着头，连声说着"是是，对对！"

苏元春老奸巨猾，看得出张勋单纯、朴实，便说："张勋，说真话，我对你印象甚好。几次保举，又把你留在身边，是想让你挑挑重担，同时也为我分担一些忧愁。"

"忧愁？"张勋心里一惊，"大人你也有忧愁？"

"有。怎么能没有？"苏元春说，"官场上的难题多得很：官大了，要伴君——伴君如伴虎。这一点，我还不虑，一时间我还入不了阁。可是，这同僚之间，也险恶得很，跟商人投机取巧无大分别。"

"这……"张勋糊涂。

"就说我吧，"苏元春揉了揉额头，捋了捋半脱的头发，把胸前那只假发辫轻轻地穿过肩送到脑后，说："我在广西有些年了，实际上，也是省吃俭用，日积月累，积了少许家资。有人就眼红了，说三道四。为这事，我没少费心。不知怎的，今天同你谈心，原本不想说这个，竟提了起来。你也不是外人，索性拜托你一下吧……"

张勋恍然明白了，忙说："大人千万别说'拜托'，有事请大人只管吩咐，就是赴汤蹈火，张勋也在所不惜。"

"还没有那么严重。"苏元春说，"我只想把手中积累的钱财，分一部分到你那里，你为我保存一下，万一有个什么不测，就得拜托你为我挡一下，我也好有个退路。"他深深地叹息一声，又说："人之天性呀！这还不是为了儿孙后代？咱们为官一任，末后儿孙们落了个沿街乞讨，即在阴曹地府，也不瞑目呀！"

张勋说："苏大人，这好办。你安排吧，我一定照办。无论多少，保证万无一失！"

苏元春放心了，把自己大部分积存很快都移到张勋名下。张勋是新升小官，没有人猜疑他贪赃受贿。于是，苏元春有了安全感。

其实，苏元春的贪赃事，早已满城风雨。只是他在位上，没有人能搞倒他。不久，苏元春调往湖北，问题便出来了。御使向朝廷弹劾了一本，列了众多事实，证明"苏元春有大量贪赃枉法行为，民怨沸起，务请查办"。

此时，是"老佛爷"慈禧理政。国情早已每况愈下，这"女皇"并不承认是自己过错，只迁怒于臣下。一见御使弹劾苏元春的本章，便大怒道："立即彻查！果如所奏，严惩不贷！"

老佛爷发了话，紫禁城地动山摇！可是，雷声响后，并没有马上下雨。这紫禁城也不是平静的地方，光是宫中，也就纷乱如麻了，大臣们都在钩心斗角，派谁去查苏元春呢？一时也定不下来。结果，是急事缓办。

苏元春朝中有人，慈禧盛怒的信息早报到他耳中。这一吓，非同小可，几乎连站立的能耐也没有了。苏元春毕竟润通官场之道，他明白遇事发愁是愁不脱的，得找关系缓解。缓解之途，自然是靠银子往上上！银子他不缺，问题是派谁去花？思来想去，只有张勋最合适。于是，派一个急差，把张勋从广西请到湖北。

张勋到湖北，苏元春把他请到密室，盛宴席前，便明明白白地说出了自己的景况，说出了请他来的目的——

"这是关系我身家性命的大事，除你之外，谁也救不了我！"

"大人，该怎么办？你只管说。"

"现在是老佛爷盛怒，托任何大臣都不行。我看只有通过关系，让老佛爷息怒。"

"那……"

"老佛爷面前，最吃得开的，是太监李莲英。"苏元春说，"我想让你到北京去，不惜一切代价，抓住李莲英，让他在老佛爷面前说句话，大事化小，小事化了。"

"这……"

"你不必顾虑，"苏元春说，"钱我这里有，尽你带，用多少拿多少。"

一听说"钱可尽用"，张勋早已动心。他有经验，人身上有了钱便有了精神；人身上有了钱，再笨拙的人也会路路通。"钱能通神嘛！"不过，今番是通的皇太后的亲信这个神，"能通得了吗？"张勋还在犹豫。

苏元春救命要紧，不能惜钱财，他立马把现有的金条、银块端出一盘，放在张勋面前，又拿出两张银票，说："现有的若是不够用，随时可以到前门外的银号去兑换；再不够了，就写快信来，我着人给你送去。"

使尽本领去花钱，张勋觉得这个差事很美。何况，他也梦想着能到京中去闯闯，"说不定还会闯出一条更宽、更广的通天道"。他笑了。

"苏大人，请你放心，这件事包在我身上了。我会完成的，你在家里等好讯息吧！"他又说："我不回广西了，明天就动身。"

"广西那里，我会为你安排好的。"苏元春说，"你只管一心在北京干你的。"他望了望张勋，又说："这可是一个万分重要的大事，我相信你会完成。完成这件事，就算你立了奇功，我绝不会亏待你。"

张守备风流北京城

张勋匆匆忙忙赶到北京，没有立即找住处，只是借故打听总管大太监李莲英的府宅。他是走李莲英的门子来的，他得想法靠近他，以便投靠他。不多久，他便探明李莲英住在北长街的一片很庞大的宅院。于是，他就出了高价，在李莲英宅旁租了一家上等客房住下，身边带的贵重东西存放好，这才躺在床上思索对李莲英如何下手。这是光绪十九年（1893 年）。

这一年，京郊大旱，禾苗枯焦，颗粒无收，农民缺粮断炊，饿殍遍野。京城内外，传言四起，都说是"慈禧太后得罪老天了，应该对天请罪"。也有人说是"总管大太监李莲英恶贯满盈，激怒了老天，老天要伐罪了"。

太监专权，是朝政的一大弊病。在李莲英之前，总管太监安德海在慈禧面前便是红极一时的人物，朝中大臣无不痛恨，连恭亲王奕䜣也咬牙切齿。唯独慈禧视为掌上明珠。1869 年，清宫内廷为同治皇帝准备大婚，正觉得江南进贡的衣料粗糙时，安德海自告奋勇，说"粤东绣工精美"，要去采购。慈禧答应了，但惧于祖训——清廷有制：太监不能私出宫中四十里——只让他带一二个随员密行。谁知安德海胆大妄为，竟带一大批人，出东直门径直往通州，乘坐有龙旗的大船，沿途招摇。所过州县，大肆勒索受贿。过沧州到山东，碰到一个不买账的巡抚丁宝桢，他一面假意热情挽留，一面派人飞驰京中报于恭王府转奏东宫慈安太后。慈安觉得有违朝制，罪不可赦，当即行文丁宝桢"严密拿捕，就地正法"。当慈禧知道此事之后，安德海早已人头落地。慈禧失去了安德海，失魂落魄，不得不把"寄托"放在李莲英身上。于是，李莲英成了宫中红极一时的人物。

张勋到北京之后，首先买通了北长街上的头面人物，继而买通了李莲英的守门用人和管事先生。渐渐地人们都似是而非地明白，"有一位外任官爷，想通过总管太监买通老佛爷，弄个京官做做"。这也算宫中寻常事了，没有人敢计较。

就在这时候，京中发生了一件有关李莲英的大事，弄得朝野上下，宫廷内外，一片哗然——

天津洋人支持的《国闻报》上登出了一篇署名沈北山的短文，题目是：《中国近事一则》，其文为：

　　李莲英在朝，上倚慈恩，下植党羽，权震天下，威胁万民，包藏祸心，伺机必发……当今我朝家法森严，岂能令阉宦小人参与政事？防微杜渐，方无秦、汉、明季之患。而今李莲英以一宦人，举足轻重，被其弹劾、罢官、含冤而杀身者，不知凡几。风闻该太监积蓄金银财宝达数百万之巨，若不贪污受贿，如此巨金由何而来？李莲英惹天下之公愤，招中外之流言，上损我慈圣之盛名，下启臣民之口实，罪不容诛。而最可畏者，今日隐患伏于宫禁之间，异日必祸及至尊之侧。李莲英之所恃而无恐者，为太后；而所其不快者，是皇上也。近年以来，上有大臣，下至仆从，奔走李莲英之门者，络绎不绝。凡能辗转设法与李莲英互通声气者，无不因而发家致富。今日若不杀李莲英以儆其余党，则将来皇上之安危实在不可知也。涓涓不塞，将成江河。水之涓涓犹可塞也，及至江河，一旦决口，不可遏止。李莲英结党结帮，盘踞宫廷，患生肘腋。现在奸党满朝，内外一气，倘视若无睹，危难立至。李莲英不过一区区阉宦小人，朝廷有何顾惜？望朝廷除恶务尽，不俟终日……

张勋找到这张报纸，反反复复地读了几遍，也有懂得的，也有不懂得的，总算知道是骂李莲英的。心里一急："这个门子还能投吗？"他问自己。他无法答。

可是，苏元春的银钱他已经花了许多，舍去这个"门子"又去寻谁呢？他思索了一天，决定不改门路，"还是得靠这个大柱子！"

一天，张勋正在李莲英府门外转悠，忽然看见一个彪形汉子骂骂咧咧地朝院中闯去，连门卫也恭恭敬敬地赔着小心。张勋以为他就是李莲英呢，便走上前去打问。

门卫是花过张勋钱的，自然不会相瞒，忙对他说："他哪里是总管太监？他是总管太监的干儿子，小霸天！"又说："原本姓胡，叫胡春山。认总管太监为义父后，便改姓李了。不过，人们并不称他的名字，只叫他'山大叔'。"

"今儿他骂骂咧咧的，怎么啦？"张勋问。

"此人就是这个德行，赌场输了，妓院缺钱进不去了，就来这里闹。总管太监宠他，别人只好孝敬他。"停了停，又说："是个花钱如流水的东西，谁也填不满的深坑。"

张勋都一一记下了。回到住处，躺在床上一边隔窗瞅着李莲英的大"衙内"，一边犯了思索："我得在这个人身上打主意！"

张勋在床上瞅了半天，终于看见了"小霸天"又从里边趔趔趄趄地出来。虽然不叫不骂了，那脸却还是死一般的沉郁。张勋猜想他"一定是没有如愿"。于是，他急忙下床走出来，随在他身后，走出北长街，绕过皇宫北墙，便来到景山前。张勋瞅瞅近处人稀，便紧步走上去，拦住"小霸天"，拱起手，恭恭敬敬地喊了声"山大叔"！"小霸天"抬眼一看，不认识，便问："你是什么人，拦我干什么？"

张勋笑了。"小人是外任小官，广西守备，张勋。此番进京，可以说是专为拜见山大叔而来，今日总算如愿。"

"拜见我？"小霸天愣了一下。

张勋又说："这里不是谈话之处。山大叔你拣个地方，咱们好好谈谈。"

原来这几天小霸天赌嫖拉了一个大窟窿，正愁着无法补上，在总管太监府上又没有得到满足，愁着无去处呢。一见张勋这般模样，就知道是来孝敬的，忙说："谈谈？谈什么？我正愁着日子没法过呢，哪有那心肠。"

张勋笑了。"山大叔，不就是几十两银子吗？走，小人先给你补上。这总可以了吧？"

"你补？几十两？"小霸天不相信。

张勋从腰间拿出一个布袋，转手交给小霸天。"数数看，够用不够用？"小霸天接过布袋，在手中一掂，笑了。"用不了这么多。"

"剩下就装身上，留作别的用。"

小霸天把银子装在身上，精神也来了，笑嘻嘻地说："张守备，今日初见，你就这么慷慨，够朋友。今儿哪里也不去了，咱们去喝一场花酒，趁酒兴好好谈谈。"

张勋跟着小霸天来到京城中较有名的妓院——暖馨阁。小霸天点了两位"名角"，张勋出了银子，老鸨备了酒宴，小妮们梳妆打扮，安排一个僻静雅室，他们便风流起来。张勋有心事，酒不敢多，浪不敢过，处处表现出拘谨。同时，也反复告诫自己："今日是初次，绝不谈任何要求，只交朋友。"那小霸天也是个贪财的老手了，他也闭口不问张勋有何所求——问早了，钱路不是断了吗？故而，他们只管花天酒地，调情斗爱。直到日落西山，小霸天已有十分酒意、精疲力竭了，他们才离开暖馨阁。临别，张勋又朝小霸天腰里狠狠地塞了一把。

小霸天语无伦次地说："张守备，不，张大哥，咱们有今日这一场，就算是金兰兄弟，后会有期。我知道你的住处了，改日去登门叩谢！"

"谢什么，有什么好谢？"张勋搀扶着他。

就这样，张勋陪着小霸天，从赌场到妓院，从妓院到烟馆，夜以继日，花天酒地。一连混了十多天，二人的关系也就非同一般了。那日他们从赌场出来，小霸天赢了个得意的数目，破天荒地要请张勋喝酒，张勋也乐得近乎。于是，二人进了酒馆。三杯下肚，小霸天开了口："张大哥，我知道你有大事进京，早些天不好开口，对吗？"张勋点点头。

"这也难怪，当时咱兄弟交情不深。"小霸天说，"现今不同了，你该说了。凭多大事，我都替你周旋。"

"好，既然山大叔……"

"打住！"小霸天忙说，"你怎么又喊我'山大叔'呢？叫兄弟！知道吗？"

"是，兄弟。"张勋说，"咱哥俩到这样亲热了，我也不再瞒你了——"

于是，把湖北巡抚苏元春之托从头至尾和盘托出，又说："我可是跟苏大人有些年了，最知道他。人可是个极其忠实厚道的，对皇上、对总管太监，尤其是对老佛爷，都是一心一意。在广西、湖北，也都办了许多好事，黎民百姓，有口皆碑。只是得罪了个别人，才被参了一本。听说老佛爷很生气。这不，苏大人就想走走李总管的门子，请李总管在老佛爷面前美言几句，给开脱一下。"张勋望望小霸天，又说："苏大人说，这事在京城，除了李总管，再无人有这种能力，故而……"小霸天淡淡一笑，仰面干了一杯酒，说："我不管你们家苏大人是好人还是坏人，也不管苏大人是真贪赃还是假贪赃。我只问你一句话：这位苏大人能出多大个价？"

"这个……"张勋说，"山兄弟，你先说说，动一动总管在老佛爷面前说一句有用的话，得多大个价？"

小霸天一听这口气，愣了一下，心想："这位巡抚罪恶不小呀！"他想了想说："论说钱，我爸家中的金银财宝，可是堆积如山，粪土似的，并不在乎。只是想看看他对他的'忠心'如何？"

"是的，是的。"张勋说，"苏大人一再表明，京中人值得他敬仰的，除了老佛爷便是总管老爷。为总管老爷，即便倾家，苏大人也心甘情愿。"京中从王公大臣起，均称李莲英为"老爷"。张勋知道这规矩。

这样吧，咱弟兄不是外人，我给你出个码，你斟量一下，不妨同苏大人通个气。要是行呢，回我一声，我去同爸说一声。他答应了，东西自然是你当面交他。"

"你说吧，我可以做主。"

小霸天把声音压低，终于开了个价码。不想，竟把张勋吓呆了……

李莲英只言价万金

在天津小报上发表文章大骂李莲英的沈北山，是户部侍郎英年家中的教师，是一个忧国忧民的知识分子。他的文章写好后，本来是托英年转递朝廷的。英年阅后拒绝转递。沈又托总理衙门内的一位朋友张部郎转递。张看后说："这样的奏折让我转递，你不想活，也想叫我的脑袋搬家？"沈无奈，只得跑到天津去找洋人支持的报纸发表。

此文一发表，博得国人共鸣，一时轰动京城。醇亲王奕谖看后说："这份上书说得好，李莲英恶贯满盈，太后宠他实在过分，看怎么收拾？"于是，派人将报纸送到宫中。

慈禧太后阅后大怒，下旨缉拿沈北山。沈北山在洋人的庇护下终于走脱了。慈禧无可奈何，只好对李莲英说："不用怕，有我呢。天大的事，只管往我身上推。"

自此，李莲英的手伸得更长。

张勋回到住处，一直愁眉不展。"两万银子不是大事，那两件古董，到哪里去办呢？"

原来在小霸天的"价码"中，有这样两件东西十分珍贵：一件是唐人张萱的名画《虢国夫人游春图》，一件是明代的瓷器青花济公坐像。

——其实，小霸天根本就不懂古董，也不知这两件东西贵在何处。只是早时有个古董商到李莲英家做客，闲谈中打听这两件东西，说是"有人愿出连城之价求购"，并斯斯文文地介绍了这两件东西之影响，说那张画上还有宋代大诗人苏轼的题诗，有"佳人自鞚玉花骢，翩若惊燕踏飞龙"等句，是一件无价之宝。至于那件青花济公坐像，说它是明代出品，一说是造型奇特，这个济公像，从左侧看为悲，从右侧看为喜，从正面看为傻，令人叹为观止。小霸天只想弄来向他的干爸爸献献殷勤，什么价值连城不连城，他不懂。

张勋也是古董外行，他原想到古旧市上可以信手拈来呢，谁知打听了两天，那些古董商无不向他摇头咋舌！他这才知道"难办"。于是，又摆了个花酒场，把小霸天请来，好言好语想推辞掉。"其实，并不是怕花钱，只是这件东西世上却没有，买不到，请兄弟……"小霸天马上变脸摇首。"张大哥，这可就不够朋友了。小孩子还懂得'没有米逮不来雀'，一个巡抚的身家性命难道不抵两件旧玩意儿？"他饮了一杯酒，又缓了缓口气说，"这也难怪，有货也不敢卖给你。这样吧，明儿你拿三万银子，我去替你办。"

张勋虽觉"太吓人"，但也没办法，只得答应。第二天，便给小霸天送去一张银票。

小霸天的狐朋狗友多，本领通天。几人一商量，便在琉璃厂古董市上买了两件赝品——好在李莲英也是外行，不一定认得出——剩下的银子都吞了。

天津报纸骂了李莲英之后，李莲英着实提心吊胆了许多日子。慈禧给他吃了"定心丸"，李莲英的心还是定不实。

这一天，他正坐在室里郁郁发闷，小霸天突然闯进来。李莲英缓缓地仰起面，无精打采地闪了闪目，说："小山子，你怎么许多天不来了？又去做什么了？"

"爸，"小霸天偎到他身边，说，"这几天，我在替你接待一位外任官的差人。"

"哪里的外任官，怎么是替我接待？"

"是这样……"小霸天把苏元春的事简单说一下，又说说张勋如何为主人尽心。

李莲英半闭着眼，说："苏元春，我怎么不知道这个人？"

"原本是广西的巡抚，现在湖北仍任这个职。"

"巡抚？"李莲英摇摇头，"京城里的王公大臣我都无心肠瞅他们一眼，巡抚算个屁！中国的巡抚比荒野里的兔子还多，管他们那些事干啥？"

小霸天呆了。果真李莲英不出面，他用了张勋的钱怎么交代呢？但又不能太勉强，便说："爸，其实我也不想问什么巡抚的事。这种人没有一个好东西，为官一方，坑害一方。可是，他的这位叫张勋的守备部下，为主人这么尽心，抛家丢眷，弃官不做，千里迢迢到京中为主人寻门路，这精神太感人了！"

"这个苏元春也不像话，当初有肚量贪赃枉法，今天就应该有胆量出来顶。叫一个部将出头露面，真是个孬种！"李莲英呷了一口茶，又说，"既然揽下了这个烂摊子，我也不能不出面了。只是……倒也难为了这位守备。"

小霸天忙说："爸，我是这样想，只要你见了张勋，你一定会很满意。"说着，又把嘴贴在李莲英耳边，告诉他早日那位古董商提到的两件宝物也在礼中。"爸，我看张勋这个人很会办事。"

李莲英笑了。"那好吧，你明儿午前把张勋领来见见我。不过，你不要把话说得满，那两件物品我得送给老佛爷去过目。老佛爷喜欢了，我才能开口。若是老佛爷连眼皮也不翻，这事便只好作罢。"

"这……"小霸天害怕了。那两件东西是他作的假，稍有知识的人便会看穿。这不是要落"欺君之罪"吗！但是，事到如今，也只好硬着头皮顶下去。

其实，李莲英说是"送给老佛爷去过目"，也是一句托词。大内什么样的珍宝没有？"普天之下莫非王土"嘛！慈禧稀罕一张什么画，一只什么瓷器？就连总管太监李莲英，也并不把这件区区小事放在眼中。在当前，诱他注目的不是银子钱、珠宝，而是人心。"报纸上不是骂我吗？京中不是有人要杀我吗？外任官出了事还得来找我。我李莲英还比你们强！强他妈的百倍，千倍，不！万倍还多！"

第二天，风和日丽，一片明媚。

早饭之后，张勋换了件干净衣服，抱着小霸天为他备办的两件"珍宝"，又拿出晋见礼银，这才跟着小霸天朝李莲英宅中走去。

张勋是从偏远僻乡来的，这些年虽然也出入衙门，那都是地方小衙门。来北京这多天，打从大衙门门口走过，但并未进任何一处——人家不许他进。今日一进总管太监的住宅，心中陡然一惊："乖乖，这么威严一处宅院！"

进门是五级文石做成的台阶，石捆的门槛，门板为红木，中书唐人联句：

若道平分四时气，南枝为底发春偏。

进得门来，一面照壁；绕去，便是一洞天院落，青砖灰瓦，翘檐叠脊。张勋顾不得细看，跟着小霸天穿过中庭，来到一座壮观的客厅，层轩广庭，宽敞精丽，四壁全用竹木雕花；厅中桌椅，殷红闪光！八仙桌边坐着一个喧胖的官儿——张勋猜想，他大约就是总管太监李莲英了。果然，站未定，小霸天就介绍说："这就是我爸，赶快见礼！"

张勋眉头一皱——他不知道该怎样向总管太监行礼。但又不能不行。他忙深深一鞠躬，只说一句糊糊涂涂的话："老爷您老人家安康！"

李莲英抬眼一看，见是一位很有风度、相貌不错的人，心里先是一喜。然后说："免了吧。你就是从广西、湖北来的……"

"小人张勋，广西一个小小守备。"

"嗯，"李莲英站起身来，慢声拉语说，"你们那个苏巡抚也太不像话，怎么能把事情闹到这个地步？你倒是个好人，为主分忧，算是肝脑涂地。要不是你有这个精神，我才不管这样的扯淡事呢。"

张勋忙说："我家巡抚大人，最崇拜的就是李老爷，说李老爷正直，待外官亲厚。所以……"

李莲英淡淡一笑，心中暗想："全是屁话，他不犯案，从未想到过我！"他摇手阻止张勋。"听说你还带来点东西。我可看不上眼。我这里的东西都无价。你带来了，我也不好让你再带回去。明儿我到宫内赏给孩子们就罢了。"

"多谢李老爷。"张勋说，"苏大人的事……"

"放心吧，"李莲英说，"我趁着老佛爷喜欢的时候，给他美言几句也就完了。"

张勋忙着站起，告别出来。

张勋退出客厅的时候，李莲英又叫住他："你慢走一步，我有话说。"

张勋站立，转过身来。"李老爷……"

"苏巡抚的事，你就算办完了，可以回复他一下，让他安心做他的官。只是以后别再那么贪得无厌。旧病复发，可是无药可治了。"李莲英说，"我想你就别再回去了，留在京中如何？以后我会关照你的。"张勋忙打躬。"多谢老爷大恩。"

几天之后，李莲英趁着给慈禧梳头的时候，对她说了苏元春的事。慈禧仰面看看他，半天才说："知道了。"然后又说："把那个折子——即弹劾苏元春的折子——抽出来，退回去就算了。"

一场"通天"的大案，就此完了。不曾想到，张勋竟因此攀上了高枝，在京中大内有了立足的地方。

第三章
恩赏一件黄马褂

外夷不断入侵，中国形势逐日险峻，有志之士无不忧心忡忡。甲午起，中国人民的反侵略运动，又呈高潮。

张勋在这段大潮中，有了用武之地，他为清王朝卖力不小——

投毅军奔赴东北

世界历史，几乎就是一部战争历史——外敌入侵，国与国开战；内患蜂起，你争我夺。战争总是带来灾难，带来毁灭。等到战争双方都伤残累累，元气丧尽时，方才平静几日。不久，又会烽火再起。历史——战争，战争——灾难！

1894 年，甲午，也就是李莲英留张勋的那一年，战火又从中国的邻国燃到中国的本土。

那一年，中国的东邻朝鲜发生了农民反对封建统治和外国侵略的起义。全罗道古阜郡农民在东学党接主（地方首领）全琫准领导下举行起义。他们的口号是"尽灭权贵""逐灭倭夷"。随之，南部、中部各道劳动者纷起响应。他们占领郡城，建立革命政权，逼得李氏王朝同意农民提出的"平分土地"等十二条件，缔结了所谓《全州和约》，诱骗农民军撤出全州。到这年年底，起义军即被镇压下去。

日本帝国是朝鲜的隔海近邻，久有侵吞朝鲜的野心，乘着朝鲜内战，便发动了侵朝战争。战火一起，日本军队又趁机向中国的海陆军发起挑战，引起了中日甲午战争。

张勋在李莲英府中住下，一时尚无事做，他便想回广西去看看曹琴——这两年，他虽然把曹琴带出来了，但总还是天各一方。他被湖北巡抚苏元春叫去的时候，他知道曹琴已经怀了孕，他多么希望有个儿子呀！四十岁的人了，还不见后代，他心里急呀！离家的那一天，他恋恋不舍地对曹琴说："琴妹，我真不想离开你，我多想见见咱们的儿子呀！"

曹琴尽管也盼着丈夫能留在身边，照顾自己分娩，但她还是说："你有公务，苏大人找你，一定有急事。办公务当紧。公务办完了，你早日回来就是了。"

"那你……"

"我不怕，阿婆会照顾我的。"

如今，他已离家半年多了，孩子出生了没有？安全不安全？他心里放不下。但又觉李莲英这个门子难投。人家花大钱还投不上，他竟留下他了，他舍不得失去这个机会。

昨天，一个痛心的消息从广西传来：曹琴生了一个儿子，未满月即夭折了。张勋痛心疾首，望着南天深深地长叹，一下子忧伤起来。正在此时，李莲英派人来叫他。他匆匆赶到会客厅。李莲英坐着不动，仰着脸儿说："张勋哪，你坐吧。"

"老爷……"

"我有事找你。"李莲英说，"住这些日子，闷不闷呀？"

张勋想趁机把家中事情说说，想回广西看看，尚未开口，李莲英又说："不是我不着急，我是想为你找个好地方。我这个人，就这个性子，帮人总想帮个好。如果你在北京还不如在广西，我留下你不是白费心了吗？"他望望张勋，又说："如今有好地方去了。我有个下人叫宋庆，在东北统领毅军，干得十分不错。你到他那里去吧，他不会亏待你。"他只说让张勋去投毅军，并没有说明东北战事紧。张勋忙站起身来，说："多蒙李老爷厚爱，我一定服从安排。"

"那好，你准备准备，明儿我着小山子为你送行。"李莲英说，"宫中要是没有事呢，我也陪陪你。"

"多谢老爷了。"

"有什么好谢的，"李莲英说，"你在我身边过一天，也是从我府中出去的人。无论你到哪里，无论你当了什么官，总不至于忘了这里吧？一家人，谢什么。"

"老爷厚爱，张勋没齿难忘！"三天后，张勋匆匆赶往东北。

毅军统领宋庆，也是靠着李莲英的大柱子爬上去的，东北又是一片油水极厚的地方，早已是官、银双丰收，正想着好好地报答李莲英一番。不想，李莲英要用着他了，又是极易办的事。于是，他看了李莲英的信，又打量一番张勋这副模样，心中暗喜："果然是一表将才！"放下信，点着头笑了。

"张守备，你在李老爷府上住些日子了，公公还好吗？"

"好好！"张勋也迎合着说，"老爷闲谈时，便常谈到将军，称道将军'是朝廷的栋梁，能替朝廷办大事'。"

"多亏李老爷提携！"

"李老爷还说，日后有机会了，一定在老佛爷面前保举将军，老佛爷准会重用将军的。"

"皇恩雨露，我一定尽忠尽职！"

宋庆把毅军的情况做了简单的介绍之后，方才提到已经激烈开展的中日之战。

"中日战起，东北首当其冲，我们这支部队算是最前沿了。你来得正好，可以为国家效力了！"

张勋这才明白，李莲英是把他送到东北来打仗的。先是一惊，渐渐由惊而喜——在广西，就是因为中法战争，张勋才腾达的；而今到东北，又要投入中日战争了，他岂不又逢到良机了！忙说："倭寇入侵，只有狠狠地教训他们，让他们知道中国人不是好惹的，我们大清朝不是好欺侮的！"

宋庆见张勋不仅人才一表，而且襟怀、谈吐都不一般，更加上是总管太监、京中第一大红人李莲英推荐，便想好好用他，给个"过得去"的官儿。

"张守备，"宋庆站起身来，说，"早先你在广西，训练过骑兵没有呀？"

"训练过。"张勋说，"不过，总还是以步兵为主的。"

"既然训练过骑兵，那就好办了。"宋庆说，"那么，你就去任骑兵先锋吧。毅军的骑兵，可称得起是主力，都是有真功夫的。好管理，打仗也勇敢，他们会跟你创立大功的。"

一夜之间，张勋成了毅军中的骑兵首领，他对宋庆、对李莲英都十分感激，暗下知恩图报的决心，但口头上仍说："承蒙大人高抬了，只怕张勋没这么大本领领好骑兵。"宋庆说："我相信你能领好。"

大清朝对这一场中日甲午之战，本来是胜利的信心很足的。小日本那么一点点，隔着大海，哪就过来了？何况，李鸿章办北洋水师也许多年了，朝廷还设立了海军衙门，六年前编成的北洋舰队已经有二十二艘战舰，其中世界上最先进的铁甲舰就有九艘，海军还是经过英、德等国专家训练的，难道对付不了小日本？！谁知，大战伊始，中国陆海军在平壤战役和黄海海战中就受到极大挫折。慈禧修建颐和园，挪用了大量海军军费，也是造成黄海海战受挫的主要原因，又碰上个大混蛋北洋大臣李鸿章，竟以"避免战争"为理由下令"避战"。光绪二十年（1894年）10月，日军分陆海两路进攻中国东北，很快便占领了九连城、安东（今丹东）；11月又攻陷大连、旅顺等地；次年（1895年）2月，日军攻占威海卫军港，北洋舰队全军覆没。3月，日军侵占牛庄、营口、田庄台。

张勋率骑兵首先遇敌，开战之后，他便向宋庆建议："先踞虎儿山、扼鸭绿江之险，而后伺机进攻敌人。"宋庆有点独断，竟不纳张勋的意见，致一开战，便处处被动。

甲午之战，中国军队和人民都是英勇抗敌的。由于清朝政府的腐败，中国方面遭到了失败。最后，清政府派李鸿章和日本签订了包括"承认朝鲜安全'自主'""割让台湾全岛及所有的附属各岛、澎湖列岛和辽东半岛给日本""赔偿日本军费二万万两""开放沙市、重庆、苏州、杭州为商埠"等八条可耻的《马关条约》，开启了由资本主义入侵中国发展到帝国主义入侵中国的新阶段，加深了中国的半殖民化和民族危机。

甲午失败，割让辽东半岛，张勋的骑兵自然也不可在东北保卫家国了，张勋想走。他是总管太监李莲英的人，他要回北京去，还去攀总管太监这个高枝。他决定偷偷离开——因为怕明着走宋庆不答应。不想，正是他做着偷偷准备时，宋庆竟发觉了。一怒之下，宋庆决定要杀了他。"失败的是腐朽的政府，我的队伍还没散板！背着我想溜，我饶不了你。"

宋庆带着两个贴身亲兵，怒气冲冲去找张勋。可是，走在路上，他却改变了主意："张勋毕竟是总管太监李莲英推举来的人，再坏，也得看李莲英三分情。何况，《马关条约》只是一项失败的卖国条约，还不是国灭了，朝换了，老佛爷仍在执政。我杀了张勋，岂不连自己的退路也杀断了？！"当他全副武装一脚踏进骑兵先锋张勋的营房时，张勋也大吃一惊——他知道来者不善，忙做好应战的准备。宋庆进了屋，先脱下军帽，又解下大刀和护身的短枪，然后说："先锋官，你太不仗义了，要离开也得先招呼一声呀！"

张勋一见宋庆开门见山地来了，也不示弱，说："辽东半岛既然无主权了，队伍还不知道去从，连你的路在何处也说不清。招呼打不打，其实一样！"

"这正是我说的你不仗义！"宋庆说，"别管仗打得如何，咱们毕竟在一个旗号下混了些时日，大小我也是你的官长。你来时可是拿着总管太监的信找的我。你不声不响走了，总管太监日后找我要人，活的我交不出，死的连个坟头也没有……这事就不用再说了，就算你要离队走，你也得让我郑重其事地为你送送行，诚诚实实地馈赠一番，日后凭咱兄弟们混到何等地步，总得是个朋友！你不声不响走，不是太瞧不起我，也丢光了咱们的情谊了吗？"

"这……"张勋心里一阵紧跳，"是啊！我这不是胡闹吗？偷出军营，是该杀头的！我……我……"他涨红着脸说："宋大人，请你处罚我吧，我知罪。"

"好，你跟我走吧。"宋庆说，"营房里备好了宴席，我为你饯行！回头，再送你一份薄礼！"

"这……"张勋不知该去还是不该去。

正在他犹豫不决时，宋庆亲切地挽着他的手，走出骑兵营房——不想如此一别，宋张竟结下了深情厚谊。日后，张勋很着力地拉了宋庆一把。

奋力捕杀义和团

张勋的仕途并不平坦，从东北返回北京，无所事事，李莲英虽然给他弄了个"御前侍卫"的名字，也仅仅是为吃粮拿银而已。回京的当年，应钦差大臣岑春煊的招募往山东统领新军，这倒是一个千载难逢的腾达机会。谁知这位钦差大人到了山东之后，竟与山东巡抚李秉衡合作不好，渐渐发展到水火不能相容。一怒之下，岑春煊弃职而去。张勋刚接手的新军在"主帅"弃职的情况下，自然不可能再发展下去，张勋只好把部队遣散，自己回到天津闲居起来。

世界上的许多事，总包含着奇巧。有时因奇巧会使山穷水尽的人猛然间峰回路转，柳暗花明；也有时因奇巧会使曙光在望的人猛然间陷入绝境，一蹶不振！

就在张勋闲居天津的时候，天津正在发生着在中国近代史上一件极为重大的事情。因为这件事，给了张勋峰回路转的机会，使他这只困惑的苍鹰又翱翔起来，而且从此鹏程万里——

河南项城人袁世凯，早年投靠淮军吴长庆，捐得一个同知衔，后来曾经被派到朝鲜任驻朝通商大臣。甲午战争之后，袁世凯以道员衔奉旨在天津小站训练"新建陆军"。

袁世凯此人，出身于大绅士家庭，父亲袁保中虽没有做过官，却是项城县一大财霸。到了袁世凯这一代，袁氏家族便抱定了浓浓的"官霸"思想，想让他做一个能够光宗耀祖的官。袁世凯一入官场，便积极钻营，努力上爬。袁世凯到天津训练新军时，又打了私主意：网罗人才，培养自己的势力，以便夺得更大的权力。

袁世凯得知张勋在天津闲居，又动了"爱才"之念："一个守备、骑兵先锋、御前侍卫，又是李莲英的亲信，这可是个颇有神通的人物，将来上上下下都有可赖之处。"于是，他便装简从，亲自登门"拜将"。

那一天，张勋正在闷坐，忽听有人叩门，忙起身开门，但却见此人陌生。"请问，你可是江西张先锋张勋大人？"

"尊驾是……"张勋迟疑着。

袁世凯的随员代答："这是现任道员、钦命小站练军总管袁世凯袁大人。"袁世凯忙拱起手，说："下官项城袁世凯，久慕先锋大名，得知阁下亦居天津，特来拜谒。"

"不敢，不敢。"张勋略知袁世凯一二，听人说他在朝鲜有一番作为，治军也颇有独到处，还是北洋大臣李鸿章的宠将。如今，又领着钦命在此练军，自然是一个不寻常的人，忙说："张勋外任小职，虽早闻大人大名，只是不敢冒昧造访。大人驾临，小人实不敢当。"

"先锋不必谦虚，江西反法，辽东抗寇，谁人不知先锋大名。"袁世凯表现得十分谦谨，"再说，你又是总管太监李公公面前的近人，袁某得见先锋，也是极幸之事。"

张勋在津门闲居，既无随从，又缺优厚的生活条件，他只得用清茶待客。好在袁世凯正是求贤若渴，又知张勋比他年长五岁，声望也不在他以下，便并不计较这些，只是推心畅谈，但求思想一致，能够为其所用。

"论年庚，先锋得算我的兄长。"袁世凯端起张勋递给他的一杯茶，说，"小站练兵，刚刚起步，总觉困难重重，尤感将才匮乏。兄长不怕屈尊，我想请兄长能够和我一道去训练新军。"

张勋正是闲居发闷，愁着无处作为，今见袁世凯来求，自然是满口答应。"只怕勋德才浅薄，有失众望。"

"兄长就别谦让了，"袁世凯说，"能去小站，袁某求之不得。"

张勋真的到小站去了，袁世凯委任他为副将衔中军官兼工程队帮带，从此驻军天津。在天津练军和驻军几年，袁世凯没有亏待他，除了委他上述职务之外，又先后提升他头等先锋官，士伏营备补兼行营中军事。光绪二十五年（1899年）武卫右军训练三年期满，经大学士荣文忠、北洋大臣裕禄会奏请俟补参将后，以副将升用。张勋成了袁世凯军中举足轻重的将领。

张勋步步高升的时候，中国土地上又一次发生了惊天动地的大灾难——

中日甲午战争之后，帝国主义加紧侵夺中国沿海军港并深入内地掠夺路矿权益，划分势力范围，企图瓜分中国。

清政府腐败，老百姓却不甘忍受帝国主义侵略。山东、河北等地的民间结社义和拳同白莲教、八卦教联合，以设拳厂、练拳术方式组织一起，开展反帝运动。后来，山东曹州的大刀会，德州的朱红灯领导的义和拳也入了伙，便改名为义和团。反帝运动轰轰烈烈地开展起来。这场运动渐渐地扩展到华北、东北各省和京津地区。

义和团是反帝国主义的，清政府是怕帝国主义、亲帝国主义的。于是，便任命袁世凯为山东巡抚，前去消灭。袁世凯受命山东巡抚，任务是去消灭义和团。赴任之前，他把张勋叫到面前，一边宣布委任他为武卫右军先锋兼巡防后路各营管带，率队随往山东，一边交代说："现在国难当头，义和团给国家惹了祸，洋人恼怒了，向朝廷发出警告，若不派兵消灭义和团，外国人将要对中国用兵。此番去山东，正是我们为朝廷效力的时机。咱们要尽忠尽职，报效朝廷。朝廷自然不会亏待咱们。"

张勋忙说："勋决不辜负朝廷和袁大人给的重任！到了山东，我一定身先士卒，马到成功！"

张勋作为袁世凯武卫右军的先锋部队，率领巡防后路各营疾速赶到山东。

　　这是 1900 年 5 月。张勋四十七岁。

　　山东境内，揭竿而起的义和团运动，正如火如荼地开展起来，尤以沿海一带，风起云涌，势不可挡！然而，这个声势浩大的，由黎民百姓自发组织起来的反帝队伍，毕竟缺乏有素训练，没有形成自己的指挥核心和完善的行动纲领，热潮只能像飘浮天空的彩云一样，虽然滚滚浮动，却很难形成势力。

　　四十七岁的张勋从在南昌府当旗牌兵算起，业已有二十二年的军营生活，从南方到北方，对法国兵对日本兵，业已打了许多仗，并且打得很不错。由他率领经过正规训练的军队去打那一群群老百姓组织起来的队伍，当然是胜券在握。不过，张勋到山东之后，没有急着发兵开战——他获得的第一份资料是：义和团的成员，几乎村村庄庄都有，有多有少，有男有女。这样散居的"敌人"怎么开战呢？思索之后，张勋决定化装后率领一些亲兵深入到义和团闹得凶的地方去摸底，侦探一下"敌人"的虚实，做到"知彼"之后再用兵。

　　山东这一仗，张勋是把它当成自己仕途转折的一仗来打的。往日，在湖南、广西随潘鼎新、苏元春也好，在东北随宋庆也好，那些人都只是地方的头领；一年前，他追随了岑春煊这个钦差大臣，实指望可以升腾一番，孰料这个钦差又那么不争气，竟斗不过一个巡抚而去职了——这些人都不是靠山。现在，投上袁世凯了，他虽然也是一个巡抚，但是，凭着他在小站奉命训练新军这件事，张勋便知道他不是一般的"外官"，而是有实力的钦命。一定要为他效力，为他干出一番轰轰烈烈的事情，令他高兴。张勋也曾衡量过，他知道袁世凯的影响并不比李莲英大。可是，李莲英算什么呢？充其量是一个残缺之货，就像一株藤枝似的，凭着大树高枝它可以爬得比大树还高；但是，大树不让它攀了，它自己连寸高也爬不上去。何况，李莲英早已臭名昭著，天津那张小报骂得还不够淋漓尽致吗？袁世凯毕竟是堂堂正正的官儿，是被朝廷信赖的官儿。

　　张勋经过一番认真地侦察，摸清了义和团比较集中的地方，也是义和团的首脑人物所在的地方海丰、流钟口、阳信、滨州、蒲台和利津等处。于是，便把自己的巡防后路各营进行统一布阵，突击行动，一处一处地包剿起来。

　　义和团反对的是洋人，是侵略者。虽然他们同时也反对中国的腐败官僚，但是，他们自从由义和拳、大刀会等归一为义和团之后，还是有一个十分明白的口号的，叫"扶清灭洋"。中日甲午战争之后，紧接着八国联军入侵，义和团在保卫京津的廊坊和紫竹林战斗中，英勇奋战，迫使侵略者多次退却。他们觉得朝廷应该奖赏他们，鼓励他们继续战斗！怎么能想到朝廷会派兵消灭他们？一个是奉旨围剿，一个是一心防外。结果，张勋所攻的义和团据点，兵败如山倒，一处一处被秋风扫落叶般地摧毁——可怜那一群群满腔爱国热忱的男男女女，在毫无"内防"的情况下，被自己要"扶"的"清"王朝的官兵杀死的杀死、杀伤的杀伤，一败涂地。剩下三五散兵游卒，只好仓促逃往河北等地。

张勋获得全胜之后，凯旋复命。袁世凯亲自出城十里去迎他。他握紧张勋的手，说："仗打得好，打得好！朝廷之心腹大患，被阁下一举解除。我一定飞马保奏，为你请赏！"

"谢谢袁大人高抬。"张勋说，"一群毛寇，不堪一击。皇上养兵，为的就是灭寇；我等受朝廷皇恩雨露，怎敢不全心报效，更何敢求赏？"

袁世凯洋洋大度地说："我朝圣明，赏罚有度，皇上是不会亏待忠臣的。"随后又说："刻奉北洋大臣李鸿章急令，说'一些义和团余党已窜至河北'，让我'派兵追剿'。我想，那都是你的手下败兵，你一出马，他们即会闻风遁走。你就速速赶往河北，继续消灭义和团吧。"张勋马不停蹄又带着他的巡防后路各营，匆匆开赴河北。

护驾回銮动凤颜

捕灭义和团有功，袁世凯升任了直隶总督，移居保定。

张勋在剿灭义和团之战中，当算首功，甚得袁世凯宠爱，他在河北时，袁已加升他为统带武卫右军右翼步队第一营。次年（1901年），复经袁世凯以叠次"剿匪"尤为出力，奏请免补副将，以提督总兵论名简放，并赏给勇号。奉命圈出"壮"字，随袁世凯住保定。这是张勋首次享到皇恩，心情万分激动，暗下决心，效忠皇上到底！

别看清王朝镇压自己的黎民百姓——义和团——那么狠心而又有办法，可是对付洋人，他们却只有服服帖帖、屈膝投降。

帝国主义为了镇压中国的义和团运动，阴谋瓜分中国，借口清政府"排外"。于是，英、美、德、法、俄、日、意、奥八个帝国主义国家联合大举进犯中国——这就是史家称的"八国联军"。八国联军入侵，大清朝无力抵抗。1900年6月17日联军攻占了大沽炮台；7月14日攻陷天津；8月2日集结两万人自天津沿运河两岸进发，14日攻陷北京。掠夺财物，杀害百姓，肆意践踏中国主权。

清王朝没有办法，一面派奕劻和李鸿章为全权大臣向帝国主义乞和，一面慈禧太后，光绪皇帝带领亲贵大臣逃往西安——

八国联军攻陷北京的第二天，即8月15日，慈禧、光绪、隆裕、瑾妃及慈禧立的"大阿哥"——光绪堂兄载漪之子溥俊领着王公大臣、御前侍卫、太监、宫女六十余人及随员、侍从匆匆逃出皇宫、逃出西直门，如丧家犬一般奔西北而去。这是外出逃乱，慈禧连大轿也没有来得及备，只好坐上神机营管理大臣桂祥（慈禧胞弟）的末轮紫缰之大鞍骡车。什么威风都扫地了。就这样，他们出居庸关，经大同、经太原，历时四十一天于9月26日到达西安。此时，正值陕西地区大旱三载，五谷颗粒无收，长安市上民多菜色，饿殍载道，慈禧还要各州府县大进贡品，大刮民膏。

1901年（辛丑）9月7日清政府与英、美、俄、德等十一个帝国主义国家在北京签订了一个卖国的《辛丑议定书》（亦叫《辛丑各国和约》），共十二款、附件十九件，其中包括赔款银四亿五千万两；将东交民巷划为使馆界；拆毁大沽炮台及京师至海通道之各炮台，外国军队驻扎北京及从北京至山海关沿线十二个重要地区；永远禁止中国人民成立或参加与诸国"仇敌"的各种组织；清政府承认"纵信"义和团的错误，向帝国主义各国道歉，等等。这样，从政治、经济、军事各方面都扩大和加深了帝国主义对中国的侵略，并表明清政府已完全成为帝国主义统治中国的工具。

西安一逃，老佛爷慈禧仿佛衰老多了。一年前她仓促出京的时候，容色犹好，六十六岁的人了，看上去如四十多岁，衣蓝布大衫，挽"旗头座"式发髻，粉面红润，鬓角连皱纹也少见。西安一年，她犹如另外一个人，连眼睛都下陷无神了——有人说"是《辛丑条约》愁的，国家蒙了这么大的耻辱，她能不愧？能不愁？"可是，这些人太善良了，他们想错了，她根本就不是把那个条约放在心上。国家兴亡还能把她怎么样？只要她的宝座不倒，做儿皇帝有什么不好？慈禧最忧伤、最烦恼的，是她觉得国人反抗她，连大臣王公也反对她。她在陕西巡抚衙门驻跸的一年中，左思右想，觉得大内之中的人也在反她。她在来西安途中，过蒲州府时，她便忽降谕旨，革去了庄亲王载勋的爵位；到西安之后，又降旨"赐帛"（亲王犯死罪不斩首，而为"赐帛"，即用白绫勒死）。嗣后又降旨革去端郡王载漪之王爵及辅国公载润之公爵，并发往新疆充军，永不减免；还降旨革去协办大学士、吏部尚书刚毅、刑部尚书赵舒翘之职；并传旨将在北京的礼部尚书启秀、刑部左侍郎徐永煜均革职正法……她躺在"龙床"上，背着身子让李莲英为她轻轻地捶着，还是余怒不消地唠叨："小李子呀！你说人为什么都那么坏？我不曾亏待过任何人，可是，人人都在亏待我。他们盼着我死，我不死他们就要对我下毒手。我得先下手，把他们一个一个都处死！"

李莲英一边轻捶背，一边应着"是是！""对对！"

《辛丑条约》既定，北京没有战事了，慈禧决定由西安回銮。那是1901年10月，西北高原，天高气爽，蓝天万里。慈禧和光绪分乘八人抬大轿，舆夫穿红绸驾衣，系仿照北京銮仪卫之款式裁制，轿前有御前大臣及侍卫并肩而行，再前为大群武装部队，并以二十四面黄龙旗开路。大道上均垫黄土，两旁有护驾军队站道。慈禧坐在大轿里，原以为恩泽于民，百姓会恋恋难舍，倾城出动呢。当她顺着帘洞左顾右盼时，大街上除少数几个趋炎附势之士绅之外，街巷一派冷清，连三两位闲人也没把她放在眼里。慈禧又感到"天底下的黎民太坏了！"

慈禧一行出长安东门，当日至临潼县，两宫——他和光绪去华清池温泉休沐；次日至华阴县，天色又晚，隔日两宫赴华山山麓之玉泉院上香；第四日起东出潼关，以后入河南境，过函谷关、宿陕州，河南巡抚松寿来迎。松寿满人，善逢迎，沿途发动群众，动员官吏竞相款待，甚得慈禧欢心。后在洛阳驻跸三日，又在河南省城开封住半月；而后过卫辉（今汲县）、彰德（今安阳）至磁州。到此，自陕护送御驾之各省军队、官员即将所负任务移交给直隶总督袁世凯及其军队。时为11月中旬，天气渐寒，大地萎枯，阵阵北雁正哀鸣着朝南方飞去，慈禧顿觉通身寒栗！

袁世凯青云直上，做了直隶总督。正是春风得意之时，又奉旨护驾回銮，可见朝廷对他十分器重，心里甚为激动，感到这是为朝廷效力的千载难逢之机，便匆忙挑选精兵强将，组成护驾亲军。与此同时，把张勋叫到面前，交代了此次护驾任务，说："护驾马步各军，由你节制。你是为朝廷立过大功的人，此番护驾，任务尤重，你要务必尽力尽职，不得有丝毫马虎！"张勋连连点头，应着"是是！"

"好吧，"袁世凯说，"赶快率领队伍，赶往磁州。不日，老佛爷和皇帝即可到达。"张勋马不停蹄率领队伍向磁州飞驰而去。

磁州，是直隶最西南边沿的一个小地方，归治于广平府，是个比较贫困的地方。城中房屋破烂，城垣大部残破无形。张勋的队伍不敢进城，知道城里能够挤出的房子都是留给慈禧、光绪及随员的，他只在城边露营守候。

此时北风渐烈，云低天暗，微雨杂着雪粒偷偷飘向大地，气温也猛然间降了许多。张勋的队伍虽生长于北方，但对其突然袭来的寒冷并未做好准备。所以，一个个团缩成球，颤颤发抖！及至第三天，才知銮驾早已入城，今日起驾继续北行。

这几天来，张勋就反复琢磨着"该如何完成这次护驾任务？"他，毕竟只是一个从地方走出的小官，孤陋寡闻，宫中之礼制识得甚少。该怎样才能令龙颜大欢？他丝毫不知。他去问袁世凯，袁世凯也未曾做过护驾工作。他想设着法儿进城一趟，去见见李莲英，李莲英一定会告诉他该如何做。可是，两宫是在行途之中，警惕性特高，没有旨意，任何地方官员不得靠近。他又怕冒犯了龙颜，邀功不成而获罪。现在，在焦急中他有些悔恨自己："当初在总管太监府内，为什么不认真讨教一番呢？"

张勋毕竟有他的精明处，他想：此番是护驾，护就要形影不离，轿前轿后；对朝廷最讲究的是一个"忠"字。好吧，我就形影不离地为老佛爷尽忠！

慈禧从磁州起驾时，依然是乘的八抬大轿。随员依旧，唯护送的军队都换成直隶张勋的了。张勋有心机，善交游，又会大把大把地花钱。起驾第一天，他便首先把自己的坐骑丢掉，徒步随在两宫轿前轿后，寸步不离。他不是指派队伍，便是关照王公大臣。一时给随驾人员送烟茶，一时向王公们嘘寒问暖，一时又跑到驾前交代舆夫"碎步慢行'。张勋已经是免补副将，以提督总兵记名简放，并且受过御笔圈赏的官儿，有顶戴在头上的，如此不辞劳苦，驾前驾后徒步效忠，不仅王公大臣们看在眼里，心中敬佩，慈禧及皇上也心有所喜。

那一天，圣驾行至顺德府（今河北邢台），慈禧在轿内忽然发现了张勋，她心里一动："此人几天来天天如此勤奋，举止可嘉！"慈禧正是心情忧伤，感到孤独的时候，她革了许多人的职。但是，留在她身边的，她仍然觉得他们不忠，他们可能要害她。她决定回京之后还得革职处置一批人。现在，她发现张勋了，一个对她如此忠心的人，长途跋涉，北风凛冽，他连马也不骑，终日轿前轿后，多令人安慰呀！顺德府小憩，慈禧即着人把张勋叫到面前。

"我问问你，你是哪家的队伍？你叫什么名字？什么职？"

张勋双膝跪倒，连喊两声"老佛爷吉祥"，这才说："臣直隶总督袁世凯袁大人的属下，副将张勋。"

慈禧笑了。"袁世凯的武卫右军是照着德国式操典训练的，不行跪拜礼，只吹号、举枪行军礼。你怎么跪下了？"

"奴才今日是保护圣驾，不敢有违祖制。"张勋还是长跪不起。

"你是哪里人呀？"

"回老佛爷，臣是江西奉新人。"

"嗯……"慈禧仿佛想起了什么，但又想得不确切。顿了一下，又说："我很喜欢你，你是个忠臣。"

"谢老佛爷夸奖。"张勋说，"臣深蒙皇恩，只当尽忠！朝廷有用臣处，肝脑涂地在所不辞！"

"好，好！"慈禧摆摆手。"你去吧，回到京城之后，我再找你。"张勋磕了头，爬起来，倒退着离开慈禧。

慈禧闭起眼睛，乐滋滋地想："到底还是有忠臣的，张勋便是一个。"

武卫千员守端门

一场巨大的"八国联军"入侵之难，总算以丧权辱国、巨大赔款割地而暂时平息下来。逃往西安的慈禧、光绪皇帝回到北京之后，该垂帘的还是垂帘，该做傀儡的还是傀儡。白银四亿五千万两赔款就四亿五千万两吧，三十九年还清本息折合不才是九亿八千万两吗！老佛爷没当回事，她只淡淡地一笑，好像中国有的是银子，外国人愿拿只管来拿，至于开辟通商港埠，外国兵驻扎中国，随你们怎么去。中国地大物博，少一星半点又会怎么样？慈禧对这些事不放在心上。她从西安回来，拿着李鸿章交给她的《辛丑条约》的原本，连看都不看，顺手便放在案上。"我知道了，你回吧。"

"嘛！"李鸿章深深搭了一躬，一步步退出来。

慈禧望着那个已经朽得挺不直腰的、就快到八十岁的老臣（当然，李最后也没活到八十），不知是该"疼"他还是该"恨"他——李鸿章为大清王朝出过不少力，不用说他灭了太平军，镇压了捻军，就是他开办的近代军事工业、洋务事业，设立江南制造局、轮船招商局、开平煤矿及至建立北洋海军，都是轰轰烈烈的事业！所以，先帝封他为两江总督、钦差大臣、直隶总督、北洋大臣。快八十岁了还不告老，多好的大臣呀！可是，慈禧却又喜欢不起来，觉得这个人太崇洋媚外。"他算什么东西？后半生总是卖国，与英国签订的《烟台条约》（1876年）、与法国签订的《中法新约》（1885年）、与日本签订的《马关条约》（1894年）、与俄国签订的《中俄密约》（1896年），以及这一次与八国联军签订的《辛丑条约》，哪一个卖国条约不是他李鸿章签的字……"慈禧想到这些，觉得真该杀了这个李鸿章。可是，她又不杀他。为什么呢？谁知道？慈禧总有慈禧的"主心骨"吧。

李鸿章退出去之后，慈禧还是把那件墨迹未干的《辛丑条约》翻开来看，可是，总看不进，纸上的无论中文还是外文，总在乱跳，就像酷暑天腐肉上叮的苍蝇被人恫吓了一般，乱哄哄直飞。慈禧毕竟也是快七十岁的人了，用的心力过多，有点憔悴心衰了。何况，这条约的草本她在西安时便看到了，也看懂了。据她身边的人说，当时她是很生气的，她拍着桌子怒骂："这个条约一签订，我大清还有脸在世界站立吗？"怒归怒，不答应是不行的。她闭着目，养了半天神，心里暗自嘀咕："无力再战了，战不过人家。赔款不是三十九年才还清吗，我活不到那时候了，凭谁去还吧！"她还是传出"圣旨"，授命李鸿章签了字……

这一切都是昨天的事。昨天的事既成事实了，慈禧便不想再翻腾它。她想想点儿畅快的事，高兴高兴。什么事能使她高兴呢？她想起了张勋——

"小李子，你过来。"慈禧仰在专为她制的太师椅子上，半闭着眼，两手扶在椅子的扶手上。

"老佛爷，李子在。"李莲英哈腰点首，满脸带笑。

"我问你，那一天在磁州，那么尽心护驾的一个人叫什么来着？"

"老佛爷问的，是不是连马也不骑，步行随銮的那个小官儿？"

"是的。"

"他叫张勋。"李莲英说，"是直隶总督袁世凯袁大人面前的一个副将，以提督记名简放，节制着马步各营。"

"嗯——他现在在哪里了？"

"还在京中，未曾离去。"

慈禧轻轻地点点头。"难得呀！常言说得好，'国难识忠臣！'外国人把咱欺辱成那个样子，许多老臣都疏远咱们了。一个小小的副将，就能那么忠心耿耿，我看他就是一个好人。"

"老佛爷说得对。"

"你去把那个张勋找来，我想见见他。"

"嗻！"李莲英答应着，却不走，"那张勋……"李莲英想禀明张勋只是个低品级的小官，不能随便入宫。

慈禧摇摇手。"你也世故了。他不能入宫，我叫他入，他不就能入了吗！"

"嗻！"李莲英这才退出。

护驾回銮之后，张勋便没有回保定去，仍留在京城。这是得到袁世凯允许的。

那一天，慈禧和光绪皇帝回到紫禁城，袁世凯返回直隶总督衙门，本想带着张勋回去。他组织的马步各营精锐部队都在张勋领导下了，他得有"看家"的主力。可是，袁世凯知道老佛爷已经喜欢上了这支部队和张勋，他把他们留在京城也算最好的"尽忠"了。所以，他把张勋叫到面前，撇开自己的尽忠内心，却大大咧咧地对他说："张勋哪，此番护驾，你做得很好。看得出，老佛爷和皇上都十分满意。现在，你就带着队伍暂住京中吧，说不定宫中还会有要事找你。"

"这都是大人的栽培。"张勋很谦虚地说，"没有大人的厚爱，我哪有机会能够走近老佛爷呢！"

袁世凯心中乐滋滋的，但还是说："是你自己会做。我把你派到老佛爷身边了，你做事令老佛爷不高兴，不是也不行吗？"

张勋依然以护驾亲兵住在京中。他不知道袁世凯是利用他在"老佛爷"面前取宠，他只觉得袁世凯给了他靠近"天颜"的机会。他十分感激袁世凯。"张勋我日后能够有所腾达，那全是袁大人的大恩大德，我将用最大的行动报答袁大人。"

四十八岁的张勋，称得起深润官场了："人要发迹，必有靠山。靠山多大，就会有多大的升腾！"回头看看他从二十六岁在南昌府衙内当旗牌兵起这二十二年走过的路，他觉得潘鼎新、苏元春都不如袁世凯影响大；而袁世凯比起慈禧，却又是"孙子"一般的小人物。要有大发展，必须靠慈禧这样的人。他想起了李莲英，"一个太监，充其量是个大奴才！为什么连王公大臣都要对他毕恭毕敬呢？还不是他身后有慈禧，慈禧是个一手遮天的人物！"自从护驾回京，张勋就为自己能为慈禧效劳沾沾自喜，做梦都梦见慈禧召见他了，说了许多开心的话。最后，眯着眼睛赏了他一个心满意足的官……就在这时候，李莲英传出"圣谕"，说"老佛爷命你进宫！"张勋心头一喜，忙应答着，匆匆换件衣服，朝宫中走去。

张勋是第一次进紫禁城，他该好好地看看这个令他望眼欲穿的地方。不过，今天他没有时间了，匆匆往前走的时候，他的目光都不敢旁顾一点，他怕跟不上李莲英掉了队。失去这个机会，不仅有违圣命，自己前途也会黯然无光。李莲英对张勋还是前情不忘的。西安归来，他便在老佛爷面前替他说了不少好话，说他"对主子有一股真心实意的忠"，引得慈禧心花怒放，赏了一句"跟你一样"的话。现在，慈禧青睐张勋了，李莲英也想送个"顺水人情"，便首先表明自己在老佛爷面前如何替他说了好话，如何建议老佛爷器重他，最后还说："这次机会难得，许多巡抚来京候旨数月还不一定能见老佛爷一面，像你，就更困难了。"又说："你也在官场上不少年了，什么事都懂一些。今日进宫，千万千万得想着说话。"

李莲英连褒带贬一席话，张勋早明白七八成了，忙说："我明白，我明白。张勋有今天，全凭老爷提携。今日见老佛爷，该怎么说，怎么做，还得请老爷指教。"

李莲英笑了。"嗯，是得指点一二。老佛爷这个人，说怪也怪，说好也好，就得你能琢磨透她的脾气。我实话对你说吧，跟她说话，头等大事是得先看她的眼色，瞅瞅她喜欢什么，然后顺着她的喜好往下说。只要她喜欢，哪怕全是假话谎话，你尽管说，说得越多越好；若是不喜欢时，哪怕都是真话好话，可千万别说。还有，只要她说出的话，你就马上说'是，是！''对，对！'说'老佛爷圣明！'能记住吗？"张勋连连点头，说："能，能！"

张勋进到宫中，双膝跪倒慈禧面前，连连高呼："老佛爷万寿无疆！老佛爷吉祥！"

慈禧正在玩味一件珠宝，听得有人在呼叫，这才微微仰面，闪目。"你是张勋吗？"

"奴才是张勋。"

"起来吧。"

"谢老佛爷。"张勋立起身，垂首一旁，不敢抬头。

"你是哪里人氏哪？"慈禧早天曾这样问过。但她忘了。

"禀老佛爷，奴才江西奉新人。"张勋垂首说，"据祖宗说，我的原籍是河北青县。"

"家里还有什么人？"

张勋心里一惊——他怕慈禧追问他的那段浪荡童年，忙说："父母均不在多年了，妻子现在广西。"

慈禧"嗯"了一声，又说："你对我忠心是真还是假？"

"奴才对老佛爷一片忠心，毫无半丝假意，可以对天表白！"张勋有些慌张了，他觉得慈禧这样发问，是发觉了他什么虚假，忙又说，"张勋能有今天，全靠皇恩浩荡。没有老佛爷和朝廷的雨露恩泽，张勋连家也不会有。张勋有生之日，一定对老佛爷和大清朝尽忠到底，死不变心！"

"好了，好了，这一点我相信。"慈禧想起了他磁州护銮时的精心，又说，"听说你现在在袁世凯那里效劳，是个什么官职？"

"副将，节制马步各营。"

"你就不必再回直隶了，给你一千武卫军，你就宿卫端门吧。"

"嗻！奴才一定极尽忠心，守好端门。"

张勋在回话的时候，还在站立。李莲英觉得错了。慈禧的话是"圣旨"，接圣旨得跪倒。他忙凑到张勋身边，闷声闷气地说了一个字："跪！"

张勋恍然大悟，向前跨一步，来到慈禧面前，"扑通"跪地，头触着地砖，又说："谢老佛爷恩典，张勋一定极尽忠心！"

"回吧！"慈禧轻轻地拂了拂手。

张勋连连叩头，然后立身，一步一步退出了宫室。

恩赏一件黄马褂

袁世凯是大清王朝一个很有特色的人物，他享受了许多汉族大臣无法得到的优厚待遇。山东镇压义和团运动之后，他升任直隶总督；李鸿章临死之前（1901年）向朝廷推荐，他很快任了北洋大臣。慈禧喜欢袁世凯。袁世凯做了北洋大臣不久，又升任政务处参与政务大臣，练兵大臣，练兵处会办等要职。袁世凯不辱圣命，自1905年起，借着"改革军制"之机，他把北洋军扩编为六镇，从此成为北洋军的当然领袖。不久，又成了军机大臣……

张勋是袁世凯的得力干将，袁世凯的"水"涨了，张勋自然也就"船"高了。现在，袁世凯是北洋大臣，张勋的一千武卫军虽为宿卫端门，仍是属于袁世凯管辖。次年（1902年）3月，张勋便获得一次殊荣：袁世凯奏派"节制马步各军随扈恭谒东陵"。那又是一次在慈禧面前表现的好机会！张勋像当初护驾回銮一样，在两宫驾旁形影不离，步步紧跟。自然获得了慈禧的欢心。

一天，慈禧心血来潮，竟把张勋召到面前，聊起家常，问张勋的身世，问张勋的经历，问张勋的喜好……想到哪便问到哪，那态度、那语气，都显得那么慈祥可亲——她比张勋大不到二十岁，可她总以老祖宗的神气对待他。张勋很感激她，有这样的老祖宗，也得几世人烧香求佛！所以，只要她所问的，他都一一做了回答，并且在回答时不时用眼角窥视着慈禧的神态。李莲英对他说过："回老佛爷的话时，得看准老佛爷的面色，得拣她高兴的说。"张勋机灵，慈禧面上的"温度"他能猜测得极准。因此，他的话句句受慈禧喜爱。

"老佛爷，恕奴才口快，奴才有个心愿，总想向老佛爷倾吐。我不知老佛爷能不能让我吐出来？"

"怎么不能？"慈禧淡淡地一笑，"今天让你来，就是想听听你的话。想说什么，你只管说。"

"嗻！"张勋忙跪倒，"那奴才就直说了。"

"嗯！"

"奴才生来就有个怪病，"张勋说，"跟着谁时，就把谁当成亲生爹娘，除了尽忠，讨欢之外，别的什么都忘了……"

"我看出了。"慈禧说，"听说你当初进京，就是为着那个苏元春冒死的。"

张勋有点慌张，不知该怎么回话。

慈禧说："那个人也真坏透顶了，要不是李莲英——嗯，后我才知道，还是你卖的力，我真想杀了他！"

"我替苏大人再谢老佛爷的深恩大德！"

"替什么？谢你就谢。我才不愿给那号人施恩呢！"

"奴才谢老佛爷！"张勋又说，"奴才来到老佛爷面前，就觉得天下只有老佛爷一个人。为了老佛爷，奴才肝脑涂地，都在所不惜！"

慈禧展了展眉，笑了。"张勋呀！"

"奴才在！"

"你还不知道我的脾气吧？"慈禧认真了，"谁要是使我一时不痛快，我一定要使他一生一世不痛快！反过来说，谁要对我忠心到底，我也会让他有享不尽的荣华。你听懂了吗？"

"奴才听懂了。"张勋说，"至于奴才有没有'享不尽的荣华'，奴才从不敢想。奴才想的，只是一个心眼让老佛爷高兴。为这事，奴才早把生死都置之度外了。"

张勋不愧是察言观色、逢迎得当的角色，几句话，说得慈禧"凤颜"大悦，忙说："你能这样做，我不亏待你。回京之后，我会关照你的。你去吧。"

"嗻！"张勋磕了个响头，退着出来。

到了这年8月，慈禧果然发了一道懿旨，补授张勋为"四川建昌镇总兵"。

张勋感激涕零，急忙进宫谢恩。他跪在慈禧面前，竟一时不知该怎么说才好，只顾一个连一个磕响头。

慈禧一见张勋进宫"谢恩"，心里"噔"了一下："这样尽忠的一个臣子，他要离开京城，到遥远的地方去了？张勋走了，谁还会像他这样尽忠呢？"可是，懿旨已发出，金口玉言，不能说了不算数。想了阵子，她说："张勋，你起来吧。"

"谢老佛爷！"张勋慢慢地爬起来。

"建昌镇那个总兵，还是你的。"慈禧说，"你仍留宿卫，暂缓赴任。"张勋忙又跪倒。"谢老佛爷！"

"你去吧。什么时候赴任，我会告诉你。"

张勋心满意足地退了出来——补授总兵，固然是青云一层，可是，张勋怕离开京城、离开慈禧，日久便被忘了。莫说总兵，巡抚、总督多如狗，哪就想着一个总兵他了？现在，总兵职既得，又留京中，好事都让张勋摊着了，他自然高兴。

张勋留在京中，一直受着清廷的特殊倚重。到了光绪三十二（1906年），日俄战后，袁世凯奉旨"须派知兵大员，接收地面"，他便派张勋前往东北。临去东北之前，袁世凯把张勋找到面前，很有感慨地对他说："京中靠近龙颜，自然有靠近龙颜的好处，有了作为，老佛爷会一目了然。一个口谕，便会直上青云。不过，朝廷面前，天子脚下，毕竟能人济济，又都是顶戴显赫的人，哪就显得着你了；何况，朝廷面前办事又不那么容易，正所谓'伴君如伴虎'！外任官有外任官的好处，天高皇帝远，自由性大些，早晚有功容易惊动天子。所以，我劝你此去东北，要好好安下心来，办一番轰轰烈烈的大事，求一个好的前程。"

张勋连连点头。"谢大人的教诲，张勋都记住了。这次去东北，我一定奋力建功立业，让大人满意，让老佛爷满意。"

张勋到了东北，接收了因日俄战争被俄国人占去的中国土地，又清剿了当地的土匪，很有了一番作为。不久，徐世昌出任东三省总督，从赵尔巽手中接任时，得知张勋一些情况，加上在京中获知"张勋是慈禧喜爱的人物"，有意献点"殷勤"，便专折奏准，派张勋为行营翼长（相当于师长），节制东三省巡防各军，并钦承慈禧懿旨，赏头品顶戴。张勋转战辽北各地，当地土匪渐次肃清；他又率部至吉林之宁古塔、蜂蜜山，黑龙江之绥化及东清铁路沿线、牡丹江流域剿匪，均获大胜，不仅净化了地方治安，还解救出大批被掳男妇及俄国商民、日本百姓。徐世昌甚喜，连报朝廷。

张勋得志了：1908 年五十五岁时，"上谕补授云南提督"，但即谕"仍留奉直带兵，毋遽赴任"。同时，"加恩赏穿黄马褂"；当年 8 月，又奉上谕"调补甘肃提督"，仍未赴任。

张勋时来运转之后，什么好事都临到他头上了——

七十三岁的慈禧太后，大约是费神太大了，进入戊申年（1908 年）之后，总觉得心力都衰了，朝政懒得问，大臣不想见，连李莲英在她面前也失宠了。早几天，不知李莲英在她面前说错了一句什么话，气得她连说三句"该死！"李莲英跪倒地上，当真的痛哭流涕——老佛爷的话是"圣旨"，她让李莲英死李莲英不敢不死。可是，这个为她鞠躬尽瘁了大半生的阉官，难道一句戏言便赐死了？尽管往日他看着别人"蒙恩"，是那样的"从容"，临到他，却从容不起来了。过了一阵子，大约是慈禧回过神来了，故意问一句："小李子，我刚刚说了一句什么话来着？"

"老佛爷说了一句……"总管太监不敢实说。

"不是叫你'跪安'（退下）吗，你还跪在那里干什么？"

"嘛！"李莲英这才死里逃生退出来。从此，慈禧不传话，连李莲英也不敢挨近。

眼下已是新秋，宫中的菊花早已金灿灿。慈禧早上喝了一碗新收的昆明湖的莲子汤，心里觉得清爽多了。她坐在新扑进宫中的第一缕阳光下，有气无力地叫一声："小李子！"

"嗻！"李莲英一边走来，一边应，"奴才在。"

"颐和园里的菊花也都开了吧？"慈禧问。

"禀老佛爷，这几天开得正鲜艳！"

"你传话出去，我要去颐和园赏菊。"

"嗻！"

"还有，"慈禧又说，"让万寿宫的戏班子演几出好戏。"

"嗻！"

"还有……"慈禧收住了话题，闭起眼睛养起神来。

李莲英半跪的姿势，动也不敢动，两眼望着满面灰气的主子，等待她交代"还有"什么事。

慈禧大约是身不由己了，竟是好半天不说话。李莲英也就好半天泥塑一般半跪在那里。

"你看让谁入座呀？（即陪同看戏）"慈禧终于开了口。

"老佛爷看呢？"李莲英这才活动了一下身子，轻松一下，"哪一位王公、大臣，老佛爷选定，奴才去传。"

慈禧狠狠地摇头又摇手。"那个张勋到哪里去了？"

"回老佛爷，"李莲英还是半跪着，"张勋调补甘肃提督，并未到任，现仍在东北。"

"那就立即传他，明天到京，陪我……"

"嗻！"

——不想由于慈禧一句呓语，张勋竟获得了直上青云的良机。

第四章
他在南河沿安了家

人的本领不一定就是决定命运的主要因素，机遇常常是至关重要的。当年伊尹、吕尚若不是遇见了明主，也得老了英雄。

张勋是做的大清王朝的官，朝廷喜欢他了，总少不了他腾达的机会——

圣眷至隆颐和园

北京城西北大约十公里的地方，有一座名园，叫颐和园。据说从明代就开始了建园。清朝乾隆年间（1750年）大兴土木，建成了清漪园，被称为北京著名的"三山（万寿山、玉泉山、香山）五园（畅春园、圆明园、清漪园、静明园，静宜园）"之一，是个风景十分秀丽的地方，英法联军入侵的时候遭到破坏。光绪十四年（1888年）慈禧挪用海军军费把它重建起来，改名为颐和园。后来又遭八国联军的破坏，慈禧还是不惜花费大量银两，把它再修好，作为自己静养休息的地方。颐和园分万寿山、昆明湖两大部分。万寿山的乐寿堂边上建一座德和园大戏台，专供慈禧看戏。

现在，慈禧又想到这里来看戏了，戏班子的人忙活着准备戏，管理人员忙活着打扫卫生，太监、宫女、卫队成群结队来到这里。

张勋从东北连夜返回北京，一大早便匆匆来到颐和园，等候慈禧召见。

颐和园的金秋，别是一番风光：填满长廊的金菊，争芳斗艳；万寿山坡的枫叶，映红半天；碧澄的昆明湖，残荷恋水；所有的亭台殿阁，均在幽静中显得多姿！德和园，那长方形的庭院，作为主楼的大戏楼，早被宦官洒扫洁净，并且洒上一层淡淡的香水；轻风拂动，重檐三层的翘角，敲击着"叮咚咚"的铜铃响，呈现出欢快！

德和园大戏楼是和承德避暑山庄的清音阁、北京故宫的畅音阁合称"中国三大戏台"的，而以德和园大戏台为最大，高二十一米，分上中下三层，底层舞台宽十七米，上下之间有天地井通连，顶部有绞车牵引，可表现升天、下凡、入地等情节。为了布景需要，舞台底部还有一口深水井和五个方形水池，可以喷射水景。南部毗连的两层，为扮戏楼，即后台。面阔七间的颐和殿，便是专供慈禧看戏的地方；被赏看戏的王公大臣只能在戏台东西两侧的廊子里。

李莲英搀扶着慈禧来到颐和殿，把她扶坐在凤座上，转身要去安排"开戏"，慈禧叫住了他。"小李子！"

"奴才在。"

"张勋来了吗？"

"回老佛爷，张勋午夜便到京了。"

"怎么不见他？"慈禧很认真，"传他进来。"

"嘚！"

李莲英站在颐和殿前廊，大声喊："张勋进殿！"

张勋按照常规，早在戏台东侧廊子里站着了。站在那个廊子里他还怕越了规矩——因为那是王公大臣们站的地方，他够不了这个格。忽听宣，他忙在廊子里跪倒，应一声："张勋在！"李莲英愣了。照常规，赐赏看戏的人应一声"在"，已经完了。他想起自己明明大声喊的"进殿"，这不是"假传懿旨"吗？！他惊恐着转脸望望慈禧，见她不仅不怒，而且面上充满着微笑，并且对他说："让张勋到我这里来吧。"

李莲英如释重负，忙转脸，又喊一声："张勋到颐和殿伴驾！"这一喊，整个颐和殿都惊动了！"张勋什么人？因何有此殊荣？"就连张勋自己也惊呆了："到颐和殿？伴驾？"

李莲英向张勋招招手，又点点头。张勋这才慌慌张张地跑过去。

进了颐和殿，张勋双膝跪倒，头触着地，说："奴才张勋拜见老佛爷！老佛爷吉祥！"

"起来吧。"慈禧说。

"谢老佛爷。"

"小李子，给张勋看个座。"

张勋忙又跪倒。"奴才不敢，奴才不敢！"

"这是看戏，又不是论政谈朝事，不必讲究这么多。"

"奴才不敢，奴才不敢！"

座倒是安置了一个，张勋却是不敢入座，他一直双手垂下立在慈禧身旁。

张勋在慈禧面前奴才相十足，甚受慈禧喜欢。同时，也感动了李莲英——那李莲英依着慈禧的虎威，早把满朝大臣都丢到脑后去了，他是素来自诩"见官大三级"的，谁在慈禧面前若是小瞧了他，他一准会想着法说你的坏话。现在，张勋立在慈禧身旁，李莲英安排的"座"空在那里，也显见张勋尊重了他总管太监。所以，李莲英对张勋笑着微微点头，马上转脸来对慈禧说："张勋在老佛爷面前不敢坐，说明张勋对老佛爷是打心眼里尽忠的。老佛爷你就给张勋一个尽忠的机会吧！"

"还是小李子说得对，说得对！"慈禧微笑点头，又朝张勋招招手，"那你就朝我身边站站，我也好问你个话。"

"嗻！"张勋规规矩矩地朝慈禧身边近了近。

慈禧没有精神去听戏、去领略戏情了。从今年入夏起，她总觉得体力不支，腰酸腿疼，走动走动便有点眩晕，多说几句话，便语无伦次了。太医为她诊脉时，又总是告诉她"没有病"。然而，上述感觉却日益加重。尤为明显的是，她瘦了，而且越来越瘦；那双本来就不大的眼睛，渐渐呈现干瘪，陷得也深了；额头上的皱纹几乎是一夜之间便增了几倍。如今，她坐在颐和殿中铺着软绵绵的垫子的太师椅上，可她仍感不舒服，不时地拉着李莲英的手，皱着眉，做着深呼吸。她不是在听戏，也不是在看戏，仿佛是在经历一场与病的搏斗，或者接受一场无可奈何的治疗。因而，舞台上出什么人了，说什么话了，唱什么曲文了，她一概不知。并且在开台锣鼓敲响不久，她就要离去。

李莲英架着她，张勋偎上去想说什么，但见李莲英向他使了个眼色，他只得敛口，忙着跪倒说了一句"送老佛爷"的不伦不类的话。

慈禧走了，离开颐和殿了，好像她只是为了把张勋拉到身边站站，做什么应酬的仪式，而仪式完了，她便退去了。这个反常的举动，弄得随侍和赏看戏的大臣无不胡思乱想；但作为张勋，这项殊荣算是完整的得到了。所以，在慈禧走后许久，他的头还死死触着那片木板地。

万寿山听戏之后，张勋自觉身价高了，腾达的机会也到了。所以，他没有急忙返回东北，仍留在京城。他想等待"懿旨"："说不定哪一刻老佛爷便会再升升我的官！"他住了几天，没有消息。他想去找找李莲英，可又无理由进宫。他想李莲英会来找他，却又不见影。他想去找北洋大臣袁世凯，那是他"恩师"一般的人物。可是，他又不愿去——"老佛爷还不曾把入座看戏的殊荣给袁大人呢，找他会有什么用呢？"

对于升官，张勋已经到了迫不及待的地步。他觉得自己有条件，"普天之下，能有几人受到老佛爷喜欢的呢？普天之下的官，哪一个不是老佛爷赏的？老佛爷喜欢我，她想赏我什么官，还不是一张口的事！"

正在张勋想官想得望眼欲穿的时候，忽然传来一个霹雳般的消息："皇太后驾崩！"张勋闻讯，三魂七魄都离了体，他软瘫瘫地倒在地上……当他重新定了神之后，他号啕大哭起来：

"老佛爷呀！你升天了，大清王朝怎么办呀？我们怎么办呀？我怎么办呀？！"这哭声，震得屋梁都在颤动；这哭声，比当年在奉新他死了老爹还痛凄。

张勋在屋里哭了半天，忽然觉得"还有大事要办"——他得去哭灵、守灵。他忙着到店铺里购了全套孝服，罩在身上，又找了几根麻绳系在腰间，这才匆匆朝宫中奔去……

张勋是慈禧的宠臣，又有黄马褂在身，再加上是召来"入座看戏"的，自然是在随班守灵之列。他在慈禧灵堂哭得死去活来，涕泪横飞，比丧考妣不知痛心几多倍，连那些随班哭灵的皇亲贵戚也感到惊讶！

也是这猴年（戊申）不利，大清王朝的皇帝光绪死了，垂帘多年的老佛爷慈禧也死了。国中无主了，连个可以立为主的人也一时难找，慈禧的侄女，光绪正宫叶赫那拉氏皇后该垂帘了，可她又是个不润政事、不想理朝的女人，只好议立醇亲王载沣的三岁的儿子溥仪为皇帝，年号宣统。光绪皇后（这女人在宣统即位后，被上徽号"隆裕"）自然成为皇太后了。不听政也得听，皇帝小，不懂事，她不听政朝就乱了。隆裕听政，以载沣为摄政王。隆裕是知道张勋的，知道他对大清王朝的忠心，今又见他如此悲痛，便叫醇亲王去劝阻他"节哀"。张勋抹着横流的涕泪说："老佛爷待我张勋天高地厚，皇恩浩荡！我永生不忘，我真该随老佛爷归天！"说着，几乎要去撞墙。

醇亲王叹息着，慢条斯理地说："难得你对我朝有如此忠心，老佛爷和皇上在天之灵是会明察的，千万不可想此短念。今后只要对朝廷忠心不泯，也就罢了。"

张勋跪地，再表决心："张勋对大清王朝肝脑涂地，永不改志。皇天后土可鉴！"

护柩、守灵见皇恩

晚清，世态极乱，外患内祸，接踵而来。朝廷不思衰败原因，改弦更张，而一味抱怨下臣，采取频繁更换办法，因而，一度形成朝里朝外，官员走马灯式地换来换去。俗话说得好，一朝天子一朝臣！那时候的官儿是有"族"成"群"的，一个省的督军、巡抚换了，手下一班人全得换；人换了，事也变了，新人一上任，又总要挑剔旧人的短处、劣迹。于是，内讧风波大起，世道更乱。

徐世昌督东三省三年，慈禧"升遐"的时候把他调出了。继任总督锡良，也是官场上一个巨奸，仗着自己属"皇族"，自然要在东北标新立异。锡良到任不久，查准了总管东北驻军的人是张勋，便有意换掉他，改用自己的心腹；结果又查出张勋久离职守，不务正业，有违天职，不仅要赶他走，而且应该治他罪。宣统元年七月（1909年），锡良便颇动了一番脑筋，洋洋洒洒列了张勋许多条"罪状"，便向朝廷上疏，奏劾了张勋一本，请求朝廷治张勋的失职罪，查办徐世昌的用人不当。奏折送进宫中，摄政王载沣一看，笑了。"锡良无事生非！"他拿着折子，见了隆裕太后，说明了情况，并且表示："张勋留京，是老佛爷的意思。老佛爷的梓宫尚未奉安，我们怎么敢有违圣意呢？"

隆裕太后本来也是厚待张勋的，她从慈禧那里听了不少关于张勋的好话，她不能一听政就把一个上辈的宠臣除了。何况，她的垂帘也绝不像慈禧那样，包揽一切——她没那本事；摄政王既然有了意思，何不顺水推舟。

"告诉锡良一声，张勋是'留京当差'的，把折子退还他也就罢了。"

张勋的一场"飞来之灾"，就在太后和摄政王的厚爱下，烟消云散。不日，摄政王见到张勋，当作一份厚礼送给了张勋。张勋连叩三个响头，"谢王爷的大恩大德！"从此，张勋那份忠于"老佛爷"和清朝的心，便坚定地转向了隆裕太后、宣统皇帝、载沣摄政王和整个"大清王朝"。

清朝的帝后陵墓，依其分布状况，分为四个地区：努尔哈赤几代祖先的肇、兴、景、显四陵，叫永陵，在今吉林新宾地方；太祖的福陵（俗称的东陵）、太宗的昭陵（俗称北陵），在今辽宁的沈阳附近；顺治的孝陵、康熙的景陵、乾隆的裕陵，咸丰的定陵，同治的惠陵及太宗后昭西陵以下诸后妃之陵，叫东陵，在今河北遵化；雍正的太陵，嘉庆的昌陵、道光的慕陵、光绪的崇陵及诸后妃之陵，叫西陵，在河北易县。唯遵化的东陵规模最为庞大。慈禧是咸丰皇帝的妃子，死了当然应归葬东陵。宣统元年（1909 年）十月，将要安葬。

要出老殡了，慈禧主宰皇室这么多年，早已培养了一大批后党，奉安大典当然十分隆重。许多天来，从京城中的皇城到遵化的东陵，差役往返如梭，工匠日夜兼程，王公大臣重孝大哀，连天空都显得暗淡无光起来。

一天，摄政王载沣把张勋叫到后宫，对他说："张勋，老佛爷的梓宫就要奉安了，隆裕皇太后知道老佛爷临朝的时候很喜欢你，所以把你叫进宫来，有事情要当面交代你。"

张勋跪在王爷面前，连声应着，"奴才谨遵皇太后懿旨！"可是，他心里一下子慌张起来，他不知道隆裕有什么事要他办？守灵他一直守着的，无须安排；奉安时他大不了痛心地大哭一场，尽尽忠臣之心。还有什么事需要单独交代呢？张勋是一个武人，对清王朝的葬仪还说不甚清楚。他在江西老家时听人说过，有钱人家的老祖宗死了，要有活人陪葬。"难道说，隆裕皇太后要我陪葬老佛爷？"他心里"噔"下子跳了起来，跪地的腿也有点儿软瘫了，眼神发痴，额角也烧了起来——张勋忠于老佛爷、忠于朝廷都是为了步步高升的。想升官，想发财，想成为人上人！死，为朝廷死固然轰轰烈烈，可以名垂青史，但那是身后事。人死了，万人颂赞和万人诅咒都是后人的事，与自己有什么实际意义呢？张勋害怕了，他觉得他不能死，他还不该死，他现在死了还不实惠。

张勋想向摄政王求情，请他在太后面前说几句好话，表明"我张勋还不老，还能为大清王朝办许多大事。我是忠于大清朝的，永不变心！让我再活着为大清朝尽几年忠吧！"可是，他又不好张开口，又怕王爷说他"贪生怕死"。张勋通身颤抖着，直跪在那里。"起来吧。"摄政王说，"我领你去见太后。"

"嗻，嗻！"张勋勉强站起身来，随在摄政王身后，朝隆裕太后的后宫走去。一进后宫，不待摄政王报信，张勋便跪倒在地，连声说："奴才张勋叩见太后，太后吉祥！"

隆裕不动声色地说："张勋呀，你起来吧，我有话对你说。"

"奴才谢太后。"张勋站起身，心里还是极度慌张。"显皇后的梓宫就要移东陵奉安了，"隆裕说，"宫中上下，都在忙乱和忧伤。有些事怕到时候安排不周，能想到的，就先说一声。我想到了你……"

张勋听到这句话，忙又跪倒："奴才谨遵懿旨！"

"到那一天，随护灵柩的事，就还由你率卫队担任了。"隆裕说，"北京到遵化，路途还算不近的。奉安之后，我还想让你随几位贵妃留陵。这都是祖制了，该办的都得遵制办好。这就是你的任务。"

张勋一听不是让他为老佛爷陪葬，心里一块石头这才落了地，又忙着叩头。"奴才一定守职尽忠，一定！"

张勋走出后宫，匆忙来到他的武卫军营地，把他的队伍召集齐，把护送灵柩的事交代一遍，然后说："这是一项万分重要的任务，是太后和皇上相信咱们，才让咱们担当的。京中这么多部队，为啥不叫别的部队去护灵？咱们一定要尽忠到底，就像当年护驾回銮，守卫端门一样对老佛爷忠心。你们能做到吗？"

"嗻！"千把号官兵齐声应着，"一定做到！"

张勋又把队伍重新组合一下，又跟统领管带们单独做了交代，让他们抓紧训练，这才又朝宫里走去——他想向摄政王汇报一下，说他把护灵的任务都交代好了。可是，他又决定不去了，觉得那样做多余了。他便回到自己的住处。

北京之秋，又是一个干燥季节。当黄叶纷飞的时候，阵阵沙尘随着西风从塞外飞来，天空黄澄澄的，房舍黄澄澄的；顺着长街望去，总像一条条尘沙筑起的巷洞；走在马路上的男人女人们，都把眼睛眯起来，偏着头在避开风向；年轻的女人很别致，她们用纱巾把头脸都裹得严严实实。

张勋拍了拍身上的尘沙，推开门走进室内。他想静静神，再思索一下该做什么。当他转身拍打衣物上的尘土时，他忽然发现了那件朝廷加恩赏穿的黄马褂——这可是他张勋的殊荣呀！朝中没有多少人有这样的恩遇。他把它当成张氏的家珍，当成命根，当成至高无上的荣誉！"皇恩厚如天，我张勋终生……"他拿着黄马褂，心里又慌张起来，"朝廷待我雨露般的大恩，我张勋怎么啦？为什么连陪葬的事都想得那么可怕，那样不甘心去做？果然当时向摄政王倾吐了心事，请他在太后面前求情，我成了什么人？我不是对朝廷三心二意了吗！"想到这里，张勋觉得脸也热，心里也冒火，"张勋呀张勋，没有皇恩，哪里有你的今天，莫说进到皇宫，穿上黄马褂，只怕你连赤田村也出不了，还得……"这么想了之后，张勋把黄马褂挂在房屋正当门，自己又净了净手，双膝跪倒地上，深深地磕了三个头，对着黄马褂说："老佛爷，皇上，皇太后，我张勋有生之日，都交给大清朝了。我发誓：若再有三心二意，皇天可鉴，后土可鉴，我再不做一件有愧大清王朝的事！"

张勋的誓言好像被朝廷知道了，朝廷上下把张勋当作了最忠心的臣子。慈禧的梓宫从北京起灵，张勋便随护左右，穿孝哭灵，痛不欲生；北京去遵化的路上，他像当年磁州护驾一样，徒步行走，寸步不离。奉安礼成，隆裕太后回北京前又把他找到面前，面谕："我要回京去了，这里留下四位贵妃守陵，你就留在这里吧。"

"嗻！"张勋跪地。

"守护好显皇后的陵寝，还要保护好四位贵妃。"

"嗻！"

"什么时候回京，我会让人谕知。"

"嗻！"

张勋在东陵守着慈禧的陵墓又过了三个月，直到这年年底他才回到北京。复命的时候，隆裕确实厚厚地嘉奖了他一番。

他在南河沿安了家

据说，北京城是从成吉思汗十年（金贞祐三年，1215年）蒙古军攻取中都改置燕京路总管大兴府起兴建，到至元九年（1272年）忽必烈改中都为大都，北京便成为我们这个多民族国家的政治中心。到了明朝，大将徐达攻占大都后改叫北平。朱元璋的四儿子朱棣封为燕王，得位之后是为永乐皇帝，元年（1403年）改北平为北京；清朝建都北京之后，历经多年大兴土木，不仅成为我国的六大古都之一，同时也是城池最为宏伟壮丽的一处古城，有外城、内城、皇城（又叫紫禁城）三层。光是这紫禁城就占地七十二万平方米，屋宇九千多间，四周宫墙长约三千四百米；宫墙外有环绕五十二米宽的护城河。沿着护城河分成了东西南北几条河沿。这些河沿地方，也多是王公大臣们的官府宅第。

张勋也算是朝中有地位的人了，年纪也已五十六岁，不能没有自己的家。于是，官私共为，朝廷便在紫禁城护城河外的南河沿给他安排了一个四合院，他又花了一批钱把它整修一番，门面也装饰了一下，便成了"张宅"。张勋的发妻曹琴这几年差不多都是在他身边的，只是住处不定，如今有自己的院落了，便定居下来。广西地方已无亲人，江西的那位李妈也早病逝了。赤田村更无瓜葛。张勋只派人到广西把旧家变卖处理一下，必带的细物都搬到京中来。此时，曹琴也已是四十多岁的人了。多年的随营生活，官场上的熏染，使她早变成了一个十分成熟的人。她性情温柔，态度和蔼可亲，待人接物非常热情，从不摆夫人架子。她搬进南河沿新居的时候，刚刚跨进四合院的门，便大吃一惊——

曹琴原本以为是三间普通的瓦房，收拾干净也就够住的了。她对生活不苛求，衣能遮体，食能饱肚，屋不漏雨即行，她身边没有多少人。外婆死了之后，她只在江西找了一位中年妇人帮她收拾家务，那还是别人再三怂恿，张勋一再劝说才找的。来北京之后又找了一个十六岁的丫头，说是关照她的生活，其实她是把她当成养女收下的——自从在张勋去辽海那年她生了一个男孩很快夭折之后，曹琴便再没有生育。她很想有一个男孩或女孩，但却不如愿。"就这么四口之家，要什么深宅大院？"可是，她面前的这个院子，虽然门楣并不显赫，可那派灰瓦青砖的院落，正正方方的东西南北房，各房都是窗明几净的三大间，正房又有一脊出厦的长廊，天井中一口井，井边一棵婆娑的合欢树，幽静、庄肃，连当年她去奉新岗嘴头的地方许府也没有这样好的房子！站在院子中，她讶然地说："这是咱的家？咱要住在这里？住这么多房子？"

张勋笑了。"是的。是咱的家，就住这里。照着朝廷的规矩，咱这院子还小呢。说不定以后还要换更宽绰的。"

"还要换？"曹琴更惊讶。

"你不懂，"张勋说，"京城的朝臣老爷，哪一个不是深宅大院？你以为咱们还是三五口人过穷日子呢？不，咱们要有丫环，仆人、差役一大帮呢！这四合院还不够他们住的。如今我是京官了，哪能还是江西、广西那个样儿。"

住是住进来了，曹琴心里一直不舒坦，张勋的话她似乎没有听懂；当京官了，当大官了，难道就得用人一大群，就得住官府一样的家院？

曹琴是在苦水里泡大的，她对现实生活中的贫富之差十分痛恨，她梦想着能够"有饭大家吃，有衣大家穿"。她从不想自己富上去了也压迫一大批男女。随丈夫出来这些年，她依然粗茶淡饭，缝破补烂，什么事都自己动手。她要像她的外婆那样，八十多岁了还在忙着为别人劳动。南河沿住定之后，曹琴心里就感到郁闷，她常常领着"女儿"出来走走。她能见到的，便是高高的宫墙，宽宽的护城河，还有早早晚晚她说不出差别的、进进出出的轿子和匆匆忙忙的兵勇；看不到旷野，看不到稼禾，看不到六畜。她只能从树上的叶儿青还是黄、生还是落去分辨春夏秋冬。"这到底是官府还是牢笼，我是官太太还是犯徒？"她分不清了。

但是，曹琴并没有把自己的郁闷表露出来，女人嫁给男人了，就得跟着走，男人无论干什么，女人都得支持他，都得做他的贤内助！她想该做的一切都是为了张勋。随着张勋的官职不断高升，曹琴也觉得她做贤内助的条件受到了限制。比如："有人拿着什么文书、字据到家中来了，记个事，传个话，她都不行。她没有读过一天书，扁担似的"一"字她也不认识。来京之后，张勋曾找来一个家庭教师，教她识字。可是，别看其他的事曹琴那么心灵手巧，分辨白纸上的黑字可是千难万难的事，不是模样混了，就是忘了它姓甚名谁，光是自己的名字"曹琴"两个字，就足足学了半个月，弄得这位家庭教师哭笑不得。后来，只好采取"指物论教"的方法，把曹琴用的每种物品上都标上名字，让她看物识字。然而，这些"锅碗瓢勺"的文字也很难对官场有用，曹琴学的兴致总是很低。她也暗暗发过狠："当初看人家富人的孩子入学堂，羡慕得只想哭，今天有条件读书了，怎么就读不下去呢？你要好好地下功夫，好好地学字！"想得不错，还是做不到。

曹琴有曹琴的"苦处"呀——幼年家贫，失去读书的机会。可是，她从老人们那里得到的道德教育却极其丰富！大约是中国的国情起了作用，中国人中最讲道德的是穷人，能够以德报德的，差不多也多是穷人。给穷人一口饭吃，穷人会终生不忘；把穷人从泥泞处拉上来，穷人会以命相报！中国的法条、伦理，也多半是最底层的黎民百姓遵守不移。曹琴从小便从外婆那里获得了最浅显但却最入心的"三从四德"教育，她懂得了女人该怎么做。成家之后，她生了个男孩子，她欣喜自己的地位要稳定了，儿子死了之后，她痛哭了许久。她幻想着能够再生一个儿子。可是，她却再也没有怀过孕。如今，她虽然只有四十多岁，尚有生育能力，但生育却是绝望了。张勋已是近六十岁的人了，身边尚无子女，他能不焦急！"不孝有三，无后为大。"曹琴十分敏感这话。所以，这几年，她的所有思绪几乎全放在这件事上了。

南河沿住定之后，在一个静悄悄的夜晚，她坐在床沿上，心事重重地对张勋说："有一件事，我觉得老早就该办了，想对你说，又总没有开口。"

"甚事？你说吧。"张勋心不在焉地问。

"你想孩子不想？"

张勋心里一愣。"为啥突然问这事？"

"我想。"

张勋一沉思，明白了——这些年，张勋虽然心事都在钻营官场上的事，但对孩子他还是想的。谁不想有儿女呢？曹琴不再生了，张勋曾抱怨过她，可他也同情她，自己还是流浪儿时，人家能够以身相许，这是何等的情义呀！怎么能因为不生育疏远了人家呢！他也曾幼稚地想过，有朝一日朝夕相处了，还会生孩子的。这些年朝夕相处了，总是不见孩子。张勋心里免不了嘀咕，却从不想开口。今天妻子提出了，他只搪塞般地说："好，咱们再生。"

"我不能生了。"曹琴说着，忧伤地流泪了。

"别说了。这事以后再商量。"

事虽不商量了，两个人却都没有放下。

其实，张勋并没有过"孤独"的日子。一年前，就是他被赏黄马褂，万寿山入座听戏的时候，他已经偷偷地纳妾了。那女人叫邵雯，天津小站人，比他小二十多岁，生得也有八九分姿色，还有着中等文化。张勋只想着等这邵雯怀了孕，再向曹琴说明，利用"一俊遮百丑"的心理，让曹琴容纳她。谁知这位邵雯是个不争气的女人，就是怀不了孕。张勋只好仍把她隐避起来。现在，张勋真想挑明此事，把邵雯接进南河沿，却又怕两个不孕的女人在一起，更难沟通思想，故而又丢下了。张勋没有亏待邵雯，在京郊给她买了几间房，还为她买了个叫吕茶香的丫环，让她精心照料她的生活。

南河沿有了张府，一切按照提督衙门张罗。张勋虽不曾到任，毕竟是受过皇封的"云南提督""甘肃提督"，况且还恩赏过黄马褂，当然又超过了提督的声威。家安定了之后，他便先后把袁世凯、徐世昌等大员请到家中，还曾把摄政王载沣请到家中，着实风光了一阵子。只是，张勋毕竟是个外官，朝中并没有他的头衔，包括袁世凯给的"节制马步各军"、老佛爷给的"宿卫端门"，都不能算正儿八经的京官，故而张勋一直心神不定。他想再多走走门子，弄他个名正言顺。

辛亥革命狂风起

中国，中华民族，在人类历史上，是以自己的勤劳和智慧创造过光辉文明的。然而，当中国人民将要走进历史的二十世纪时，由于统治中国的清皇朝已成为一个卖国的、极端腐败的、扼杀中国的生机而深受人民痛恨的政权，西方列强便渐渐侵入。中国人是带着八国联军侵占首都北京、清政府签订了那么多辱国丧权的条约的民族大耻进入二十世纪的！

中华民族面前是一派濒临毁灭的悲惨黯淡景象！中国是不乏献身于民族进步事业的英雄的。为了改变国家的境遇和民族的命运，中国人民的反抗斗争从未间断过；太平天国，维新变法，义和团运动，无数志士仁人献出了宝贵的热血和头颅。尽管都失败了，那种民族正气却永远激励着人们前赴后继反抗侵略，反抗压迫的斗志。

就在这世纪交替之际，中国出了一个伟大的爱国主义者、伟大的民主主义者——孙中山。

孙中山，1894年大喊着"振兴中华"的口号，在檀香山成立了革命小团体——兴中会；1905年发起成立了中国同盟会，鲜明地提出了建立一个资产阶级民主共和国为目标的政治纲领，努力用革命的手段来实现这个纲领。

孙中山的革命目标，是直接推翻清朝政府。因为这个政府已经是帝国主义列强用来统治中国的工具。所以，孙中山的革命，实质上是具有反对帝国主义性质的。孙中山的纲领得到全国人民的支持，各省和海外纷纷建立了革命组织，并且连续发动了武装起义。这些，都为中国即将展开一场史无前例的大革命——辛亥革命——做好了准备。正如鲁迅先生高声呐喊的那样：

> 灵台无计逃神矢，
> 风雨如磐暗故园。
> 寄意寒星荃不察，
> 我以我血荐轩辕。

孙中山的活动地区是南方，清朝政府忧心的地方自然也在南方。摄政王载沣此时想到了早被罢官在家"养疴"的袁世凯。1911 年 11 月，清政府任命袁世凯为内阁总理大臣。一天，摄政王载沣把袁世凯找到王府，说了说"南方叛乱"的情况，而后问袁世凯："你对南方的形势有何见解？"

五十三岁的袁世凯，早已练就了一套老奸巨猾的权术，像这样的关天大事，他总想观察一下上边的脸色然后再决定进退。所以，他把正问反答起来。"军机处把每日的奏疏均及时上呈宫中，我还是想先听听圣谕。"

载沣愣了一下，还是说："民怨如此沸腾，这是预想不到的，太后也在纳闷。各地奏折又都含糊其词，太后也一时做不出进退。"

"这件事只怕同民办的两条铁路收归国有有关。"袁世凯说。

"你说是川汉、粤汉那两条铁路？"

"是的。"袁世凯说，"铁路收归国有，国人是可以体谅的。一说向英、法、德、美等国银行团借款，并以铁路修筑权为抵押，百姓便认为是出卖主权了。所以……"

"暂时就不必先谈这些了。"载沣显然是焦急在应付上，"北方还好，目下的问题是要设一道阻止革命什么会的防线，不能让南方的反朝廷势力北犯，然后再商量退兵之计。"

袁世凯一听便明白了，这是要派兵应战的。他管过多年军队，也熟悉那里是"要地"，于是，他倒是主动说出意见。"南敌北犯，是以长江为界。当务之急，是加强长江守备，这就要派一名得力的首领去防长江。"

"太后也是这么个想法。"载沣又问，"你看派谁去更合适呢？"

袁世凯不假思索地说："张勋最合适。"

"让我禀奏太后再定。"

南河沿的家安好之后，张勋总算除去了后顾之忧。曹琴又是一位善于理家的女人，家中虽然有了差役、仆女，她还是事事都忙着做，连下厨、扫院也争着干，下人对她更加敬仰。家事无须操心了，张勋便一心忙他的公事。

转眼又是一年，张勋五十七岁了，人也显得老成多了，事事时时，出出进进，都显得恭谦谨慎。他留起了八字胡，胡须那么浓黑，衬上两绺粗黑的眉毛，大大的眼睛，精神得很。不过，张勋也有心思。东陵回京，虽传谕嘉奖，那只是一个介乎口头的荣誉，就跟圣上只在众人面前对他点头笑笑差不多。当时，张勋接受了，挺喜欢，以为还有更实惠的东西随之而来。谁知，一天一天地过去了，竟再无佳音。他感到失落了。家安定之后，他想专下心来，探听探听消息。

那一天，他刚刚穿戴整齐，一个太监来到南河沿，说是"传太后懿旨！"张勋忙跪接。

原来是早时嘉奖时，太后还赏赐一块匾额，只是一时疏忽——南方大乱，太后也神不守舍了——竟忘了，现在命太监补递上来。

太监把写在宫宣上的四个字双手交给张勋，然后说："张大人，恭喜你府第增辉！"

张勋说："谢太后赏赐，谢公公美意。"

张勋展纸一看，见是清秀工整的四个大字：淑气清芬。忙又朝地上磕头，再说："谢太后赏赐！"

——就是这四个字，张勋做了一块横大的匾额，将字镏金镶上，挂在正堂，朝夕膜拜；直到四年之后，他又在西城太平仓建造了形似王府一般的小楼住宅，他还是把这块匾额悬在正堂，作为殊荣。

张勋悬匾的那一天，将京城能够请到的王公大臣全请到，着实热闹了一番。袁世凯以"恩公"之姿来得特别早，并且以主人之姿迎候宾客，说尽了为张勋歌功颂德的话，乐得张勋笑咧咧地拱起双手，连说："不敢，不敢。"

那一天，不知是袁世凯醉了还是忘乎所以，竟然提笔书了一副对联，要张勋悬在御赐的匾额之旁。联文是：

> 治身者以积精为宝；治国者以积贤为道。

此联一就，有些大臣便摇头，认为不伦不类，更难与圣赐并悬。袁世凯觉察到了，不得不无可奈何自嘲般地一边揉碎一边说："还是有一天再请太后赏联吧。"这才没有闹出弥天笑话。

南方吃紧了，朝中少良将，张勋经袁世凯和摄政王力荐，又被太后重用了。

宣统二年（1910年）十月，张勋奉上谕，总统江防各军并会办长江防守事宜。特别恩准的是张勋可以"专折奏事"。

张勋匆匆赶到宫中，向皇太后及小皇上谢恩，再次表示"效忠圣朝到底"。

太后望着跪在面前的张勋，心里一阵激动——国难当头，最需要的是忠臣良将。张勋一身二兼，主子能不重托？

"张勋，你起来吧。"隆裕太后示意地伸出手，"我还有话对你说。"

"嗻！"张勋站立在一旁，垂手低头，聆听训谕。

"你就到浦口去吧。"太后说，"南方乱了，我心里很焦急。不过，南方毕竟只是偏僻一隅，影响不大。那股叛逆势力，一旦过了长江，就非同小可。让你驻扎浦口，你该明白我的意思吧。"

"奴才明白，奴才明白。"张勋忙又跪倒。

"你去吧。"太后说，"要及时报来情况。"

"嗻！"张勋爬起来，退出皇宫。圣命在身，不敢久停。张勋收拾一下，便匆忙赶往浦口。

酝酿已久的辛亥革命，终于在武昌城头爆发了——

清政府把川汉铁路出卖给外国人了，四川人首先不答应，他们组织了"四川保路同志会"，举行请愿。结果，遭到清政府的镇压。老百姓不怕压，四川各县民众纷纷奋起武装反抗。清政府派端方从湖北率新军入川。

湖北早已不是清王朝的一统天下，在同盟会的影响下，新军和会党中积蓄了力量的文学社和共进会决定10月9日起义。9日上午，共进会领导人孙武检查炸弹失事受伤，汉口的机关被破坏，文学社领导人蒋翊武闻讯，改在当夜举事，因送信人未能到达炮营，号炮未响，各营未动，武昌机关又被破坏，彭楚藩、刘尧徵、杨宏胜三人遇害，蒋翊武被迫出走。10日上午，清湖广总督端澂和第八镇统治张彪大肆抓人。革命党人暗自联络决定当晚起义。

10日晚七时，工程营熊秉绅率队占领楚望台军械局；继而各营奋起，向总督署进攻。端澂、张彪等逃走。革命党占领武昌。因为文学社和共进会的领导人孙武、蒋翊武均不在场，革命党人便强推清协统黎元洪出任军政府都督，发表宣言，号召各省起义。湖南、陕西、江西等省相继响应，很快便形成了全国规模的辛亥革命。

武昌城头的炮声，唤起中华民族的觉醒！两个月内，中国南北方的湖南、湖北、陕西、江西、山西、云南、贵州、安徽、广东、福建、四川等省先后宣布独立，统治中国二百九十余年的清王朝迅速解体了！

1911年12月，孙中山回国领导这场革命，经十七省代表会议推举为临时大总统。1912年1月1日在南京成立了中华民国临时政府；2月12日，清皇帝被迫宣布退位——清政府的统治从此结束！

树倒了猢狲还没有散

武昌城头的炮响，两湖总督端澂的逃亡，北京城乱了。首先是宫中，隆裕太后把摄政王叫到面前，流着泪说："事到如今，我也拿不出办法了，皇上还是个孩子，不懂事。你拿办法吧，看看该怎么办？"

载沣连思索也不思索，硬着头皮，抗着高腔说："不就是一小撮革命党吗，我大清近三百年基业，难道会让几个革命党吓倒？让军机处下令，调兵讨伐就是了。"

"能伐得了？"隆裕不知朝廷有多少御林军。

"军队多得很，灭了革命党还是有把握的。"

隆裕不再说别的，只交代一句"缜密谋划"，便退回后宫。

载沣虽然摄政，却不掌军队，军队掌握在陆军总长段祺瑞手中，段祺瑞是袁世凯的亲信，别人的话他不听。摄政王自然想到了袁世凯。

袁世凯是受过深厚皇恩的，他不会支持革命党。可是，他对于能否战胜革命党，却是心中无把握。于是，把段祺瑞找来——当然是商量"剿除革命党"的事。此时，凡大清臣子很少有人拥护革命党，没有谁想实行革命党的民主共和。当然包括穷兵黩武的段祺瑞。

段祺瑞来到袁世凯面前，袁世凯把太后和摄政王的意思一一说明，段祺瑞便说："发兵！发兵剿灭就是了。"

——这里，我们想插叙一个人物，因为此时此人起了一个特殊的作用，不能不提。此人姓徐，名树铮，又名又铮，安徽萧县人，段祺瑞的谋士。此人却才气过人，早为袁世凯所知。此次袁世凯召见段，特附了一句，"务请徐树铮同来"。

就在袁段磋商对付革命党事时，徐树铮平平静静地坐在一个不显眼的地方望着壁上悬挂的一张画。段祺瑞表了个"发兵"的态度之后，袁世凯没表可否，转脸望望徐树铮，想听听他的意见——当初，袁世凯在山东任巡抚时，朝廷调他北任直隶兼北洋大臣，他就恋栈山东，不想离开，是徐树铮一席高瞻远瞩的开导，他毅然北上，才有今天。所以，他今天仍想听他的意见。

"又铮，"袁世凯呼着他的字说，"这件事你都听清楚了，你的意见如何？"

徐树铮一本正经地说："段老总的意见很好，可以发兵。"

袁世凯急忙摇头。"芝泉（段祺瑞字芝泉）的意见，我听明白了，不失为一策。现在我是问你，你的意见如何？"

徐树铮心里早有打算，他研究过世界潮流，知道"民主""共和"是主流，人心所向。他虽然不希望孙中山成功，但他却认为孙中山是顺应了潮流，用武力不一定消灭得了。所以，徐树铮说出了另外一个意见。

"依我浅见，举师讨伐，是不必要的。因为不一定'伐'得了。不仅不兴师问罪，而且还可以……"

"怎么样？"袁世凯急问，"向朝廷进谏，请立共和！"

"怎么说？"袁世凯不相信自己的耳朵。

"请立共和……"段祺瑞跳了起来，"立什么共和？立共和对咱们有什么好处？嗯？！"

袁世凯冷静了一刻。他说："还是请又铮把话说完。"

徐树铮胸有成竹地说："共和，自然非咱所愿。咱们以'议和'来同同盟会谈共和，同盟会也得三思。但共和毕竟是大势所趋，顺应一下只不过是咱们的'缓冲'之计，并且可以变着法儿……"

"怎么样？"袁世凯问。

"朝廷答应立共和了，我们就可以作为资本同革命党和谈。凭我们的影响，还愁没人拥护！这不是可以从另一方面收回大权吗！"

袁世凯想想，觉得"有道理"。但是，他怕，怕朝廷会怪罪他，再失去大权。

徐树铮也想到这一点了，他说："这件事，自然要避开内阁和总理大人。我想，此事既然是军事问题，何不以前线军官名义进谏。成，战火熄灭，国泰民安，则二位大人当居首功；败，则因军人所谏，无非以'军不从君'问罪几个军人。到那时，总理大人岂不进退都有广阔天地。"

袁世凯本有夺权之心，一听此说，正合心意，忙挺身站起，连声说："好，好！"

不久，即以段祺瑞领衔，携同前敌各路将领曹锟等四十二人发出了"请立共和政体"的通电……

——这无非是变着法儿来维护没有皇帝的皇权，至少是争取袁世凯这群猢狲能不散。

张勋是在四十二将领"请立共和政体"通电上签了名字的。不过，他是认定：共和必须是在皇上领导下。

他不能背离皇上，他到浦口会办江防各军不到一年，朝廷便调补他为江南提督，他进驻了南京。那之后一个多月，才发生了武昌起义。张勋在南京手下有十八个营五千兵力，其中有一个骑兵营，两个炮兵营。除安徽、苏州各有一营驻防之外，其余均在南京，另外他还代管着王有宏、赵会鹏两个巡防队。在南京这片地方，张勋放个屁都地动山摇！武昌城头的炮声，震撼着六朝古都南京。江苏巡抚程德全很害怕，担心自己会像两广总督瑞澄那样，被人赶得无处存身，于是，便和第九镇的统领徐绍桢（字固卿）一起，联合地方进步人士，想打起独立的旗号，便与总督张人骏商量。张人骏不同意独立，他与将军铁良主张战。双方各持己见，自然都想争取张勋。于是，他们在总督衙门开了个协商会。

那一天，虽然秋风习习，会场上却还是热浪沸腾。大家把各自的意见阐明之后，都把眼光投向张勋。

五十九岁的张勋，方脸膛一直铁青地绷着，两道浓眉时不时地在跳动。他军戎整齐，腰插短枪，挺胸坐定，以凌人之势作着进退思索。一句话，他要保朝廷，他坚决反对革命党，他自然不同意程德全等人的独立意见。会场冷静之后，张勋挺胸站起，怒目望了望面前的各种面孔，然后大声说："今日吾同官，明日苟建白旗，吾即以贼视之！"说罢，便匆匆离开会场。战和难决，各怀鬼胎。

当晚，张勋便把他驻南京鼓楼的五营管带张文生和负责看守南京粮台的骑兵营管带苏锡麟叫到面前，把白天的会议情况详细介绍之后，说："巡抚和九镇统领都不是忠于朝廷的，他们要举白旗，搞独立。什么独立？是违背朝廷！我们不答应。要做好准备，谁打白旗，谁就是贼，要消灭！"他又对如何防备做了详细的布置。南京，清军中一场内讧将要发生。

江宁将军铁良所统领的旗营，是一支腐败透顶的军队，毫无战斗力；直属总督张人骏指挥的九镇徐绍桢两个新军协（旅），又和铁部不相直属，长期各干各的。张人骏怕九镇与革命党通牒谋反，故在武昌起义后把九镇兵全部调往南京城外四十里的秣陵关，城防全部交给张勋。这样，更激起了两方的矛盾。革命党人苏良斌早与督署卫队营、巡防营有联系，他们趁机约定在

9月19日夜起事，并通知第九镇同时举兵。徐绍桢也有准备，当即派一个混成协分三路，由秣陵出发，进攻南京。当晚十时，徐军即抵达雨花台，从三面包围了张勋的江防军。大战即将展开。南京之战，是一场血战——

张勋派守雨花台的，是张文生的五营。张文生久经战阵，颇有经验。他先是以静待动，不作理会，等到徐军发起冲锋，前哨即将接触的时候，张突然下令集中炮火正面射击，而两侧又以机枪左右扫射。不到三小时，徐绍桢的三千三百路军死伤过半，拂晓时不得不退至曹家桥。张勋的江防军另一支陈德修部，绕道出朝阳门，追击徐军残部。徐军抵挡不住，先退回秣陵关，继而逃到高资、龙潭。

革命党人苏良斌联络的卫队营、巡防营，在徐绍桢攻打雨花台的同时，也在城内起而响应。他们共有四五百人，由苏率领着，准备吃掉张勋的提督府。

原来张勋早已得到密报，事先已把驻浦口的五营兵力调进南京城，对于重要阵地——总督府、军械局、弹药库、造币局等处——早已布防周密。苏部进攻伊始，即遭到迎头痛击。枪弹如狂风扫落叶，苏部过处，尸横遍野。瞬间，即有半数被击死伤。余众溃散，潜藏民家。

张勋部乘胜追杀，挨户搜查，见形迹可疑人便杀。南京城中的无辜百姓多受池鱼之殃，不到天明，苏良斌所组织的起义部队便被镇压下去。

南京发生的第一场战争结束了。

张勋旗开得胜，十分高兴，亲到总督署拜见总督张人骏，意欲开一次像模像样的庆祝大会。

张人骏一见张勋到来，便迫不及待地说："先别说庆功的事，有一件大事得先办。"

"什么事？"张勋问。

"叛军攻城时，城内的司、道、府、县官吏纷纷弃职逃亡，实属可恶，你我要立奏朝廷，着于革职。"

"对对，"张勋说，"务必通通查办！"

可怜一批不明真相的文职人员，均被二张参奏革去职务。随后，全换上了二张的亲信。

辛亥革命之后的江南，早已不是清室一统天下了，许多人在明着暗着倾向革命党。徐绍桢的残部败退到镇江，即得到上海都督陈其美、江苏都督程德全、吴淞光复军总司令李燮和、镇江都督林述庆等的支持，立即组成联军，进攻南京，徐绍桢被推为总司令。

张勋正陶醉于胜利之中，防卫松懈，哪里经得起复仇部队的猛攻！仓促之间做的应战防线，一层层被突破，守孝陵卫的统领王有宏战死，张人骏、铁良见形势不妙，经请日本领事馆帮助逃往上海，张勋感到山穷水尽了。

张勋急报北京内阁总理大臣袁世凯，说："革命军已成燎原之势，南京已成孤城，兵力单薄，弹丸之地难以踞守，请速增援。"

袁世凯的回电也很快，说："北方可调用的队伍，现在全部调往武汉前线，无力再增援南京。南京死守无益，可以相机放弃，保全实力，扼守徐淮。"

无可奈何，张勋不得不退出南京，北上徐州——他要在那里为"大清朝"设一道防线。

第五章
徐州是久居之地吗？

辛亥革命推翻了封建王朝，但它要建立的民主共和新制度并没有那么顺利，因为，"封建"这玩意儿在中国流毒太深了。

张勋就是不剪辫子！辫子呀辫子，中国没有"辫子"怎么得了？！

徐州是久留之地吗？

仲秋的徐州，虽然天高气爽、风凉宜人，但那纷飞的黄叶总给人以萧疏之感。许多人穿上夹长衫了，冬烘们连毡帽也上了头；穿城而过的废黄河，露出了坎坎坷坷的土丘；云龙山巅的树林开始卸下绿妆；那座雄风早失的霸王楼，却并不显见更苍老——徐州人竟是佩服项羽那非凡的气概而却冷落了老乡刘邦！

败出南京的张勋，以"鸠占鹊巢"的手段住进了徐州道台府，但却一直心慌意乱——

他觉得他不该去南京，不能失去南京。"我十几个营难道守不住一个南京城？！"他恨徐绍桢："如果不是他倒向革命党，我怎么会一败涂地？"可是，南京毕竟是失去了。他恨袁世凯："皇家的兵都归你管了，难道皇家就只有援武汉的那几营兵？你为何不调别处兵援我？你就不知道南京的重要吗？"骂也好，怒也好，袁世凯不派援兵却是事实。此刻的张勋只有恨袁世凯。

　　他睁眼望望天空，徐州的天空好像特别空旷。空旷得令张勋心虚——其实，他心虚的不是徐州的天空，而是徐州这块地盘。"我是江南提督，徐州在江北七百里，我的'江南'在哪里呀？"

　　张勋不了解徐州的历史，但他却知道徐州有个九里山，因为他曾经梦想着要当"力拔山兮气盖世"的项羽，偏偏又听人讲了一个"十面埋伏"的故事。一想起九里山，似乎就连带上了乌江，连带上了垓下。"我也到九里山下了，难道革命党也会给我来个'十面埋伏'，逼得我去投乌江？！"故而，他对徐州不怀好意。他想离开徐州。

　　可是，离开徐州到哪里去呢？南下，已经无力南下了；再向北，败到徐州，已经是他"江南提督"失职了，再向北，逃到京城，不是去送死吗？无可奈何花落去！张勋不得不在徐州暂住下。

　　更令他不安的是，此次败出，地盘失去，朝廷会怎么看待，给不给查办？他心里七上八下的。

　　苏锡麟到徐州来了。他是在南京败退时奉张勋命率领自己的骑兵营保护张勋的眷属转移的。此时的张勋，不仅大妾邵雯的身份已经公开，并且又娶了二妾傅筱翠——河北梆子戏团的一个名演员。曹琴虽然大吵大闹了一场，终因自己不能生育，更加张勋也是快六十岁的人了，早为无儿无女心焦，她也只得默认下来，并且尽心和她们相处好。张勋到浦口任职时便把家眷全带到南京，所以，才有这项败走的护送。张勋见苏锡麟回来了，知道护送事办妥帖了，便不再细问。苏锡麟还是说了个详细——无非是路线怎么走的，几日到什么地方，哪些官员迎送，最后说："太太不愿回北京，她要在天津住下。大姨太和二姨太回北京去了。"

　　"天津？"张勋天津有一处房子，那只是留作他自己休息的，他不想让曹琴住。

　　"太太说她想清静过几天，以后什么地方也不想去了。"

　　"世故！"

　　"太太是个好人。"

　　"不谈她们了。"张勋摇摇头，又问，"你去北京了吗？"

　　"我正要禀报这件事。"

　　"怎么说？"

　　"我向袁（世凯）大人说明了咱们的打算，他对于'驻扎徐州、保护铁路、严防革命军北上'的安排极满意。"

"你没提出请求？"

"提出了。"苏锡麟说，"请补充兵额及战马千匹，'曼利夏'步枪一万支，子弹四万发，大炮二十尊，炮弹两万发，以充军实。袁大人一一批准，并照准江防军扩编为四十营，令我们速去具领弹械，招募兵士，扩编军队。"

张勋深深地舒了一口气，舒心地笑了。张勋运气好：

九月三十日，上谕补授江苏巡抚；

十月，署两江总督，南洋大臣，世袭二等轻车都尉。

十二月，由直隶抽调十营军队，由山东抽调四营军队派赴徐州，归张勋统辖指挥。

张勋得以扩编，得以饷械充足，又得以外军的增补，声势大振，兵马大振，一时间，他成了东中国半拉天的主宰者！张勋做梦了：他站立在九里山头，帅旗一挥，地动山摇，浩浩荡荡的大军滚滚南下，越过淮河，越过长江，直指广州。孙中山完蛋了，中国的土地又都插上了龙旗！他爬向一个高高的山头，仰天大笑："我说过，徐州不是我久留之地，我不会久困徐州的！

"西楚霸王算什么？算小人。韩信一个十面埋伏就无处存身了。我张勋比他强，我飞出徐州，我得有天下——少说也是东半天下！"

张勋幸灾乐祸的时候，又添了一件喜事，原来的两江总督张人骏因"临阵脱逃"被革职了。张勋笑了："怪不得，上谕要我署两江总督，南京果真是我的了！"

不过，张勋并没有挥师南下，他的队伍还是驻在徐州，而徐州人并不欢迎他——

徐州，兵争之地；徐州，地薄民贫。连年兵祸，早已民不聊生，这多年来，绿林蜂起，义民暴动，他们求生存、求自由。南方的革命党，武昌的大起义，大大鼓舞了他们，他们大多归心正果，响应革命军。张勋败退徐州的时候，徐州四乡已经形成了以孙抢泉、黄心田、褚玉凤、惠百奇等人为首的数千之众的大队伍，他们攻城夺县，抗击张勋的江防军。张勋的江防军渐渐地在四乡没处存身，缩回城中。徐州城小，不堪负荷，张勋便组织自己的亲兵，出城围剿。

起义的农民和改邪归正的绿林军，毕竟缺乏训练，没有作战经验，经不起张勋江防军的攻击。不久，便一股一股地被消灭。可惜了徐属各地多年奋起的农民起义军，一朝消失在张勋之手。张勋以消灭这些无辜农民为荣，要报请朝廷邀功，谁知朝廷又发生了天翻地覆的变化——

诏改共和。

如同一个晴天霹雳，把张勋击得昏头昏脑！

他先是两眼发直，继而呼吸不匀，继而通身发软，继而身不由己地瘫在椅子上……

张勋得到的"诏立共和"，不是他想象的进谏的那种共和，那是在皇恩照耀下的共和，而今是没有皇上的共和。中国没有皇上了，他们这群忠臣良将怎么办？

"我拼命厮夺的是有皇上的变革政治！实行共和了，要出总统了，谁来当总统？谁能当总统？"他不相信有人能担当皇上的职务。张勋感到天塌了，中国要大乱了，他哭了："太后呀，你糊涂了。你怎么能把皇权交给那些乱党贼子呢？大清基业容易吗？老祖皇帝入关容易吗？老佛爷也是个女人，她还能支撑到死，你怎么就不能支撑呢？"

他又想到载沣。"你是摄政王，你是受老佛爷重托的。太后、皇上，寡母、幼子，一切都靠你了，你怎么不挺起腰杆呢？你怎么不为大清想想呢？还是王爷，难道你不是爱新觉罗氏？你不怕八旗子孙骂你出卖祖宗？"

他骂完摄政王又骂袁世凯："你是军机大臣，你是总理大臣，皇上把如此大任交给你一个汉人，待你不薄呀！当年维新变法时，你对老佛爷是怎样忠心的？今天你怎么啦？噢，我明白了，你坐上大总统宝座了，你叛清了，你是秦桧，你是乱臣贼子……"

张勋发怒了，他不能接受这个现实，他不能做大清王朝的叛逆。他把文案叫来："立即为我写奏折……不，不是奏折。"因为他忽然想到皇上逊位了，执政的是大总统，是袁世凯。"我怎么能给袁世凯递奏折呢？"他对文案说："写辞呈，我不干了，我要解甲归农！"张勋的辞呈用最快的速度送到北京，送到袁世凯手里。

袁世凯的回复也很及时，以"维持大局为重"，劝张务必留任，并告："不久，将会明白一切。"

张勋拿着袁世凯的复电，反复思索，虽再三交代"再呈辞呈"，但那口气已不是开初那么坚决了。晚上，他的部将张文生、苏锡麟，还有他自选的心腹、秘书长万绳栻都到他面前，以恳求的口气述说利害，劝他"留得青山在，不怕没柴烧"。张文生还说："大帅若果真解甲归农了，倒是一件静事，我们也不怕大帅没有安稳日子过。可是，你亲手培养的这支军队，无数将士，他们将何归？你怎么忍心舍弃他们？"

张勋动摇了。他不能不动摇，他手下有四十营兵员，他有名正言顺的诸多堂皇桂冠，他可以有一片天地。若是真的解甲了，部队解散了，以后想拉也拉不起了。那时候，岂不真永远"归田"，老死赤田村了！张勋又想想这些年走过的路，想想赤田村当年的不人不鬼形象，他也觉得归田不是上策。

"我也不想丢下你们大家自己去安静，形势太逼人了，我咽不下这口气，我不能做保二朝的逆臣……"

万绳栻是文人，他借古喻今说："大帅一片忠心，皇天可鉴。可是，大丈夫应有远见，不必只顾一时一地之利害。当年越王勾践失国被俘，在吴国受苦十年，能够卧薪尝胆，后来不是兴复了越国，重整军队，一举消灭了吴国吗？人家勾践才是大英雄！"

张勋叹声气，终于点了头。"听从各位的高见，我不走了。"他又说："从今天起，江防各营均改名为武卫前军，咱们就在徐州，好好地练咱们的军队！"

辫子！辫子啊！！

袁世凯当了临时大总统之后，他唯一办成的"改革"，就是剪辫子。虽然是被迫干的。

清王朝的惯例是：只要是男性，必须在脑后留一条发辫。没有发辫的人，民是逆民，官是叛官，谁人都可以送官治罪。现在是共和政治了，共和是开化，是进步，不剪辫子怎么行！袁世凯迫于压力，不得不在北京带头剪去了辫子。

张勋消息灵通，他知道剪辫子的事袁世凯必然会派人来徐州强迫他。他暗暗愤恨地想："我就是不剪辫子！"

不几日，袁世凯果然派他的心腹文案阮忠枢到徐州来了。

阮忠枢是在张勋、袁世凯之间久作走动的人物，彼此很熟。张勋把他请到客厅，不得不做一番热情。寒暄之后，张勋竟先开了口。

"斗公（阮忠枢，字瞻），你来做甚，俺已经知道了。你是让俺剪辫子，对不对？"

"大帅英明，"阮忠枢忙起身，打了一个躬，说，"这也是潮流所趋，大总统实在是出于无可奈何。"

张勋淡淡地一笑。"这么说，当初的《辛丑条约》也是无可奈何了？"

"不，不！"阮忠枢忙说，"这是两码事，是两码事。"

"那好吧，斗公你跟我来。"说罢，领着阮忠枢来到另一处小房子。有人推开房门，立见一口白茬棺材。"斗公，看见了吧。"张勋用手指了指。

"大帅，"阮忠枢不明其意，"这是什么意思？"

"剪辫子的事，我早有准备。"张勋走进房内，用手拍着棺材盖，说，"请你转告袁大总统，张勋我可死而不可从！"

"是，是，是！"阮忠枢额上冒着冷汗退了出来。

剪辫子的命令下到徐州，徐州的黎民百姓都是欢欣鼓舞的，唯独张勋，十分不高兴。打发走了阮忠枢，他坐在原道台官府的密室，反复望着袁世凯十万火急送来的"命令"，皱着眉在嘀咕："辫子，辫子与你有何关系？你夺了皇位，夺了革命党的大权还不满足，一定还得把所有的男人的头都'过一刀'，你不太狠毒了吗？！"也许他装糊涂，也许他真不知道，清朝以前，男人是不梳辫子的，而清初，多少男人因为反对梳辫子而被大清朝残酷"正法"。

张勋是对天发过誓的，他"一臣不保二主"，天再变他不变，无论是清帝诏退，还是诏共和，无论是在南京还是在徐州，他都是长辫拖地，花翎顶戴，长袍马褂加身；他的队伍，依然是拖着长辫子，穿着朝式的黄色号衣，袖口镶着三道红边，脚穿皂靴，原封不动地保持着清朝旧服制。

张勋留辫子，是从娃娃时起。不过，他总是留不住，常常让孩子们用刀子给他刮去；直到他在许家秧田惹了祸，熊作头捉住了他，才使他首次知道辫子的"分量"。熊作头对他说："瞧你这模样，脑袋光秃秃的，没有一根长毛，谁见了也得说你是个小痞子，不是好人。"

张勋心惊了："原来辫子是分辨好人坏人的？！痞子肯定不是好人，痞子都不留辫子。"

以后熊作头把他带进了许府，给了他做好人的条件，他便下了决心："从今天起，我不做痞子，不做坏人，要做好人，我要留辫子，留得长长的。"

到了二十六岁，他要去南昌府当旗牌兵了，那位老学究刘先生为他起了名字，又谆谆地告诫他许多做人和官场上的规矩，其中便有"辫子"的重要意义。

"官场有官场上的规矩，走路、说话、穿衣戴帽，都是见身份、显学问的。唯独不能轻瞧的是辫子。你懂得辫子的重大意义吗？那可是老祖皇爷留传下来的。不信？没有辫子你进考场试试，一准把你轰出来；圣祖皇帝康熙爷，选大臣、赏花翎顶戴，见辫子短的，立刻就降三级！若是脑后没有辫子，推出去就斩首了……"

刘先生的话虽然没说清楚大清王朝为什么要留辫子，可是，留辫子的作用重大他是说清楚了。留辫子能升官，不留辫子会杀头。从那之后，张勋便惜命般地爱辫子，几十年如一日。他对自己队伍的论功行赏，升官加级，也以辫子长短而作为一个重要依据。

现在要剪辫子，要彻底叛清了，张勋发起怒来。"袁世凯要彻底叛清了！乱臣，乱臣！我不能与他同流合污，我决不剪辫子。不剪，不剪……"

他坐在一面大镜子前，脱下那顶乌龟壳似的顶戴，把垂在背后的那条已经开始脱落的发辫移到胸前，双手抚摸着，从上到下，几乎是数着那层层交织挽扣的插花环；当他的双手捋到辫尾，捋到那束紫红羊毛头绳扎的花结时，他猛然把它松开，继而挺起身来，把所有插花环挽扣都松散开，那长辫变成了一幅黑色的绸缎，飘洒在胸前。他用力把它甩到脑后，甩成一绺丝绒团，绒团又散开，顷刻间把他的头脸全蒙了起来。他疯了，他发怒了，他一边狠狠地甩着乱发，一边大声呼叫：

"我不剪辫子，我不剪辫子！我永远不剪辫子！不剪！不剪！！"张勋把他的部将都找到面前，他拿出袁大总统给他的剪辫子的"命令"，唾液四溅地说："你们听着，袁大总统要我们通通把辫子剪了，说是适应潮流。甚潮流？反叛！我们不干……"说着，把手高高地扬起，把那张纸头撕成碎片，一边朝空中扔去，扔成一片飞雪，一边说："去他奶奶的吧，我们定武军就是不剪辫子！不剪！"

大约是张勋太愤怒了，或者是太激动了，喊着，叫着，他竟抱着头，抱着自己松散的黑发大声号啕起来：

"老佛爷呀，老佛爷呀！你的在天之灵还有灵吗？你看看你的臣子都变成什么样子了？一个一个都叛了你！连辫子也不留了，还叫全中国的男子都剪了。你杀了他们吧，他们不可留！

"老佛爷呀，我张勋不剪辫子。就是不剪！有人想叫我剪辫子，就看他有没有能耐先砍了我的头。我不剪辫子，我的定武军通通不剪辫子！我一定忠于大清朝，忠于您老人家到底！我就不信，不信中国再不能打龙旗了！能，中国一定能打龙旗……"

哭喊一阵子之后，他揉了揉满脸纵横交织的泪水，又擦了一把鼻涕，定了定神，然后说："你们都听着，往下传我的口谕：

一、凡我定武军将士，一律不改服式，一律不剪辫子；

二、有敢擅自剪辫子者，杀；

三、定武军将士亲属凡剪辫子者，一律不准来队探亲，并不准将士返乡探亲；

四、凡剪辫子之军，皆非我同党，不准与共谋……

张勋是这支军队的"小皇上"，军令如山，定武军的所有将士没有一个人敢剪辫子的。所以，在清王朝覆灭之后，中国这支军队成了独一的"辫子军"，张勋成了有名的"辫帅""辫子将军"。

辫子军成了当时的一支特殊军队，成了一支无法无天的军队——

徐州的商店内，辫子兵贼眼瞅瞅，见好东西便拿。商主讨钱，他们把辫子一甩，大声叫骂："妈的，老子的辫子就是票！"

辫子军在徐州进戏园，园主要票，他们也是把辫子一甩，大声叫骂："妈的，老子的辫子就是票！"

辫子军在徐州横行霸道，没有人敢反抗。

定武军不剪辫子，张勋感到很自豪："大清总算还没有灭绝！只要有我张勋在，我永远不背叛朝廷！"不过，张勋确确实实感到了孤立。他没有友军，没有志同道合的同僚，连袁世凯似乎也不再理睬他。几天前，也就是他下令不准剪辫子之后，他给小皇上规规矩矩写了个"永表忠心"的奏折——他有资格"专折奏事"，那是老佛爷恩准的——他派人到北京，要通过袁世凯转奏——他不知道皇上在什么地方，不转没有办法。袁世凯看了一眼，提笔批了"荒唐"两个字，便原折退回。气得张勋吹着胡子大骂袁世凯："有一天就会让你知道谁'荒唐'！"

北京上奏无门，徐州民怨沸腾，张勋每日坐卧不安，他住的道台衙门，朝朝夜夜大门左右并排设四架机枪，子弹上膛，仿佛不知哪一刻便有人攻进来。又或有一天他想出去走走，总是先净大街，禁绝人行，街巷两头还得设上双岗双哨。即使无事坐在内庭，也是威风凛凛，气势汹汹：头戴大红顶暖式帽子，帽后插一支羽翎，帽底下拖一根长长的辫子；撅着八字胡，身着蓝色前后带花边的大袍子，胸前挂一串"朝珠"，脚穿黑色长筒靴子，活像一尊泥菩萨。

自从倡起"共和"之后，张勋就朝服不离身了，好像再不穿就没有机会穿了。倡导剪辫子之后，他更是朝服不离身，对辫子特别爱惜，以至他身边的所有人，不分文武，一律辫子长坠，朝服整齐，仿佛大清朝只有徐州这一片了。

"老佛爷呀！我张勋永远忠于老佛爷，永远忠于大清朝！"

一个玩世不恭的人

戒备森严的徐州道台衙门，常见一位着长衫、方块帽的中年男子无拘无束进进出出。有时岗哨还对他规规矩矩地敬个礼；领岗的头儿和主管老总，只要照着面，便总会对他点头哈腰，给他一个笑脸，还得问一声"大爷好！"此人四十多岁，细长身腰，细长脸膛，深眼窝、高鼻梁；眼睛虽然不算小，就是终天半眯着，对任何东西都是窥视，并且一闪即过；行动迟缓，有时还把脚上那双半旧的布鞋趿拉着；帽檐下露出的黑发以及脑后垂着的辫子，终日蓬乱荒芜。这种邋遢样子，令人作呕，为什么会如此受人崇敬？

此人姓刘，名叫羹唐，江西安义一个偏僻乡村的浪荡农民，没有名气，少数人了解他，也是冷眼相待。为什么突然在徐州风光起来？这倒是要提提一件旧事，一位旧人——

各位可能记得，我们前文曾多次提到的许府中的一位守馆的刘先生刘毓贤。这位浪当农民便是刘先生的公子。张勋在刘先生那里受到莫大教益，学了文化，学了做人的道理，刘先生还给他起了一个吉利名字，刘先生特别替他免了一场灾难——偷御花瓶的事不是刘先生周旋，他张勋那一劫就不会平平安安地过去。张勋对孔孟之训了解不多，他却懂得得恩必报。早年在广西、在湖北，只要回江西，总忘不了去看望刘先生，自从到了北京，就没有那个时间了。一瞬十几二十年过去了，张勋官居提督，到了南京，虽然戎马倥偬，竟是十分想念起那位刘先生来了。于是，写信或派上专人赶往安义，要把刘先生接来南京，享几天清福。忙得那位安义县的县太爷四处打听了好多天，才算找到刘先生的住处。然而，那位老先生早已仙逝了。

刘先生不在了，县太爷唯恐拍马不及，差人也怕交不了差，于是，便想把刘先生的儿子请到南京。

刘羹唐，也曾随着其父读过许多书，够得上安义县一位小才子，只是秉性孤傲，不入官场，靠着老子一生辛苦积下的一点田产过着浪荡生活。他疾恶愤俗，玩世不恭，成了安义县一方的逸民，但却从不办坏事，不与坏人为伍。这一天，刘羹唐正与几位失意文友在县城文庙中的"一香阁"品茶论诗，忽有人告诉他"县太爷请！"刘羹唐只淡淡地一笑，摇摇头。"只怕那芝麻官睡昏了头了吧！"

话未停音，县官已到面前，先自做了介绍，然后说："江南提督张勋张大人，务请先生北上金陵，想同先生长话叙旧。"

刘羹唐眨眼想了想，说："噢，我明白了，顺生者当了大官了。"但他还是摇摇头，说："我和他无深交，不去。"

县官一见他如此清高，心中发怒，但又不便发作，怕日后他得官了，会比他大，报复他，忙说："既然张大人派上差来了，请刘先生务必赏光，也是满足张大人思友之心。"

同坐的一位文友也劝刘羹唐说："金陵乃六朝古都，历史悠久，名胜众多，又有秦淮十里花街，莫愁一湖清泉，何不借此风流一番！"

这话倒是动了刘羹唐的心。他站起身，拍拍屁股，又朝文友们拱拱手，作了道别："好，我就到十里秦淮去风流一番，说不定还会碰到董小宛或者李香君呢！"

县官的安排，刘羹唐跟着张勋派的人由水路北上金陵。一路倒也平安无事，无话可说。不几日到了江宁地面。

安义县官有报，张勋知道恩师已死，把老先生的公子请来了，心里倒也高兴，忙派参谋长万绳栻到码头去迎接，自己换了礼服在家等待。

船抵码头，刘羹唐看见了一片整齐官兵是迎他的，还有一个头儿冠带齐楚地东张西望，心里早不耐烦了："摆甚官架子？"想着，在人们慌乱不觉中，他早从船上跳下来，溜了。当上差见着万绳栻时，却再也找不到千辛万苦请来的高客——刘羹唐一身庄稼人的装束，人瘦轻快，早猴子般地钻入人群，哪里分得清楚。万绳栻虽派人四处追问，可惜谁也不曾见过他，哪里找得到，只好扫兴回来，向张勋做了报告，气得张勋大骂"笨蛋！一个个都是笨蛋！"然后下令："派出大批队伍，一定找到他！"正在张勋着急的时候，有人报："门外江西一朋友求见。"张勋猜想可能是刘先生的儿子乍到南京，眼神不济，走失了，今上门来找，忙出来迎接。

刘峰唐急走几步，来到面前，报了名字。张勋这才轻松一笑。"怪我接迎不周，使你受惊了。我又派出许多队伍去找你呢！"说着，把他领到客厅，又忙让人献茶。

刘峰唐端着茶杯，笑了。"我没有受惊，是我看不惯那场面，自己溜的。"

"这……"张勋一惊，"你怎么找到这里来的？"

"在南京城，找个和尚道人或平民百姓，是够为难的，要说找个提督，比在破棉袄里摸虱子还容易！"

"刘老先生是我张某人的大恩人，我怎么敢轻待你呢！"张勋说，"我是想用隆重的形式，欢迎阁下到来！"

刘峰唐见张勋一身官场衣服，又这么足的官气，早已不舒服了。听了他如是说，便半开玩笑半讥讽地说："我是一个草民下士，大帅摆那么大的场面来接待我，我一来是消受不起，同时我也认为你并不是'礼贤下士'，只不过是抖抖你的威风罢了！"

张勋虽觉他出言不逊，但念及老先生的旧情并不责怪他，而且还是盛情款待。

南京一败，张勋来到徐州。刘峰唐没有来得及返回江西，江南又在兵荒马乱，只好暂时随来徐州，每日只是游游转转，住得甚觉无聊。张勋身边的随员和兵士，虽然说不清这位"平民"跟大帅的关系，总觉不是一般人，不敢等闲待之。

那一日，张勋心情比较平静，特意备办了几样徐州的名菜，把刘峰唐请到小客厅，两人对面坐下，守着酒杯，关起门来谈心。张勋说："当初刘老先生待我如儿子，我终生不忘。今日，咱以兄弟之情，好好谈谈心里话。我比你大几岁，你就叫我大哥，我叫你小弟弟。"

"好，我叫你顺生哥。"

"这……"好久没有人敢这样叫他了，知道他这个乳名的人极少，乍听起来，倒是一惊，不过，片刻他又平静了，"好，就这样称呼。只是，别在旁人面前这样称呼。"

"好。"刘峰唐答应着，喝了一杯酒，才问，"顺生哥，你把我从江西大老远找来，只怕不是单单为了招待我一场吧？有甚话，你只管直说。"

　　张勋也喝了一杯酒，颇为动情地说："我顺生者的身世你是清楚的，没爹没妈，流浪儿一个，只有刘老先生才是我亲人。如今我好了，我做梦都想把老人家接到身边，好好孝顺他老人家几天。不想，他老人家不给我尽孝的机会，竟先走了。"说着，竟流出了两行泪水。刘羹唐说："顺生哥，你也别难过，人嘛，生死由命，富贵在天！哪里是自己想来就来，想去就去了呢？过去就过去了，有甚办法？"

　　"兄弟，老先生是去了，我不能亏待你。我想问你一句话，你愿意留在我身边吗？"

　　"甚事？"

　　"当然是做官，或领兵。"刘羹唐狠狠地摇摇头。

　　"甚哩？"张勋急着问。

　　"我不是做官的料子。"刘羹唐说，"再说，我也不想做官。"

　　"为甚不想？"

　　"做官为甚？"

　　"这？……"张勋蒙了——想当初，他可明白地回答："为发财，为出人头地。"如今不行了，这么说太低调了。

　　"说不上来吧？"刘羹唐说，"做官是丑事，不能说。"

　　"甚丑事？"张勋问。

　　"吃黎民，穿黎民，还得害黎民。不丑？"

　　"这咋说？"

　　刘羹唐说："天底下不太平，就是因为官多了。有朝一日官都死净了，黎民百姓便会过太平日子！"

　　"……"张勋瞪了他一眼。

　　"你瞪甚？"刘羹唐说，"难道我说的不是？"

　　"……"张勋又瞪了他一眼。

　　刘羹唐轻蔑地笑了。"你得相信事实。你为黎民办甚事哩？打仗，夺地盘，死的人哪一个不是黎民的儿子？多少人家因为打仗没了儿子？你想了吗？"

　　"别说了，别说了。你不懂，你所以不想做官。"

　　"我从来不想做官！"

　　张勋深深地叹了一声气，便不再说话。

刘龚唐说："我来了许多日子，也想走了，明儿我走吧。"

"路上不好走，还是住几天再说吧。"

"我已经找到搭伴的了。"刘龚唐说，"是几个做买卖的人，可以同行。"

第二天，张勋拿出一张六千元的银票给刘龚唐，说："这点钱你拿着，添补点什么。大事也办不成。晚些时和平了，我再派人去安义，给你把房屋重盖一下，买几亩田，再给老人家营造一处像样的坟墓，着人看着，逢年逢节也好祭奠！"

"不必了吧，人死如灯灭，不要破费了。"

"这不关你的事。我会办的。"

"钱我也不要。"刘龚唐说，"我回去，找个馆守守，教几个孩子读书，也就行了。"

"钱你拿着。是哥给的，为甚不拿？"

刘龚唐想了想，觉得张勋的钱也不是血汗钱，不是祖上的遗产，不拿白不拿，索性拿回去，周济几家穷人也好，于是，便收下了。"好，我拿着，兴许有用处。"

刘龚唐走了，给张勋留下一片叹息！

后来，张勋不食诺言，果然到安义县为刘先生建造土库，购置田地，还修了坟墓，表示报恩。这是后事，就不多提了。

讨袁，只能议议而已

1912年，夏。

位于山东省东南部的古九州之一的兖州，平静的生活因张勋辫子军的占领，一夜之间便变得荒乱起来。张勋在徐州没有停住脚——本来他就不想在徐州扎根，又加上南军（革命军）竟欲北上，他在徐州无法蹲下了，他想北占济南，经营根据地，以便东通青岛，向德国购入军火。可是，济南目下是督军靳云鹏的天下，靳不欢迎张勋，他只好暂住兖州，再议进退。

这是兖州城郊的一个介乎地主庄园的宅院，青砖砌起的高墙，圩墙圈成一座城堡，城堡内是一片纯青的瓦房，虽然房子显见破落，外表却依然威严。张勋到来之前，是被一伙半官半匪的队伍占着，如今是张勋的武卫军指挥部。

坐在高墙里的张勋，心情乱得像一团麻。他没有家了。三个月前他在徐州时，便觉得地盘与他的职务不相称了。而今，又从徐州北上了几百里，眼看便到了黄河，索性改叫"黄河总督"不完了！谁给改呢？朝廷并没有设黄河总督呀！想想流浪的岁月，想想今天的处境——他对兖州又失去了信心。他来到兖州之后，才知道这里既不能养兵（地薄土荒），又不能利战（一片平原，无险可守），连流寇落草都不到的地方。他想走，但已无退处……

"中国咋会到这种地步？大清朝咋会到这种地步？"

思来想去，他把这种现状统统归罪于袁世凯。"堂堂的大清国，怕什么革命党，不就是几个毛猴喊喊口号吗？比起义和团怎么样？比起太平天国怎么样？不是一个一个都被消灭了吗？你跟革命党议的什么和？你热衷的什么共和？"张勋把一肚子怒气都迁于袁世凯身上，"你到底露出了狐狸尾巴，你是想夺大清朝的权，你想当什么总统……"张勋怒火塞胸，他拍着桌子，大声喊叫，"我要兴师，我要讨伐袁世凯！讨伐……"

张勋要讨伐袁世凯了。当时，在中国要讨伐袁世凯的，还大有人在。于是，兖州、青岛、济南之间，出现了这么多人走动、密谈、联络、碰杯，他们有：

寄身青岛的皇胄溥伟；

曾任山西提学使的翰林刘廷琛；邮传部左丞、甲辰进士陈毅；

曾任都察院御使，癸卯翰林温肃；张勋的代表王宝田；

冯国璋的幕僚胡嗣瑗……

他们气味相投，一拍即合，很快达成了"讨袁协议"，并推选张勋为首领，由广西人、壬辰（光绪十八年，1892）进士、李鸿章的幕僚于式枚（字晦若）起草檄文，约定于1913年春发动声势浩大的讨袁运动。

张勋这才轻松地舒了一口气，他仿佛看到了即将在东方冉冉升起的旭日——"中国又要重新统一于龙旗之下了！"

张勋终于睡了一个痛快觉。他太困乏了，离开南京之后他便一天也不得安宁。现在他可以安宁地躺下了。然而，他却躺不下，一个人又在他心头跳出：徐世昌。

徐世昌在东三省总督任上时，曾是张勋的顶头上司，对张勋有大恩。那个节制东三省巡防各军的行营翼长职就是徐世昌保举的。张勋不忘大恩。他在兖州刚住下，徐世昌便匆匆赶来。张勋同他尚未来得及叙旧，便发生了隔阂。

　　原来徐世昌是奉袁世凯之命来兖州同张勋商量"裁撤两江总督，改授镶红旗汉军督统"之事的。张勋一闻此事，便不耐烦地说："你是我的恩公，我对你是无话不说的。当初授我两江要职时，我便坚辞，并迭请解甲归农。袁大人硬是不允，我也只好勉就。如今江南一败，不得不北上。两江之职实已无存。袁大人想怎么裁撤，一切我都遵命。能让我真的归农，我将对袁大人三叩首呢！"

　　徐世昌一看顶牛了，忙说："此事也只是同你'议商'而已，并未决定。"他又说："你我相知多年，此番来兖，公事外还得向阁下道声'恭喜'呢！"

　　"家国都如此了，还有何喜？"

　　"日前去府上探望，闻知卞夫人添一千金，还不大喜！"张勋闻知自己有了女儿，自然十分欣喜，忙问："是真？"

　　"我已当面贺过喜了。"

　　"谢谢老大人的厚意。"

　　徐世昌见张勋对袁世凯情绪颇深，知道事难进展，便匆匆告辞。张勋反袁已定，也不想久留他，故而虚假应酬几句。临别，徐世昌问张勋"有何语？"

　　张勋表了一个无可奈何的态度："君臣之义不敢忘，袁公之知不忍负！"

　　五十九岁的张勋，由于身边无子女，早已心病重重。收了大妾邵雯不生，又收了二妾傅筱翠，还不见生，这才又收了三妾卞小毛。曹夫人既已默认破了门，便任他去了，任收几妾，从不多言。如今三妾卞小毛率先生出一个女儿，总算给张勋平添了一些安慰。曹夫人着人送信前方，又因张勋匆忙转移，信未送到。徐世昌把信传来了，张勋十分欣喜。本想跑回北京，亲自抱抱自己的女儿，怎奈军务紧急，无法脱身，只好急忙差人，带上给小毛的厚赠和给女儿的见面礼去北京。这都是张勋的家事，不必赘述。

　　张勋顾不得家事，他有重任在肩，要反袁世凯。可是，就在于式枚的檄文稿拟好不久，山东省内竟发生了巨大的变化：山东全省进行布防，济南去兖州的铁路被切断，山东主力军队田中玉的第五师进入战斗准备，目标便对准兖州。张勋惊慌了："这是怎么回事，难道我的密谋被人透露出去了？"

　　——一点不假，于式枚的檄文稿被田中玉骗到手了。田中玉是袁世凯的心腹，檄文到手之后，他便连夜派人去北京，交给袁世凯。

袁世凯对张勋是有警惕的，但他并没有想到张勋会组织这么多人讨伐他，尤其是其中还包括了刚刚任职直隶民政长（即省长）的冯国璋。"好啊，你们都要谋反了！我就是那么好反的吗？"

袁世凯想发兵讨伐，可是，他又觉得为时太早，甚至小题大做："这些人毕竟是我的同僚，相煎太急了，岂不给革命党帮了忙？"这么一想，他改变了主张，首先给冯国璋一个高帽子戴上，佯装不知他参与此谋，只要他"做好防堵，以保京师安全"，另一方面通知山东，做出积极反应——这才出现全省布防，铁路中断的事情。

袁世凯先发制人，密派内务部总长田文烈、总统府秘书阮忠枢会同山东省民政长（省长）周自齐一同赴兖州。这里，还得说一段插曲。

张勋谋伐袁世凯一事，不光被田中玉探了密，南京的革命党黄兴也知道了。黄兴即派一位能言善辩的说客张鸿遏赶往兖州。张鸿遏一副文人打扮，长衫、礼帽，戴一副金边眼镜，一见张勋，便着实地称颂了他一番，然后说："张大帅有意讨袁，实是大义凛然，甚为黄总长钦佩（南京临时政府成立时，黄兴为陆军总长），并愿大力相助。"

张勋一见革命党派人来找他，心中便有老大的不高兴，听说黄兴要"大力相助"，更加气愤。"我有甚'凛然'之举？袁世凯是我同僚，我有甚意讨他，关你们何事？"

张鸿遏见张勋不承认反袁这件事，先是一惊，觉得消息"不可靠"，怕张勋一怒杀了他；慢慢想想，觉得张勋是在假装正经："大清朝的忠臣，都会弄一副假面具戴上，骨子里不一定是那么回事。"于是又说："张大帅如果不要黄总长什么相助，我们自然不会勉强。不过，我们倒想向张大帅借点方便。""甚方便？"张勋问。

"可否借给我们一条道，以便我们北上。"

"不借！"

"张大帅，革命军的势力你也是知道的，北伐我们不会中止。"

"那好嘛，你们从我兖州打过去了，算我无能，敞路给你们。告诉你们黄总长，除了打，路我是不借的！"

张鸿遏也不示弱。"我也说句大胆的话：革命党的北伐，是一定会成功的！"

……赶走了南京的代表，迎来了袁世凯的"钦差"，张勋心里警惕起来：

"这个时候，他们赶来做甚？"

阮忠枢已是张勋的老熟人，又似乎是这次兖州之行的"首席代表"。进入高墙大院之后，他十分活跃，显得同张勋十分亲近。

"大帅，"他总是以尊敬的口吻这样称呼张勋，"大总统人前面后常说，将来做他顶梁柱的，非你莫属。以后无论国家何去何从，大总统身边唯一不可少的，当然是你。"

"斗公，咱们算是老相识了，"张勋不想同他转弯子说话，他想赶快打发走他们，"大总统让三位来兖州，必有重大任务，你们就直说了吧。"

田文烈揉了一下暄胖的下巴，笑笑说："来看看大帅，有没有需要我为你效劳的地方？"

"不敢，不敢。"张勋对他拱了拱手。

周自齐说："大帅莅临山东，早该前来拜望，今天来迟，还请大帅恕罪。"

张勋望了望这位山东的行政官长，暗自笑了。"你不是来看望我的，山东全省布防，你防的就是我。你是来刺探虚实还差不多。"但他还是不动声色地说："给山东黎民添麻烦了，向民政长大人谢罪。"

阮忠枢老奸巨猾，张勋那副凌人之势，他感到了情绪对立之重，若是（对他反袁问题）开门见山解劝，怕顶牛不好收场，想了想，转个方向说道："大帅，实不瞒你，有件事大总统心里不安，务必想同你说开，免得节外生枝，伤了和气……"

不待他说完，张勋便寒起脸来。"我和大总统没有什么'节'里'节'外的事。我张某人从不干问心有愧的事。"

"大帅你误会了不是？"阮忠枢说，"天下谁人不知你张大帅是袁大总统的亲兄弟！天变地变，你们的亲密关系也不会变。我说的'节外生枝'，是一些下流小辈，无中生有，中伤害人！"停了停，他又说，"比如，最近京中就有流言，说大帅已经联络了青岛的某某，直隶的某某，天津的某某，要共同反大总统；并且又说，已经由广西某进士草拟了檄文，急待发表……"

张勋本来还很平静，一听阮忠枢含而不露地揭开"秘事"，心中惊了。"啊？袁世凯全知道了，怪不得山东做了布防，形势不妙呀！"但他表面却还假装镇静。

阮忠枢又说："流言蜚语。纯属流言蜚语！大总统绝不信其真。小人之口，不可不防！大总统让在下速来兖州面见大帅，并说：'如大帅不知此事，切不可再提；若大帅已知此事，切不可放在心上。大总统不介意，盼大帅也万不可在意。'大总统还说，他已派人去彻查，发现流言制造人，一定送请大帅处理。"

张勋明白了，此事被人出卖了，袁世凯已做了准备，不可再举了。于是，也随和着说："纯属谣言。我张某人与大总统隔阂再大，也绝不会起来反他。你告诉大总统，我不相信有此事，我不会干此事。"

——张勋实在是没有绝对把握反掉袁，何况，他的军械、薪饷还得袁世凯给。所以，讨袁之事便销声匿迹，不再重提。

重整旗鼓下金陵

不知是水土的关系还是精神的作用，张勋在砖墙围裹的院子里病了，病得几天不起床。他的身边随侍把军中的郎中叫来，诊了诊，又没有断定是什么病。兖州城小，并无良医，随侍跑到孔子的府上把曲阜的"圣医"孔祥吾请来。

这位圣医老态龙钟，耳目都失去了大半功能。坐在张勋床前，定了定神，要张勋伸出一只手。张勋对孔圣人尊崇得五体投地，对于圣医，自然另眼相待，一边伸手，一边说："这几天，只觉头晕目眩，四肢无力，什么东西也不想吃，只怕是……"

孔祥吾听不见，但他从仅有的视线中却看出了张勋在叙说病情，忙摇着头，说："请大帅不必自述。你患的是什么病，脉理上自然一现无余，待我切切便知道了。"张勋敛口点头，佩服圣医高明。

孔祥吾闭着眼睛，屏住呼吸，苍老的指头压在张勋的手腕上，寸关尺——尺关寸地按了半天，轻舒了一口气，笑了。"大帅的病不重，只需一剂汤药即可痊愈。""请圣医开来。"

孔祥吾从自己马褂里取出文房四宝，背过脸去，颤颤巍巍地写了一阵子，又规规矩矩地卷成卷，封好，然后说："明早展方，依方办事即可。"又说："切不可自作主张。"

张勋想问详情，圣医早背身站起，颤颤走出，再不言语。

第二天，张勋急忙令人将药方打开，上边并不是药名，却是两句诗。张勋搭眼瞅瞅，都还认得，是这样两句：

下国卧龙空寤主，中原得鹿不由人。

字认得，是什么意思，他却猜不透。他把参谋长万绳栻找来，把字拿给他看。

万绳栻对文墨虽精，却不懂药方。眯着眼看了半天说："大约是说用点'龙'骨、'鹿'茸之类的药，服了就好了吧。"

"什么龙骨、鹿茸？根本不是这么回事！"张勋发怒道，"速去曲阜，把那个孔什么医给我拿下！"

就在这时候，人报："北京十万火急急电！"张勋接过电报，锁着眉看起来——由于事急，他顾不得抓医生了……

张勋拒绝了黄兴"借路"的要求，黄兴便派冷遹冷御秋率革命军北上。革命军越过淮河，抵达徐州，马不停蹄又北上利国峄、韩庄，打进了山东省。鲁南是第五师田中玉的阵地，田中玉急派旅长方玉普前往御敌。哪知方旅是一群乌合之众，不堪一击，不到韩庄即被围困。田告急北京，袁世凯电令张勋"率队支援"。张勋拿着电报，呆了——

"支援？方玉普是田中玉的人，田中玉是袁世凯的人。袁世凯……"张勋一想到袁世凯，气就不打一处来，"我不讨伐他就算讲交情了，让我去援他，不干！"他把电报扔到一边，又躺倒床上。他躺了半天，觉得不妥。

"山东果然被革命党占领了，我向哪里去？再向北，向北京？那岂不是等于去北京请罪？"张勋懂得，外任官不经诏进京，那是有"谋反"罪的，何况率领队伍进京！"不向北向哪里去呢？回南京，做梦吗？"想到这里，他猛然间感到他和袁世凯"是一块土上的人，休戚相关，存亡与共"！

张勋不再犹豫，即命张文生"率队前往支援"！

张勋的援军开到韩庄之后，分阵布开，向革命军冲杀过去。被困的方玉普部一见援军到了，士气大振，便由内向外反攻。内外夹击，革命军又无后援，渐渐不支，即退兵徐州，固守城防。

方玉普部脱险了，张勋为袁世凯立了一大功。可是，张文生对此事却产生了迷惑。

那一天，他从前线回到兖州，汇报完了前方情况之后，对张勋说："大帅，咱们怎么该去救方玉普呢？"

张勋望了望他，反问一句："咱们怎么不该救方玉普呢？"

"你知道吗，"张文生说，"当初向袁世凯告密说咱们声讨他的，不是别人，就是方玉普的师长田中玉。是他设计诳骗了咱们的檄文稿，才使袁世凯先下手的。"

张勋笑了。"连袁世凯我都不反了，并且听从了他的命令，何况透露消息的田中玉！"

"这为什么？"

张勋摇着头，说："你不懂，你不懂。"

"……"张文生仍然投给他一双不解的目光。

"袁世凯固然不是好人，"张勋说，"可是，袁世凯同革命党相比，我们的头号敌人还应该是革命党而不是袁世凯！"

张文生不再言语了。他没有"相比"过，所以他没有分出"头号""二号"。张勋"相比"了，张勋分出了，所以在关键时刻张勋能毫不犹豫地出兵援方而不是"借路"给革命党的黄兴。

张勋援方取胜的消息报到北京，大总统袁世凯本来该笑的脸上却没有一丝乐意，反而紧紧地锁起了眉头。

五十四岁的袁世凯，从革命党手中夺了大总统位子之后，一夜间就变得多疑起来。他觉得身边的许多人脸膛都变了，眼不是眼，鼻不是鼻，都是獠牙青面。对张勋，他更疑忌："他还有这么强的兵力，竟可以打败革命党？！"他害怕了，他想："能打败革命党的张勋肯定也能打倒我袁世凯！"他想起了张勋不剪辫子，想起了于式枚为张勋起草的讨伐他的那个檄文，"张勋是个不可不防的人"。

袁世凯又把徐世昌找到面前，亲切地呼着他的雅号，重提收回张勋两江总督和南洋大臣两颗印信的问题。

比袁世凯大四岁的徐世昌，微锁眉宇思索一阵子，说："张勋新打败了革命党，正兴奋至极，现在去收印，是不是会……"徐世昌想起了不久前的兖州之行，想起了张勋那副孤傲而略带杀气的面孔，他感到此事困难。

袁世凯自有袁世凯的用意。望着徐世昌这副谨小慎微的样子，又说："张勋太刚愎自用了，说不定新政要毁在他手里。"

徐世昌明白，袁世凯说的"新政"就是他的总统大权。徐世昌还是微微一笑，说："此事容卜五（徐世昌字卜五）再思索一番，然后再定如何？"

袁世凯虽急不可待，但徐世昌顾虑重重，他也只好点头应允。徐世昌，也算得老奸巨猾了，无论他在过去的署兵部左侍郎，还是东三省总督、邮传部尚书兼津浦铁路督办大臣，还是现在袁政府中的军咨大臣，他都谨小慎微，讲究个八面光的办事。如今，听从袁世凯之命再去兖州收印，事难办成，还会得罪张勋；不听从袁的命令，又会伤了和袁的感情，他左右为难起来。

徐世昌毕竟是饱经风霜的人，又有一个名正言顺的进士功底，能够在山重水复的境界走入柳暗花明。进退维谷了一夜，他想到冯国璋。"只有把他搬出来了，袁项城是能听进他的话的。"不过，徐世昌还是又为自己留了一步退路，他没有直接去找冯国璋，而是先找到冯国璋的幕僚胡嗣瑗，以坦诚之态对他说明袁世凯要收张勋印的事。然后说："初公（胡嗣瑗，字晴初），项城此念，似偏激了些。你我同僚，辫帅也是与项城相处二十年了，诸事还是以和为贵。何况，目下百废待兴，有一膀臂总比树一敌人好。我为此事颇不安呀！"

"项城太刚愎自用了。"胡嗣瑗点着头，说，"不知阁下有什么具体想法？"

"这些年来，我头上虽顶着'军咨大臣'的帽子，却早避居青岛了。"徐世昌说，"若不是考虑诸多关系，我也不想多管闲事。俗话说得好：不在其位，不谋其政。谁让咱们是同僚，还有一个为社稷的共同心愿呢。所以，我想请初公能在华甫公（冯国璋，字华甫）面前多美言几句，请华甫公去劝劝项城，对张勋还是高抬贵手。何况，韩庄之役张部实在为他立了功劳。"

胡嗣瑗是甲辰（光绪二十九年，1903）科进士，徐世昌是壬午（光绪十二年，1886）科进士。胡比徐晚了十多年，他自应十分尊敬他，何况，袁、张目下还是属于"兄弟阋墙"之事，自然应该和解。他对徐世昌说："阁下之见，甚为妥当。我马上即将尊意转告华甫。"

胡嗣瑗将徐世昌之托转告冯国璋，冯国璋本来就心向张勋，自然不同意袁的收印举动，便急忙去见袁世凯……总算把袁世凯说服了，暂不收印。可是，袁世凯还是余怒不消地说："印可以不收，饷械接济是必须中断的。"

冯国璋笑了："何必如此斤斤计较呢？大不了国库入一笔账。养下一支亲军，难道他还会不听指挥？说真话，革命军逼近韩庄，不是张勋出兵，局面不知如何呢。我看一切照旧，饷械不减。"

"他要再叛我呢？"袁世凯心有余悸。

"好办。"冯国璋说，"何时反叛，何时除之！有什么可怕的？"

袁世凯默不作声。

辛亥革命成功之后，新建立的民国，自然是孙中山先生为大总统。虽然冠上"临时"二字，那不过是等待一个"法律程序"。可是，中国特殊呀！新兴起的革命党，毕竟还是偏居一隅；清廷逊位了，三百年积下的体制，三百年收拢的忠臣孝子，他们还没绝种，一大批军队还在那些余孽手中。为了澄清国内战云，为了使生灵免遭涂炭之祸，孙先生毅然以辞去临时大总统之职为代价，实现南北议和。谁知那个北洋渠魁袁世凯当了大总统之后竟翻脸大肆消灭革命党，破坏约法，暗杀"责任内阁制"的积极宣传者、农林总长宋教仁，并与外国勾结，诛除异己。孙中山不得不进行"二次革命"。这便引起南北再战。

一场并没有揭开的纠葛过去之后，张勋蒙在鼓里也还安静。到了这年（1913年）7月，袁世凯终于下达了命令，要张勋和冯国璋一同南下攻打黄兴。

袁世凯派出的南下军总司令是冯国璋，意为夺城之后，任冯为江苏督军。总司令部下共分三路大军：冯国璋为第一军，由天津向浦口；段芝贵为第二军，由湖北向江西；张勋为第三军，由江淮直驱南京。张勋对于南进，起初并不热心，生怕南下不成，连家底也倾了。后来得知由他直取南京，他动心了："南京，地形险要，肥肉一块，得南京我便有坚固根据地了。"决心下定，他召集了会议，什么话不说，先对部下许愿：

"打进南京城，放假三天。无论官兵，想干甚就干甚，财产、女人，任意！"

俗话说得好，重奖之下，必有勇夫！辫子军本来军纪极乱，更加上多时流荡，薪饷不足，早已军不成军了。现在，主帅许下可以抢南京的愿，立即便来了兴致，纷纷表示"奋勇打仗，收回南京！"

张勋7月发兵，先克徐州，赶走冷遹；8月由台儿庄沿运河南下，得淮安，直趋扬镇，一鼓作气打到南京城下。

南京是张勋的老阵地，地形十分熟悉，军队布防他也熟悉。兵临城下之后，他首先占领了紫金山，继而进攻天宝城。得手之后，他便改变了战术，9月1日，用地道轰开城墙，打进南京去。

张勋又得了南京城。他兴冲冲走下紫金山，威威武武走进玄武门。当他又跨进两江总督署大门时，他仰天长笑："南京，我又回来了！"

第六章
他要在九里山上竖纛旗

张勋头上虽然还拖着长长的辫子，可是，辫子却是实实在在地失去了光彩，就像他又进了南京一样，南京不属于他了！

张勋怕人重提"十面埋伏"的故事。谁能想到，他会把老营扎在徐州？

浩劫降到了南京城

六朝古都南京。

尚未脱去酷热的南京，本来是平静的，平静得像一个贪睡的婴儿，没有谁忍心去骚动她。紫金山，郁郁葱葱；扬子江，滚滚东流；玄武湖上，花舟悠荡；鸡鸣寺里，钟声袅袅……

欢呼民国政府成立的热烈气氛还笼罩在每一个庭院，可是，一场巨大的灾难已经降到这座城市——

辫子军从闯进南京城的第一刻起，便"端着"手中的枪炮，朝着银行、朝着商店、向着一座座高墙大院、朝着一家家普通的房舍冲了过去：金银抢去，布匹抢去，衣物抢去，凡值钱的东西通通抢去。

东西抢足了，抢女人：把女人堵进屋里，把女人按在床上，把女人摔倒在光天化日之下，野兽般地摧残，使南京城撕去了一切掩羞的面纱，变成一片恐怖，遍地泪血！

张勋有言在先，打进南京去，"自由三天"，包括女人在内，想要什么只管随心所欲。

正阳门内一家绸布庄，绸缎和金柜全被抢劫一空了，后来的辫子军再闯进来，已无物可取。他们逼着掌柜的"挖地下浮财"。掌柜的告诉他们"无浮财"，辫子军抢枪即打，而后还是强行刨地。结果刨遍房屋内外，还是分文不见。辫子军大怒，把掌柜的打翻在地，扬长而去。仪凤门内一家珠宝店，珠宝被抢光了，又去强奸老板的女儿。老板怒不可遏，先是讲理，后来便抢起大棒拼打，结果，被辫子军打死。

玄武门内两个摆地摊的小商贩，钱物被抢去了，小商贩追上去讲理："你们是兵还是匪？为什么光天化日抢劫钱财？"

"我们是天兵，是长辫子的天兵！天下都是我们的，想拿什么就拿什么！"

南京城，一时间天昏地黑，乌云压城，人人感到恐惧万分。几位有识之士甚觉意外，觉得"张勋的队伍不会干这种事"。于是，就推选一位名叫洪太雷的老士绅去拜见张勋，请求明令制止。

洪太雷举人出身，冷于仕途，早成了逸民，如今年过古稀，两鬓花白，仗着一身正气，匆匆去见张勋。

"总督大人，南京城毁了！"洪太雷到张勋面前，深深打躬，连连乞求，"请张大帅救救南京黎民吧！"张勋不回避，承认是他的辫子军干的。但是，他却说："我是有言在先的，打进南京城，放假三天。因此，三天内他们全是自由的，不归我管。三天后再办坏事，我一律查办。现在，还不到三天，所以，我对他们不能用军纪。"

"大帅，这样做，会毁了你的名誉的。"洪太雷说，"你是有身份有影响的人。"

"我更需要兵！"张勋发怒了，"你懂吗？我需要兵。需要死心塌地为我卖命的人！"

"那你就不要黎民百姓？！"

"要！等到我的兵多了，兵强了，我还要天下呢！现在不是时候。现在是要兵的时候！"

……洪太雷叹息着，摇晃着身子走了。辫子兵依然在南京抢劫、奸淫。

攻打南京之战，袁世凯与张勋、冯国璋、段芝贵之间似乎有了默契，"先入关者王之"。故而，他们三人都怀着"抢江苏督军"之职而卖力。张勋破城时，冯国璋的第一军因铁路阻滞，此刻才到芦席营，而段芝贵还在上游，仅有雷震春的一小部队伍来宁会战。这样，张勋便稳定要做江苏督军了。

冯国璋到达浦口之后，张勋赶去迎他。二人一见面，冯便说："大帅此次攻城，劳苦功高，自应担起督苏之任。"张勋不谦虚，乃点头不语。

冯国璋让胡嗣瑗草拟电报给袁世凯，说明此次攻南京"张勋攻坚夺隘，劳苦功高，且居南京较久，与南人相得"，保举张为江苏督军，并表示自愿让贤北归。

袁世凯得到南京消息，觉得大局已定，只好改变原计划，授张勋一位，江苏督军。

南京城仍在遭劫。

世上最难填平的，大约莫过人心。

辫子军进南京，不到三日，无论官兵，早已都是腰缠万贯的豪富了！可是，仍不满足。中国人被抢光了，他们就去抢外国人——

一天，一群辫子兵在五台山下发现三个大腹便便的洋人带着鼓鼓囊囊的大皮箱，认定里边有贵重东西，便冲上去抢夺。那三人一见此状，便叽里哇啦叫了起来。

辫子兵一听不是中国人，更觉有财可夺，便骂骂咧咧地说："妈的，哇啦什么？老子是辫子兵，要的是银钱，拿过来！"

辫子兵去抢，洋人就跑。其中一个会说中国话的人说："我们是大日本帝国的驻华官员，你们不得无理！"

辫子兵哪里懂得外交上的规矩，满眼是钱。他们冲着日本人说："日本人怎么样？老子就是要抢日本人！以后还要把日本人赶出去呢！"

争辩不行，动起手来。辫子兵满街窜，无事还要生非，一见到同伙抢东西殴斗，于是，蜂拥而上，将三个日本人打翻在地，把皮箱抢去了。

三个日本人回到领事馆，把遭劫事一说，领事便火冒三丈，立即发出照会，派人到总督署要求公开赔礼，赔偿损失，捉拿打人凶手。

张勋正是头脑昏昏，哪里理会一个领事馆的什么照会，于是，将照会原封退还，并且说了句："中国人只要不跑到日本国去抢东西，谁的都可抢！"

日本人不答应，他们联合英、美帝国主义驻华机关，向袁世凯提出抗议，要求袁世凯加倍赔偿损失之外，还要令张勋到领事馆当面赔礼，并一定撤换江苏督军。

袁世凯正在做着争取东西方帝国主义支持，最后夺取中国大权的工作，早把各帝国主义国家视为上帝，奉承唯恐不周，哪里经得住抗议！更加上袁世凯把江苏督军这一职务给张勋时就不是情愿的，这样，更可趁机再拿下他。袁世凯只同身边几个人打个招呼，便向张勋发了命令——

张勋正陶醉在胜利之中，袁世凯的特使到了。讲明了外交上的利害关系，张勋这才大吃一惊。

特使说："弄不好，会惹出国际争端，连总统也不好办。"

张勋也懂得外国人的厉害，当年八国联军进北京，连慈禧也不得不外逃，到头来还得签约受制。他问："这怎么办呢？"

"只怕你得亲自去日本领事馆道歉了。"特使说，"还要赔偿损失，惩办肇事者。"

"惩办？！……"张勋觉得赔礼、赔损失都好办，惩办肇事者不好办——怎么惩办？这是他允诺的，还不得惩办自己？！

特使说："你带着抢来的日本人的东西，到日本领事馆去说几句好话，惩办不惩办肇事者，还不是凭你。"张勋没有办法，只好照办。

……一场赔礼道歉，总算把日本人的气平息下来。可是，张勋却觉得大丢其人。从日本领事馆回来，把自己的大门一关，他就大骂："龟儿子，小日本，我饶不了你们！这口气我非出不可！"然而，气怎么出？张勋并没有想清楚。

又过了两个月，到了1913年12月，袁世凯便把张勋头上那顶"江苏督军"帽子摘下来，戴在了冯国璋头上，却给了张勋一个"长江巡阅使"的头衔，令他"移军太平"。这一决定，要比张勋去日本领事馆赔礼还使他震惊：他锁着眉，自言自语："巡阅使？巡阅使？要我把南京让出来？！"

张勋把他的文武膀臂都叫到面前，摆出袁世凯的决定，而后说："你们看，咱们该咋着办？"

大家了知情况之后，都不作声——不是看不透，而是看透了不敢说。袁世凯的用意很明白，这一着是分散张的兵力，把他仅有的部队摆在长江中下游，使他力不集中，想惹事也惹不起。如果说穿了这一点，还不知张勋跟袁世凯今天到底是亲是疏？何况在袁世凯的决定中，还另加一顶"安徽督军"的帽子给张勋；若是不说穿，听之任之，移军太平，只怕这支辫子兵再无力量。所以，大家都沉默着，等待张勋拿主张。

张勋望望大家，笑了。"你们的心我明白，怕我上了袁大总统的当。是不是？"

大家微笑，点头。

"不会。我不会上他的当。"

"那怎么办呢？"大家问。

"好办。"张勋说，"好鸟还找个高枝栖呢。我去什么太平，我去巡阅甚？我北上徐州！"

"上徐州？！"大家心里一愣，张勋怕徐州，怕在徐州再碰到"十面埋伏"，怕他成了第二个项羽，"今天为什么又要去徐州呢？"

"怕甚？！"张勋坦然地说，"徐州有东西、南北两条铁路交叉，就像我身上插了四个翅膀，我以后想往哪里飞便往哪里飞！"大家笑了。

张勋又说："徐州不光有项羽，还有刘邦。难道说日后就不许咱发腾发腾的吗？"

1914年1月，六十一岁的张勋率领他的辫子军北上徐州——从此，徐州成了张勋的大本营。

辫帅逼死了铜山县长

三年前刚刚筑成的津浦铁路和八年前修好的陇海铁路，在兵争之地徐州交会，使古城徐州真正变成了"五省通衢"！徐州醒了。徐州欢腾了。

然而，徐州也困惑了。

辫子军是由火车从南京运抵徐州的。小而简陋的火车站，立即拥挤、紊乱起来，从街巷到店铺，顷刻成了辫子兵的天下。他们甩动着背上的辫子，见人抓人，见车抓车，见了毛驴也不放过。惊恐的人们稍为镇静之后，猛然发现了新奇：辫子军从火车上带下来的东西并不都是枪炮子弹，而绝大部分是箱箱柜柜，大小包包，粗细捆捆，还有桌椅板凳，衣物家具，文物字画，连花盆、金鱼缸也有，更为奇怪的是，还有南京大商店的招牌（因为是铜或镏金制品）。人们惊讶了："他们运这些东西干啥？打仗经商？"不久，人们明白了，原来那都是在南京抢劫来的。于是，徐州人担心了：有一天，辫子军也会对徐州大洗劫的吧？！

徐州的市民惊恐也好，咒骂也好，张勋无动于衷。他分不出心来，连续的流荡生活，连续的意外事情，都令他心慌意乱而又心灰意冷。

张勋不想离开南京。他想在南京把它掠空之后，重新把它扶植起来，让南京人提起他张勋会"微笑"。他做不到了，袁世凯把他的"宝座"又转给了冯国璋，他在南京落了一个地地道道的"强盗"美名。一年前，即1913年，袁世凯逼着两宫移居颐和园。张勋从兖州跑到北京，搬出对清室的优待条款质问袁世凯："为什么要这样做？"袁世凯没有办法解释，只好维持原样。不久，隆裕升遐（死了），张勋除了在兖州躬率绅商将士哭灵如礼之外，还一切照显皇后制令黎民百姓成服，他还去北京强求袁世凯宣布太后的脉案。袁世凯软软地把他拒之门外，理也不理，气得张勋哭着离开北京。

最令他恼火而又感到羞愧的，当然是离开南京前夕向日本人的道歉，尤其是当他走进日本领事馆跨进那个所谓的客厅时，日本领事像个判官，正堂稳坐，屁股都不动一动。张勋心里大怒："我堂堂江苏督军，朝廷命官，你小小日本领事装什么威风！"怒归怒，还得依照外交仪式向日本人交出道歉照会，交还抢去的箱子……

张勋没有想到他会在六十岁以后能够有这样不顺的路！进驻徐州，他要认真思索一番，思索出一条路子——该怎样在徐州走的路子。

张勋把门闭上，躺在床上，想冷静地动动脑子。这许多时候以来，由于颠颠簸簸，他消瘦了，抬手在腮帮上抚摸一下，仿佛像触着一块木片；放下手，胳臂似乎也细了，那个新从南京抢来的碧玉镯竟然轻易地脱落了。张勋听一位学究讲过，镯还是一种古兵器。"将军把兵器竟掉了，岂不是不祥之兆！"他躬身把玉镯拾起来，竟朝着墙角扔了过去——它粉身碎骨了。

张勋思想最乱的时候，常常大骂袁世凯："你是朝臣中汉人的总代表，你咋不为汉人争口气呢？你应该领着汉人做一代忠臣良将，名垂青史！你怎么能领着头叛朝廷呢？！"骂了一阵，他又对袁世凯怀起了感激——

袁世凯待张勋还是不薄的，远的不说，近一年来，袁世凯就不断给张勋封官嘉奖，前些时他由兖州南下，刚到徐州，袁世凯就给了他一项"陆军上将"的帽子，还另加一个江北镇抚使；他在离开南京北去徐州之前，袁世凯制设将军府，便堂而皇之地授张勋为定武上将军，改武卫前军为定武军，仍然兼着长江巡阅使。"没有这些封爵，看你张勋威武得起来？！"

徐州落了入春以来的第一场细雨。这场细雨，淅淅沥沥地落了两昼夜，把个蒙上厚厚尘沙的城市洗涤一新！

早晨，雨停了，云也散了。湛蓝的天空，显得十分空旷而清新。张勋起床之后，用冷水洗了一把脸，便走出住室，站在庭院中的那棵梧桐树下，活动活动关节，做了两次深呼吸，这才举目远眺——目光所及，只有城南那座秀丽的云龙山，幼松郁郁葱葱，一片碧波，绿荫中露一座翘檐建筑，冲天而起，刺破长空，洗涤后的灰瓦映着朝霞，散射出淡蓝色的光芒，似乎在轻轻飘浮……"这地方好美呀！"张勋心里一动。

前一次他来徐州，心慌意乱，顾不得赏花观景；这一次，虽然心情并不十分平静，但总可以透一口气，给他一点轻松，他也梦想着有一片可以自由呼吸的天地，让思绪从争斗与枪弹中走出来——虽然，他并没有欣赏美景的雅兴，附庸一二他还是乐为的。当他回到室内的时候，一件小事又使他不安：让谁陪同去赏景呢？

张勋是行伍出身，崇武轻文。近年他虽然感到身边最缺的是一支大笔，因此他常在某种场合丢丑，但他总在情感上重不起文。他太迷信武力了！他心中的亲信有两个人：一个是"足智多谋"的参谋长万绳栻，但他觉得此人过于阴阳怪气了，奸诈多于诚实，不可重用；另一个是定武军司令张文生，但此人太武了，冲锋陷阵有余而智谋韬略不足，是一个上不了"大雅之堂"的人。因而，这两人都不足以陪他去赏景。他想找一个徐州的学究，为他说说徐州。然而，他在徐州却没有一个相识的人，更莫说信得过的；反而，他却知道徐州人对他怀有并不美好的印象，他的辫子兵给徐州人带来了相当的灾难，徐州人不能谅解他们！

正是张勋思绪烦乱的时候，人报"铜山县民政长（县长）王少华求见。"

"王少华？"张勋心里一沉。他好像了解此人，但又忘了。总之，印象并不好。但是，徐州城设有铜山县，王少华既是一县之长，不能不见，于是，瓮声瓮气地说了一个"请"！

王少华来到张勋面前，落落大方地一站，张勋倒是心里一惊。凭他的想象，地方一个县官，应该是一副老态龙钟的样子，连行动也迟迟缓缓。原来站在他面前的，竟是一位年轻秀士：他细高身条、白皙脸膛、浓眉大眼，一脸青春的朝气，着一件浅灰长衫，手中扣顶市上少见的呢子礼帽。"这不是革命党吗？！"张勋并不十分清楚革命党人的装扮，他是这样猜想。由于这样想了，心里便陡然产生了反感——他恨革命党。他与革命党誓不两立。

"你是县里的民政长？"张勋说，"民政长，就是县长，对吗？"

"铜山县尚无正式的民政长，"王少华说，"是县里的民众推举我为代理民政长。”

“噢，你找我甚事？”张勋连座也不让，轻蔑地转过身。

“不是我找你，是你的部下把我找来的。”

“找你？”张勋莫明其妙。

一个随从进来。

“禀大帅：我们定武军进驻徐州，给养住房都十分困难，找县里解决，他又推三阻四，故而把他找来了。”

“我知道了。”张勋还是轻蔑地说，“大军驻徐州，是民众之福，也是朝廷——不，也是总统有令。供给住房自然应由地方政府的官佐解决。你怎么不尽职呢？”

“战乱兵燹，徐州早已十室九空了。”王少华心平气和，侃侃而谈，“大帅对徐州是了解的，不是我不尽职，实在是黎民太苦，拿不出东西。”

“这么说，兵就不要活了？”

“兵自然应由国家供养。”王少华说，“徐州虽然地贫山荒，皇粮国税还是分文不少的，对国家已经尽了黎民的职责。故而，再要民出，岂不成了横征暴敛了？作为地方官，我请求大帅还是收回成命，不要加重黎民的负担。”

张勋把眼瞪起来，一时语塞。

王少华又说：“大帅，定武军此番来徐州，军纪甚差，抢掠民财，打骂百姓，屡有发生，连我维持治安的地方兵丁也常受所辱。我还要请大帅能够体察民怨，明令惩治不法分子，以树军威……”

张勋哪里听得进这些劝导，这简直是革命党在对他伐罪！他“腾”地跳起来，大声斥责：“我不要听你这些！我也不问你交不交皇粮国税，我到徐州了，徐州就得我说了算。我军所要的给养物品，分毫不许少，必须按时送到。你滚吧，办不好我饶不了你！”说罢，狠狠地挥了一下手。

几个辫子兵，推推搡搡把王少华推出去。

王少华，本地人，徐州最早的同盟会会员，曾任铜山县自治研究所所长。辛亥革命后，铜山县自治政府成立，他任交际长、视学，领导创办了铜山县大彭市第六小学，自任校长。革命军被迫撤退，自治政府解散，他依然不离徐州，领导民众，维持社会治安，并由民众推举为代理民政长，是一位思想进步、不畏强权的好人，当年只有三十五岁。

王少华被张勋所辱，又见抗争无益，回到县署即坠楼自杀！消息传出，全城震惊，民众纷纷集会，表示哀悼，并暗恨辫子军——民众自发起来，为王少华送丧，并把县署这条街改名为"少华街"，延续至今。此是后话，一提而过。王少华坠楼死了，张勋的横征暴敛依然没有减轻。辫子军给徐州带来了深重灾难……

京城远非昔日情

民国初建，未能巩固；帝制推翻，死灰未泯。孙中山的二次革命又不顺利，只好暂退南方；以袁世凯为首的北洋派系虽然各怀鬼胎，一时尚未撕破脸面，还维持着"和睦"状态，国中暂时出现了平静气候。

夺了总统大位的袁世凯，对于中国暂时的平静尤其敏感，他甚至认定："从此便天下太平了！"

袁世凯此人是中国近代最大的野心家，天津练新军、升任直隶按察使时，他才三十七八岁，就想霸有中国的军权；戊戌变法失败之后，升任山东巡抚，成了清王朝的宠儿；夺有大总统高位后，他便又做起了皇帝梦。

袁世凯毕竟是蒙受着皇恩雨露上青云的，他知皇权的威力，深知朝廷的崇高。当他每天向着"老佛爷"、向着"陛下"长跪三呼的时候，他就想："为什么只有爱新觉罗氏才有此殊荣，我袁世凯就不能有吗？"现在，袁世凯有条件了，他做起了皇帝梦！

在徐州住定的张勋，未几日便匆匆又去了北京。他没有先去向袁世凯叩谢"授定武上将"之恩，而是偷偷摸摸地跑进宫中，去拜见那个只有九岁的早已失宠的小皇帝溥仪。

京城的 8 月，依然碧绿环绕，暑气尚浓；冷清清的紫禁城，只有红墙金瓦还显示着它曾有过的威严，昔日那山呼海应的气势却消失了；留下来看守殿阁的旧宫人也没精打采，像零落的秋叶，蔫萎无神；一扇扇红色的大门关闭着；一条条石铺的神道，长满着荒草。走进这片地方，张勋立刻感到一股飕飕的冷气。"难道大清王朝的气数真的尽了吗？"他狠狠地摇摇头，然而，那失落的感觉，却丝毫不变。

张勋不仅背上拖着一条长长的发辫，身上还是花翎顶戴，他仍然感到这片神圣的地方只有这副模样才足以神气，才称得体统！

溥仪在一间很小的宫室里等待着张勋，没有更多的随从了，只有他的一位老师陈宝琛在他身边。

张勋走进来，甩了一下马蹄袖，双膝跪倒，头触地面，悲痛地呼一声"万岁，万岁爷！"呼声未落，即泣不成声。这是张勋第一次单独见溥仪。

九岁的溥仪，并没有过多地施展过自己的威仪，逊位之后，深居内宫，早已把世外天地都忘了，更何曾单独见什么人，接受什么朝拜，他早吓得把眼睛闭上，扎到老师怀里。

张勋抽泣一阵之后，又说："我皇冲龄，遭此大劫，这是国家不幸，黎民不幸，是我等奴才之罪，还望我皇宽宏大度，奴才……"溥仪还是埋起头，两手抱住陈宝琛的腿，连连晃脑袋。

陈宝琛一边轻轻地拍着溥仪的后背，一边对张勋说："张大人，请起来说话吧。如今时刻，也讲究不了那么多大礼了。请起来，请起来。"

张勋涕泪滚滚，泣不成声。"皇上这般年龄，就遭此劫难，我等为人臣子、做奴才的简直无面目再见世人！奴才这几年远离朝廷，本想为巩固一片皇天后土，奠定天下，谁知力不从心，眼看着皇上遭劫，饮恨疾首。自当请求圣裁。若皇上还觉奴才有一片忠心，不忍赐裁，我一定再创时机，为皇上效力，力扶皇上再登大位……"陈宝琛摇着头，微微一笑。"张大人，这可是一件惊天地、撼鬼灵的大事，切不可轻举妄动。"

"有什么可怕？"张勋说，"为大清基业，纵然肝脑涂地，也在所不惜。"

"我不是这个意思。"陈宝琛说，"为皇上重登大位，自然是我们做臣子的天职。可是，这也要一个时机呀！时机不到，空有一腔热血，白白牺牲，又有何用呢？张大人，此事还得从长计议，万不可操之过急。"

张勋也觉得这事不那么简单容易，他只想在小皇上面前表表决心而已。所以，陈宝琛一劝说，他也就点头应"是"。而后又说："陈大人常在皇上身边，应多劝慰皇上，安心静养。普天之下，仍然是皇上的。效忠皇上的奴才，大有人在。皇上万万不可消沉。"又谈了些别的，张勋匆匆离开。

张勋走出那个小小的宫室，他方才感到这片昔日神圣得令人连头也不敢抬的地方，今天变得如此冷清了！他感到悲伤，感到凄凉，感到天地都昏暗起来。走到乾清宫前，张勋驻足站立，望着紧闭的门楣，望着刻有汉满两种文字的"乾清宫"匾额，他愣神了。好像要寻找什么，又好像要叙说什么，但最后，他只是对着关闭的门楣长长一揖，而后跪倒，头触着地砖……

在这片七十二万平方米、有九千余间屋宇的世界上最大的古建筑中，乾清宫是一片最神圣而又最悲惨的地方，它建成于明永乐十八年（1420年），是作为帝王理政的殿堂。到了明崇祯十七年（1644年），李自成率起义军打进北京，那位崇祯皇帝便是由这里逃出——出神武门自缢于景山的。清王朝自康熙起，这里即为皇帝居住地和处理政务处；还是皇帝继承人的决定的地方。皇帝批阅奏折、选派官吏、召见臣僚都在这里。那一年，张勋护驾回銮，慈禧恩准召见他就在这里。当他被宣进殿，一眼望见正面挂着的"正大光明"巨匾时，他简直觉得自己升天了。从那之后，张勋就觉得乾清宫是中国的太阳，它的光芒永远照耀着中华河山。曾几何时，今天竟变得如此冷清，如此发不出光芒来了！张勋跪地半天，才没精打采地爬起，流着眼泪自言自语："我决不让我皇再重演出神武门命毙景山那场悲剧！我一定会重新打开这座大门，让'正大光明'的光芒普照天下！"

张勋没有回南河沿那个旧宅，也没有去新落成的西城太平仓小楼——那里是他用了两年时间新建起的府第，袁世凯授予他上将军，他有资格造将军府——他竟匆匆忙忙地去见袁世凯。

袁世凯是在中南海一个幽静的居室接见张勋的。这是明显地制造一种亲密气氛——不要随从，不设桌案，不分宾主，袁世凯平时穿的元帅服也脱了，便装脱帽，只是脑后不再垂辫子；新理的额头，呈现着略见灰乌的亮光。张勋到来之前，袁世凯已立在门内等候，一见张勋，忙迎出去，并且行了一个"兄弟"礼。这使张勋极为不安，竟呆立不知如何应酬。

张勋虽然比袁世凯年长五岁，可是昔日他总是以"长官""恩公"视之，从不敢有丝毫越轨。今见袁世凯把他当成"大哥"了，怎能不受宠若惊呢！

"这……这……"张勋吞吐着。

"这是我的居室，是家。"袁世凯笑着说，"自然应该'家不叙常礼'。你年长，是老大哥。"

"不敢当，不敢当！"

二人走进室内，茶是备好的，袁世凯只需捧一下，便一边寒暄，一边落座。在这之前，关于改帝制的问题，袁世凯曾有电报征求张勋的意见，今日见面，当然要先从此事说起。袁世凯端起茶杯，说："关于改制问题，实属不得已而为之。各方意见均趋一致，函电催办又急在燃眉。把我推到此位子上来了，又怎好太驳各方意见。故而，只好电呈老大哥，还想听听老大哥的意见，或去或从，绝不敢独断专行。"说话的时候，袁世凯表现出一副虚心、虔诚、无可奈何的样子。

张勋对袁，早怀不满；论及袁改帝制，更是深恶痛绝，认为是篡位，他要痛骂他一场，跟他决裂。今见袁世凯吐出一番无可奈何的话，竟产生了同情感，忙坦诚地表示了自己的意见："改制之事，万不可为。你我都是深深受恩于皇帝的，叛清便成为千古罪人！何况皇上健在，当该以天日待之；他逊位了，是我们的罪孽；如今，若是重新立帝，改元换号，只怕民心不容，天理不容！"

袁世凯一见张勋反对改帝制如此决绝，知道事难回转，便又说："国事纷乱，总该有人出来支撑。何况，世界处在风云突变之际，国家岂能无主？"

张勋忙说："'主'不是健在吗！名正言顺扶起，你还去管理你的总理大臣府，天下不是又可以太平了吗！"

袁世凯的脸膛寒了。他语缓意坚地说："逊位之帝，那是无论如何不能再扶起了。世界潮流趋向民主、趋向共和。少帝是革命党赶下台的，我们和革命党议和有章，怎么能重扶幼帝？"

"幼帝既不能扶，何以重新再兴帝制？"张勋进逼了，"维持现状，你还当你的共和总统有何不可？"停了一下，又说，"只要没有人推翻你，你可以当下去。"

话不投机，气氛紧张。张勋推了推茶杯，起身告辞。

袁世凯也没有出迎时的热情了，只欠了欠身，便算送行了。张勋走出中南海，抬头仰望天空，深深地叹了口气："北京，怎么变成这个样子了？！"

徐州不乏有识之士

张勋从北京回到徐州的时候，正值中秋佳节。天高气爽，云淡风轻。他想清静地过几天，排除一些冗杂的事情。"天下事太乱了，不是我一个武夫能管得了的，我只管我自己能管的事吧。"他自己该管什么事呢？却又说不清楚。

正是他心神想定又定不了的时候，有人报"江西一位许先生求见！"

"江西许先生？！"张勋一惊，"东家有人来了！"岗嘴头的许家，是张勋的大恩人，主子，张勋从不敢忘。若不是这几年流荡不定，他早就会去岗嘴头答谢去了。现在，许府有人求见，张勋不敢怠慢，不是"传进"，而是出府迎接。

张勋走到门外，见是一个年轻人立在那里，倒也眉目清秀，气宇不凡。

那青年一见张勋——他不认识张勋，见他脑后一条辫子，嘴边留有胡髭，行动有人随侍，而又是迈着官步走出的，故而估计是他——急忙搭了一躬，说："小人岗嘴头许希武，特来拜见张大人，向张大人请安。"

张勋不认识他——他不可能认识他，张勋二十六岁离开岗嘴头去南昌时，世界上还没有这个人呢——但听是岗嘴头人，自然同样欢迎。"既是许府来的人，都是东家，不必行礼，快快进府。"

许希武随张勋进入客厅，有人献上香茶，而后攀谈起来。原来这位许希武是当年张勋伴读的公子许希甫的一位远房族弟，又是刘先生刘毓贤的内表侄。听得他的表兄刘羹唐对张勋的称道，知道这位做了大官的同乡尚不忘桑梓，也是在家处境艰难，特赶来求点事做做。"说来也惭愧得很，"许希武为难地说，"在下空读了十年圣贤书，竟无处可用，恳请张大人能提携一二，有个存身之处。"

"既是许公子族弟，也是我张某人的半个主人，万不可再呼'大人'，咱们便兄弟相称好了。"张勋不忘当年，不忘许府。

"不敢，不敢。"许希武说，"中国乃礼仪之邦，大礼是不可违的。"

"好吧，你先在徐州住几天，休息休息，待我找个好的地方，再把你送去。"

许希武连忙表示谢意，便随侍从去了住处。

张勋家乡的观念颇浓，热衷桑梓公益事业，乐于慷慨捐助。他发迹之后，先后在北京、天津购房置了两处"江西会馆"，安顿在京津两地作客和行旅的同乡；还在南昌府学前购置了崇礼堂房产，辟为"奉新同乡会"，为奉新在南昌求学的贫苦学生提供食宿；又在南昌惠民门外河岸修建了码头，大大方便了奉新、靖安两县来往南昌的船舶；他的原籍赤田村张家，原来大多是破旧草房，他出资大部为之建成青砖结构楼房，并购置学田、学产，扶助族中贫寒子弟读书；张勋还出资在奉新县城南门和西门外各建石桥一座，方便交通；奉新至长头坡百华里的石子路，也是张勋出资修建。张勋常告诫家人："忠节不能移，桑梓不能忘！"

前次，刘羹唐被他请到南京、徐州，虽对张半戏半嘲，张还是重报师情。而今，许府有人来了，他很高兴，他要重报主恩。他派人盛情款待许希武，多次亲陪许希武看戏。最后，对许希武说："徐州地处淮北，土薄人贫，秩序也不好，我不想留你在此，送你去南京如何？"许希武说："只要有存身处，哪里都可以，不敢苛求。"

"'不苛求'是你的事，我得好好安排你。"张勋忙命人给现任江苏督军冯国璋写信，说："我有一位高才学弟，要到江南谋事，务请妥为安排。"又说："最好去一较平和，富庶之县任知事。"

许希武一听要把他送到江南当县长，忙说："小弟才疏学浅，实不敢担此大任！"

张勋笑了。"什么才疏学浅，叫你去当县长你只管去当！我念几天书？我不是可以管着一大群县长吗，有什么不可？"

——许希武果然在江南当了县长。据后人查实：张勋做长江巡阅使期间，岗嘴头许家子弟有六人出任江苏县长之职。

张勋有好几个名字，都是到了北京之后起的，并且颇有讲究。除了我们上文提到的刘毓贤为他起的一个"勋"字之外（也算这位老先生有点先见之明，当初他想寄托于张勋"报效国家、建功立业"的希望，他都真的做到了：张勋为大清王朝打仗有功、保驾有功，屡屡受勋），他还有一串字：少轩、玉质、胜三、松寿。少轩，取意少壮得志，运筹帷幄，决胜千里；玉质，品质高尚，洁白如玉；胜三，他兄弟三人，唯他成名，光宗耀祖；松寿，如松柏长青。这些名字，除了"少轩"常用于亲密间社交场面，其余多不见用。张勋自己竟时不时地拿出来玩味，内心总不由产生出清高和不凡的感觉。

名字之外，张勋身边还养了一些"清客"：吃闲饭，说帮腔话。此类人多半为前清遗老，如四川进士宋芸子即是，此人在徐州曾大出风头，大干坏事——

宋芸子，年已花甲，细长身条；胡子一把，黄里带白；脸盘消瘦，皱纹密布；一年四季均着长衫，除与张勋密谈之外，很少在大庭广众面前亮相，为大多数人所不知。此人奸狡多诈，能言善辩，为张勋幕后主要人物。张勋再到徐州时，宋芸子即随来徐州。王少华之死，宋芸子大惊，他觉察到"徐州不乏'可杀不可辱'之士！"他忙钻进张勋的卧室，心慌意乱地说："轩公，徐州这片地方万不可小视，王少华辈骨头不软。"

"学究（张勋尊称宋芸子为"学究"）意见如何？"

"应威德并举，以收拢人心。"

"怎么样并举？"张勋是不润德政的。

“要为徐州办点好事。”

“办甚好事？”

“咱们从南京来时，不是运来两部大机器吗，据说那东西可以发电，是德国人造的，用它在徐州办一个发电厂不行吗，还可以捞一把钱。”

张勋想了想，说：“好，放那里不用也是一堆废铁。”他停了停，又说：“能发出电吗？谁会摆弄它？万一发不了电，不惹笑话嘛。”

“不会。”宋芸子说，“这个大机器是全新的，只要请来懂行的人，一定能办好，能发电。”

于是，张勋便堂而皇之地大喊大叫“为徐州办好事，给徐州送电光”！

——这事还真办成功了，用这两台大机器在徐州东城内办的电灯厂，竟开创了徐州电灯照明的历史！

张勋在徐州布下罗网，他要彻底消灭徐州的革命党人，他把他们称作“乱党”。什么乱党？稍有触犯他的，辫子军看着不顺眼的，还有串通辫子兵假报私仇陷害的，通通是乱党，一律镇压。张勋到徐州后，即组织了“执法营务处”，受理所谓“乱党”案。然而，最令张勋头疼的，是在徐州杀了那么多“乱党”，竟找不出一个为首的分子。

一天，他在密室闷坐，又想起了这件事。“打蛇还要打头。打不着蛇头蛇还会复活！”他把宋芸子找来，表明这个心事，又说：“咱们要在徐州长住下去了，得有长远打算，对乱党分子必须斩草除根，要不然，就像你说的，叫什么‘卧榻……’”

“卧榻之下，岂容他人鼻鼾！”

“对对，是这个意思。我明白。”张勋说，“你得拿主意，咱得除根。”

宋芸子虽足不出户，却眼观六路，耳听八方，更加上有个“机灵”脑瓜，碰事三推两测，总会拿出点“办法”。他眨着眼睛想了想，说：“这里有一所省立第七师范学校，是个高人聚居的地方，乱党肯定藏于此，要把眼放在这里。”

张勋说：“派人盯住，发现了便杀！”

“不行。”

“怎……”

“死一个王少华已无法收拾，得换法儿。”

“换甚法？”张勋说，“那里都是识文写字的人，精得很。”

"那就文办法。"宋芸子把毛蓬蓬的嘴巴贴在张勋耳边嘀咕了一阵子，淡淡一笑，"这办法如何？"

"好，好！甚好！"张勋说，"我就派你到那里去讲学。咱得把话说明：讲学是假，探查乱党党首是真。事办成了，我会重重赏你。"

宋芸子摇摇头，笑了。"能为轩公效力，才不愧对轩公'行有车，食有鱼'的厚爱。"

不久，宋芸子便以"国学大师"之耀眼头衔进入徐州省立第七师范学校，而这个学校很快便成了没有"乱党"的乱党窝——

我要在九里山上树纛旗

张勋是率七十营辫子兵进驻徐州的。因为他又兼着徐州镇守使，所以，他的兵便遍驻徐（州）海（州）各地。徐州城四周，多不过五六千辫子兵。张勋常常因为自己的兵马少而发愁。"项羽当年多少兵守徐州？"他问过身边的人，但没有人具体告诉他，因为谁也说不清楚。不过，有一点张勋好像是问清楚了，项羽败退到乌江之前，他身边尚有八千江东子弟。"八千也比五六千多呀！"他想扩兵，可他却又无军械、无补给；他想收拢地方武装，可地方武装早随革命军走了。张勋只好眉头不展，久久发愁。

那一天，为了检查火车站旁的营房，张勋竟爬上了一座小山头，举首四眺，倒也空旷无际。他问身边的定武军司令张文生"是什么山？"张文生笑了。

"说起这个小山，可大有名气呢！"

"能比九里山名声还大？"张勋对九里山念念不忘。

"大，大多哩！"

"甚原因？"

"你听说过'四面楚歌'的故事吗？"张文生问。

眨眨眼睛，张勋想起来了。"是不是张良吹箫，瓦解了楚兵那件事？"

"对。"张文生说，"这就是当年吹箫的那个山，叫子房山。"他见张勋并不理解，又说，"这名字当然是后人起的。因为张良字子房，所以此山叫子房山。"

张勋轻轻地摇摇头。"吹箫也能打胜仗？我却不大信。怕又是一些文人嚼舌根，瞎编滥造的吧？"

"不，史书上确有记载。"

"史书不是编造的？"

"……"张文生愣了——这个略有点文墨的将领，对史并不熟悉。因为他是徐属沛县人，沛县又是汉高祖刘邦的故乡。张文生常因有这样的老乡自豪，楚汉之争的事便关心得多了点。今见张勋如此贬渎历史，知道他也实是对史无知，愣了半天，只说了句令张勋猜度不透的话。"姑且说之，姑且听之！"张勋并不是对历史一概不信，要完全不信，他也不会对"十面埋伏"的故事总记在心上了。这天晚上他躺在床上，就反反复复地想"四百楚歌"的事。"这军心……军心……军心涣散了，果真要吃败仗吗？"张勋领兵有些年了，自从他到长沙跟潘鼎新当百总起，算来已三十多年了，他也打过大大小小许多仗，有胜有负。扪心自问，这军心真有些作用：士气旺了，啥坚也能克；孬种兵，听不得枪响便举白旗！他相信吹箫能吹败项羽的兵。半夜里他去找张文生。"我明白了，士气跟枪炮一样起作用。"

"有时候比枪炮作用还大。"张文生怕张勋信得不真，又举例说，"比如咱们二下南京，若不是在兖州就说'攻下南京，放假三天'，大家劲头咋会那么高涨？士气高了，势如破竹，很快便拿下了南京。"

张勋不接话了。他心里明白，那是一种强盗办法弄得士气高涨的。高涨了，他心里也不安，尤其是那次向日本人道歉，他真是丢尽了脸，他永远忘不了那个耻辱。

"不谈这些了。"张勋沉默有时，才说，"你明儿在徐州找个通事的先生，让他来给咱们讲讲古，尤其是讲讲战争。"

张文生点点头，但还是说："徐州是战略要地，也是文化古城，是不是也把历来的文人、文明也讲讲？"

"讲，讲。"张勋说，"讲好了，咱还要给他个一官半职呢。"

张勋终于登上了徐州北郊著名的九里山。不过，他不要本地人张文生陪同，却拉了文助手万绳栻。

九里山，东西蜿蜒九里之长，故得名。此山因战争而扬名：楚汉之争，汉将韩信搞了"十面埋伏"，一举吃掉了项羽的主力，一个"力拔山兮气盖世"的英雄，竟挥泪别了爱妾虞姬投乌江而亡。名气之外，九里山也是一座美丽的山，它有象、团、宝等著名峰巅，还有大小孤山、龟山、看花山、杨家山等支脉，连绵起伏，青黛逶迤。张勋是从九里山东端马场湖畔上山的。

前天，一位徐州老朽告诉了他关于九里山的许多故事，他对马场湖的印象特别好，认为那是一片"绝处逢生"的地方——马场湖，是一片神奇的山洼，当年楚军被困九里山时，粮尽援绝，尤其缺水，饥渴难忍。正是束手无策之际，项羽的乌骓马忽然四蹄腾起，跑起圆场，群马紧紧相随。马蹄之下竟然踏出清澈的甘泉，且泉涌波涛，聚成小湖，解了项羽之渴。因而，这片地方便叫马场湖。

"这个项羽也无能，"张勋说，"既然在九里山脱险了，就大干一场吧，怎么又去投乌江呢？"

万绳栻觉得张勋提的问题太大了，三言两语说不明白，故而，只搪塞了他一下："战争胜负，原因很多。项羽大约是勇大于谋，功亏一篑的吧？"

"好好，咱们不谈这些。"张勋一边登山一边说，"你知道我把你拉到九里山上来做甚吗？"

万绳栻眨眨眼睛，说："是不是想拾点旧刀枪？"

"拾那做甚？"

万绳栻笑了。"我读一首诗给你听听：'九里山前摆战场，牧童拾得旧刀枪。顺风吹起乌江水，好似虞姬别霸王。'你不是来拾旧刀枪的？"

张勋有点呆了——他好像听人念过这首诗，啥意思，他不懂。今天站在九里山上，好像什么都懂了，只是他对第二句猛然产生了反感——张勋是做过牧童的，当初一到许翰林家便是放牛，"守牛者"被人叫了许久。这句诗好像是有意嘲弄他一般。所以，他狠狠地瞪了万绳栻一眼，说："不拾。拾那做甚？"

万绳栻此时也猛然有所悟，忙改口说："此语不过是诗人有感而发，说明九里山这片战场而今虽已成了荒草萋萋的牧场还可拾到刀枪。"停了停，又说："大帅今日登山之意，当然不会是怀旧，不会是只为凭吊一下这片古战场。"

"那你说为甚？"

万绳栻是了解张勋的，这几年，他的所作所为，所思所想，都是为着恢复清朝、扶起幼帝，实现自己的孤忠。他知道，时机成熟那一天，他会首先同他商量。今日，张勋把他单独拉到九里山上，是不是想在这荒漠的山巅，同他磋商这件事？可是，万绳栻精明，他不愿去撕开这层纸，便环顾左右而言他。

"九里山下的楚汉之争，无论谁胜，创立的都是一种霸业。大帅当初决定不就长江巡阅使而北上九里山，其壮志雄心已显！今天，当然是借九里山之雄，来论英雄大业的。"

"你说对了一半。"张勋一笑，"霸业早已奠定了，现在不牢了，被人夺去了，我想做的只是复还它。"他叹声气，又说，"大清霸业两百好几十年，怎么能说灭就灭了呢？气数不尽呀！只是忠臣太少了，太少了！"

万绳栻一见张勋把这层纸捅破了，也壮壮胆子说："我也觉得大清气数未尽，就当今中国的国情来论，并没有什么人的办法会比朝制更好。孙中山倡民主、倡共和，国中有几人知道什么是民主，什么是共和？有谁能给黎民百姓比朝廷更大的恩泽？！……"

万绳栻说的，全是张勋平时想的。张勋拉住万绳栻的手，说："真是英雄所见……"

"略同！"

"看起来，我想对了。我一定要复辟朝廷，要把幼主扶上龙座。你助我一臂之力吧！"

"我助你无用。"万绳栻说，"本来咱们就是一个心眼，一股力量，一家人，不是什么助不助的事。"

"那该咋办？"张勋有点着急。

"当务之机，我看是争取同盟军。"万绳栻说，"要与各省督军联络，跟他们合作，大多数省都愿意干了，才能成功。"

"他们会愿意干的。"张勋说，"都是朝廷重臣，皇恩浩荡，谁又能忘呢。现在，主要的是去串通他们。"

"要争取时机，但又不能着急。"

他们漫步在山坡上，交谈着复辟事，不觉间，已来到白云洞外。白云洞又叫黄池穴，在九里山主峰左侧，是被《太平寰宇记》称赞为"潜通琅琊、王屋二山"的，传说是当年项军挖的栈道。张勋在洞口朝里望望，黑咕隆咚，一片阴森。他们只在洞外那块还算平滑的大石坎上坐下来，再眺山前，竟是一片平川，古城便坐落在平川之上。张勋叹道："大军踞此山上，灭城只在大旗一摆。九里山，好地方！"

二人坐下有时，忽然发现旁边有一块竖起的小石碑。碑体残破，石面斑驳，文字也大多模糊不清了。万绳栻走上去，观看了好久，才辨出是一首七绝：

> 天空野烧连垓下，
> 落日苍烟接沛中。
> 惟有磨旗踪迹异，
> 年年常见白云封。

看了诗，他忽然惊呼一声："难道这就是汉将樊哙蠹立纛旗之处？"万绳栻查阅过资料，知道九里山白云洞外有一块磨旗石，传说是汉将樊哙竖大旗、调兵遣将用的。汉军见军旗摇动方向，即知攻击何方。竖旗大石遗留至今，成了古迹。万绳栻把这个典故叙说一遍之后，说："看起来，一个统一的旗帜非常重要。"

张勋连连点头，然后说："我也要在九里山上竖一面大旗，摇动起来，调动八方，最后实现复辟！"徐州，果然成了复辟的大本营。

第七章
在徐州建祠堂

张勋依赖徐州，要把徐州作为复辟的大本营；然而，他又对徐州极不放心，觉得徐州的一草一木都对他敌视。

一个奇怪的现象在徐州出现了：一方面为自己立"贞节碑"，一方面又"卖淫"。

潮流，你的定武军挡不住

刚刚建成一年的徐州江苏省立第七师范学校，本来是以徐属八县最高学府的身姿受人崇敬的，到今年（1914年）春天，忽然成了一片最恐怖的地方，一位最受人敬仰的老师周祥骏被张勋的执法营抓去了；张勋还派了大批辫子兵把学校团团包围。为什么？谁也说不清楚。

"周老师是宋芸子的学生，宋芸子是张勋的幕僚，张勋不会抓他?！"人们太善良了，周老师就是那个宋芸子出卖的——

宋芸子以学者讲学身份走进徐州省立第七师范学校，身上有进士功底，又有一副谦虚的面孔和善于辞令的口齿，人们自然感到他身上多了一层正直和儒气，还以敬仰的目光。

一日，宋芸子向老师们讲解南唐后主李煜的《相见欢·林花谢了春红》，超脱了前人的定论，着意在"无奈朝来寒雨晚来风"句，阐明李煜的国破家亡，是由于外力的打击，继而表明自己对八国联军入侵之痛恨。听者无不对这位失意进士的凛然大气所打动。讲课后，周祥骏怀着崇敬之心去拜访他。

"宋先生，我十分敬仰你的博识，很想得到你的辅正。"说着，便拿出自己的新近诗作向宋芸子求教。

——周祥骏，又名周仲穆，自号更生，江苏睢宁人，清贡生。原在本县昭义书院讲学，在反对封建礼教方面，颇有独到见解；1909年去上海入宪政讲习所，认识柳亚子、高纯剑等名士，遂入南社。1910年被徐属八县公推到南京学务公所充当议绅。辛亥革命后，他在南京看到清提督张勋顽固备战、对抗民军，便冒险脱身来到镇江，上书镇江都督林庆达和镇军第一镇统制柏文蔚，说明南京势险及自己的见解，"一日不入我版图，则长江上下游不能联为一气，而北伐之师无期"，请他们立即"征集重兵，直揭金陵"。这一见解深得林、柏赞同，立聘周为第一镇军顾问。张勋二次革命失败后周祥骏回徐州，潜在省立第七师范，热心教育，以寄胸怀。今见宋芸子还不失中国人的骨气，便拿他当了知己，拜他为师，呈诗求教。

宋芸子拿过周祥骏的诗作，认真打量，他忽然发现了这样两首：

> 全球争吼自由钟，
> 男女平等第一重。
> 试上舞台开慧眼，
> 也应懒饰旧时容。
> 闻道诸华振女权，
> 约同姊妹着先鞭。
> 此行且慢生憎色，
> 待挟污泥万朵莲。

宋芸子一见这诗，如获至宝。"完完全全的革命党口气！革命党就在第七师范学校！"但他还是不露声色地说："好诗，好诗。历来好诗好词，均应是有我之境，以我观物，故物皆着我之色彩！无我之境，以物观物，故不知何者为我，何者为物。"说着，将诗奉还给周祥骏。

告别了周祥骏，宋芸子匆匆转回道台衙门，钻进了密室，对张勋如此这般地汇报了一遍，张勋又惊又喜："徐州果然有革命党？革命党就在第七师范学校？周祥骏就是？"宋芸子连连答应"是，是，是"。

"诗你拿来了？"张勋又问。

"没有。"宋芸子摇摇头。

"口说无凭……"

"我不能打草惊蛇呀！"宋芸子不愧是老奸巨猾，"我若把诗拿回来，周祥骏岂不怀疑了？他怀疑了，岂不要跑！人跑了，哪里去抓乱党？"他又说，"现在就派人去抓周祥骏。人抓到手了，还怕没有诗，没有证据？"

"对对，对对！"张勋立即派人去抓周祥骏，并随之抄了周祥骏的住处。

辫子军把周祥骏抓来，把周祥骏的诗作也都抄来了。张勋甚为高兴，一方面派人去查实周祥骏是"何许人？"一方面让宋芸子为他分析周祥骏的诗"坏在何处？"这样，日夜兼程忙了几天，张勋心里有"数"了——中国的语言文字奇妙得很，常常是仁者见仁仁者有理，智者见智智者也有理，再附上大权，纵然你学富五车，也别想争辩明白。这就是俗话说的：欲加之罪，何患无辞！

正是张勋要处置周祥骏，消灭"乱党"的时候，徐州掀起了一股强大的"挽救周祥骏"的风潮。先是各界人士集会、请愿，随后便游行抗议，城中的绅士、巨贾也选派代表到衙门求情。一时间，徐州城乡民心沸腾，呼声震天！张勋吃惊了："一个小小的教书匠，为何有这么大的影响？"他无法理解。他知道，像他这样大的人物，还没有这样的声望。他想"遂人心愿"，放了周祥骏，以换取人心。他听人说过，光绪皇帝的老师曾对皇帝说过一句极重要的话："得人心者得天下，失人心者失天下！""我张勋要在徐州扎根，我不能伤害了徐州黎民百姓的心！"一想要放周祥骏，忽然想到了革命党；想到革命党就想到了大清王朝，想到了他的主子……"不能放！对革命党决不能宽容。"

就在这时，北洋政府国务院现任秘书长、陆军部次长徐树铮派人送来急信，说明周祥骏不是坏人，是他的朋友、是一位才子，要张勋放了他，最好重用他。

徐树铮，一个炙手可热的人物，段祺瑞的心腹，足智多谋的"小扇子"，连袁世凯都敬他三分，惧他三分。张勋早想巴结他，只是投身无门。现在，徐树铮上门来了，张勋自然该给他个面子。不过，张勋太恨革命党了，恨不得将他们斩尽杀绝。现在，他得对周祥骏再三思之。"果然改邪归正，为我所用，我自然对他宽大为怀。要是他顽固到底，我饶不了他。"

争权夺利的大潮之中，一个文人雅士的性命是不值钱的，尤其是那些有骨气、有见解、不入俗的文人雅士。

经过几天准备，张勋决定亲审周祥骏，并且"以礼相待"。

那一天，初夏的骄阳刚刚洒进徐州的道台衙门，张勋便命人从大牢里把周祥骏"请"了出来，请到毫无杀气却有香茶待客的客厅。陪同张勋的，是他的参谋长万绳栻。他们都是便装简从，且给周祥骏留了个"客座"。周祥骏进门时，张勋欠了欠身，万绳栻站起让座。

"周先生，委屈你了，实在抱歉。"万绳栻显然是在做着调解人，和事佬，"张大帅是个十分爱才的人，听说你是徐州一方的名流，便想和你推心置腹地交个朋友，所以才把你请到客厅。"

周祥骏不对张勋抱幻想。他知道他和张勋不同道，是无法为谋的，只淡淡一笑，便落落大方地坐在为他准备的椅子上。

客厅并不平静，没有待客的谐和和欢乐气氛。三双神态各异的目光，在闪电式的交会之后，都深锁"闺中"了；而三个面孔却表达着复杂、焦灼，只有自己才明白的情感。张勋耐不得冷静，他以凌人之口气先开了腔："周先生，你很有文气，诗写得很好；听说你也很有才干，曾被林督林达庆聘为第一镇军顾问。我很敬仰你，不知你能不能做我定武军的顾问？"

"张大帅身边人才济济，不缺我这样的文人。"周祥骏淡淡一笑。

"北京的国务院秘书长徐树铮先生有信推荐你，你认识他？"张勋问。

"徐树铮萧县人，算是我的同乡，我很敬仰他的才学。"周祥骏说，"不过，我和他并无交往，更未求他什么'关照'。"

"我是个武人，不善钩心斗角，我只想问问你：你的诗文，你过去做的事我可以都不计较，你愿意为我出力吗？"

"我的诗文，我的作为都是光明磊落的，无须求什么'计较'或'不计较'。至于能不能为大帅出力，我还得看看值得不值得，想想我自己愿意不愿意。"

"你说我在求你？"张勋暴跳了，他"腾"地站起，喷着唾沫说，"你要明白，你现在犯在我手下了，是乱党，要杀你，只需我说句话。"

"我明白，"周祥骏说，"我也不是在求你。不过，我可以预言，你所说的'乱党'是杀不尽的！不光杀不了，他们最后必然彻底推翻你所保护的封建王朝，建立一个崭新的民主共和天地！"

"你反了？你反了？？"张勋大叫。

"这是潮流！"周祥骏说，"你挡不住。你的定武军挡不住！"

"现在我就杀了你。"张勋说，"叫你永远看不到民主，看不到共和！"

"你能看到，"周祥骏说，"当你看到共和诞生之日，要记住，那就是你和你们的王朝彻底灭亡之时！"

"拉出去，把头砍了！"

周祥骏淡淡一笑，坦然往外走去，口中朗朗有声地诵道：

> 崭新履屐下兰墀，
> 半洗姬公旧礼仪。
> 慎重千金忙进步，
> 神州始筑太平基！

周祥骏被张勋杀害于徐州武安门外了，时年四十七岁。

徐州要建张勋祠堂

张勋杀了周祥骏，激起了徐州百姓的更大激愤。连连数日，群情愤怒，诅咒震天。张勋一不做二不休，竟派大兵将第七师范学校团团包围。

徐属八县的最高学府，顷刻惊惶万状：师生们纷纷躲躲藏藏，四处逃散。但学校四周辫子军岗哨森严，谁也逃不出去，他们只好挤在几个偏僻的教室，等待命运安排。几个勇敢的师生，冲着窗外大呼"冤枉"，但抬头望望学校院墙上架起的机枪、大炮，却又立刻收敛。

徐州城惊慌了：杀教师、围学校，这是为什么？徐州人陷入了恐怖之中。

这是一所建成不到一年的学校，生活设施极不完备，不仅食宿无法自理，连供水都十分困难。数百师生困在校中，怎不牵扯数百个家庭！人们奔走呼救，投亲托友，妄图给被困人员一线生机。然而，辫子军大多是江南人，军中的头儿们又多与徐州人无牵无挂，真是叫天不应，呼地不灵。徐州城被黑云笼罩住了。

负责围困第七师范学校的指挥是张文生，接受任务的当晚他就颇为不安："徐州有这么多革命党吗？学生还都是孩子，他们怎么会成了革命党？"

　　张文生是沛县人，是徐属这片沃土养大的他，他还没有泯灭那丝乡土之情。他命令部队包围学校的时候，随时附了一道口头命令："没有我的口谕，任何人不准开枪动刀，有敢违令的，斩！"这道命令，无疑给第七师范的师生们设了一道保险墙。

　　围校是从杀害周祥骏的当天（即1914年5月6日）夜晚开始的。次日黎明，张文生走进学校，在一个简陋的小房子里，他见到一位白发苍苍的老师，那位老先生向他跪倒，悲痛地说："老朽平生不向任何人低头！这次向你下跪，不是求我自己的苟安，是求你们宽容徐州八县的年轻子弟。要知道，徐州的未来，全在他们身上。杀了他们，就等于杀了徐州的明天。老朽老了，一切都过来了，如果要在七师找一个'乱党'头领，我就是，你把我交给张大帅吧，杀头我不寒脸，只求你们放了那些年轻人。"

　　说着，泣不成声，躺倒在地。张文生把他拉起，扶到座上，然后对他说："老人家，我知道年轻人是冤枉的，他们是清白的。我也是徐州人，我何尝不想保护我们的子弟！老人家请放心，我一定在张大帅面前尽力争取，争取不加害这些年轻人。"

　　老教师又俯身跪倒。"我代表年轻人谢谢你了。谢谢你。"张文生走出学校，心情极不平静。杀周祥骏时，他就在头脑里打了一个大大的问号："周祥骏，满腔热忱，何罪之有？！"他去找张勋。

　　未等他开口，张勋便余恨未消地说："第七师范是'乱党'的机关总部，老师、学生全是'乱党'分子，不交出为首的，一人都不能放过！"

　　"大帅，"张文生说，"'乱党'首要分子是周祥骏，已伏法了，我们就不必这样兴师动众了吧。"

　　"斩草要除根！"张勋依然怒气冲冲。

　　"大帅，这个学校的学生，都是徐属八县青年子弟的精华，是经过精心选拔来这里学习的，也可能有极个别人不好，都把他们一视同仁，恐怕不够策略。"

　　"老师中绝没有好人！"

　　"我是本地人，"张文生说，"深知该校情况，该校教职员也是从各方面择优聘来的。我敢说，他们绝不是乱党。"

　　"你知道他们？"

　　"请大师放心，对于这些老师，我可以以身家性命担保！"

张文生是张勋的膀臂，定武军司令，又是新任命的徐州镇守使，是个举足轻重的人，他的意见张勋不能不认真思索。再说，张勋尚不知要在徐州住多久，果真民心大失，将来怎么立足？他思索半天，还是说了句"让我再想想。"

张文生了解张勋，张勋做错了事即便他认识到了，也不会挺起腰杆承认，至多说一句"让我再想想"。让我再想想，说明事情有退步的希望。张文生便点头退了出来。

不过，张文生也明白：张勋是个喜怒无常的人，朝三暮四，说变卦就卦，还得抓紧了结才好。

此时，徐州绅士正组织请愿团，要进京请愿。据说，这些人的代表是豪绅段少沧和沈依人。张文生把这二人找来，问了问情况，然后对他们说："进京请愿，固然不失为一策。可是，你们想想，历朝历代，有几个越级请愿能够得到圆满的结果？轻则说几句好话，打发打发；重则加个'煽动闹事'的罪名，关押几个。我是关心你们，才这样对你们说。"

张文生不忘桑梓，几句肺腑之言，段、沈二人点头称是——他们也算一方名士了，"官官相护"这个词他们还是懂的。"据张司令这么说，这事无办法了？"

"办法还是有的，不然，我就不请二位来了。"

"请张司令明示。"

"最近，张大帅正在思索这样一件事——"张文生透露了张勋一个秘密：张勋来徐州之后，猛然间热衷于沽名钓誉起来，他暗自求得袁世凯同意，要在徐州为自己建立一座"祠堂"，来标榜自己的"丰功伟绩"。但又要假面子，一时尚不知如何张口，尚不知部下作何反应，徐州人氏作何反应？张文生说："二位何不换个法儿，代表徐州民众向大帅提意为他建祠堂，颂扬他爱徐州百姓，取得他好感。围困学校的事自然便消除了。"

段、沈二人猛醒，觉得此为良策，但转念又想：军阀人物，多无信任，乐意接受建生祠了，不解学校之围怎么办？于是，说："张司令，大帅和贵军虽两度莅徐，徐州人民对贵军还是了知甚少。说实话，不怕你老乡见怪，贵军所为，徐州百姓是略有微词的，尤其是本次杀教师、围学校。要让他们出面为大帅建生祠，只怕应者寥寥，那岂不弄巧成拙了？我们想，是不是请大帅先高抬贵手，了却第七师范之事，我们也好借此大造舆论，以谢大帅

'恩德'为由，发动百姓为大帅建祠堂。"

张文生虽觉此意是作为交换条件，但又觉合情合理，便点头答应。"二位先回去，待我禀明大帅，大帅答应了，我再请二位来，咱们一道去见大帅。"

围困徐州省立第七师范学校之后，张勋似乎出了胸中一股闷气。在他面临的诸多大事中，这实在算一件小事。现在，张勋最感震惊的，该是北京，是袁世凯紧锣密鼓的筹划改制称帝。前天，有人从北京传来消息，说袁世凯已经传出话说："宣统满族，业已让位，果要皇帝，自属汉族。"皇帝不要满族而要汉族，岂不是袁项城想当皇帝的自白吗！又有消息传来，袁世凯不只说说而已，而且已经解散了国会，并以约法会议改造新约法。清室遗老劳乃宣、刘廷琛、宋育仁等上书，说"恢复帝制，自应宣统复辟"。袁世凯竟派人查禁，还要处置他们。另外，袁世凯连同段祺瑞、冯国璋、王士珍三人会谈。世人皆知，此三人乃北洋三杰，是袁世凯的肱股，袁要称帝，自应由此三人支撑。

张勋烦恼了，帝制是必复的，他极赞成劳乃宣等人的意见："恢复帝制，自应宣统复辟。"不用宣统还能用谁呢？袁项城说"自属汉族"，纯属一派胡言。他张勋绝不答应。然而，张勋毕竟只是偏居一个小小的徐州，并且全中国只有他一家还留有辫子了，怎样去左右京城，怎样去影响袁世凯？他都感到是他力不从心的事。前天，他想去南京见冯国璋，冯国璋在反袁称帝问题上是同他一致的。不过，他没有去。他听说袁世凯早他一步找冯了，冯又是北洋三杰之一，他怕找了无用。他想去北京找段祺瑞，他觉得段祺瑞也不会答应袁世凯称帝。不过，他也没有去。他本来可以通过徐树铮能贴近段祺瑞的。可是，徐树铮向他投来的"秋波"（请宽待周祥骏）被他拒绝了，杀了周祥骏便得罪了徐树铮，得罪了徐树铮便断了段祺瑞这条路……

冲锋打仗，张勋从来都觉得是一件轻松愉快的事，而政治斗争，总搅得他力不从心：太难了，太难了！

张勋来徐州之后总觉得疲劳、困惑，精神也极为不振，想办的事几乎无一件办成。前一段他想"重文"，想有一位好文案。他派人去江西，去岗嘴头，请他陪读的少爷许希甫，恭恭敬敬地拜他为"文案总办"。这位许府的公子明处以"不润官场、冷于仕途"，暗处却抱着"不在奴才面前听命"的清高，把张勋给拒绝了，弄得张勋干憋气。"我待许家不薄呀？！"

　　张文生把和徐州豪绅代表会见时谈的关于为张勋建祠堂的事对他说了，并且一再表明"这样做，对大帅名声甚好。徐州人既然如此崇敬大帅了，大帅是不是也应主动有所表示"？

　　"怎么表示？"张勋装糊涂。

　　"徐州省立第七师范学校……"

　　"拿建祠堂来和我讨价还价！"

　　"话也不能这样说，"张文生折中了，"以爱护徐州年轻人，解除对第七师范学校的包围，是大帅对徐州人的恩典；徐州人出面为大帅建祠堂，那是徐州人对大帅的报答。即便有讨价还价之疑，也名正言顺。千秋万代，是大帅在徐州的名声。"

　　张勋眯着眼睛想想，觉得这事合算，比自己张扬着为自己树碑立传好，便说："那就这样办吧。"

　　徐州省立第七师范学校之围，总算以建张勋祠堂为条件解除了。当日，张文生发了撤兵令，晚上就把段少沧、沈依人找来，对他们说："大帅总算答应了，我已下令撤兵，你们也得实实在在做好建祠堂这件事。"段少沧点着头说："是是是，是是。"顿了顿，又说："建祠地点嘛，当然还得请大帅亲自确定，地方可以按需要安排。只是这建祠所需银两……"

　　"当然由地方出。"张文生不含糊地说。

　　段、沈二人立即目瞪口呆——他们只是豪绅，自己出银，多少均可；要在地方摊派，那却不是他们力所能及的事。张文生看得明白，便说："这事，自然不需二位费神。二位只需向各方说明，到时候应个场面就行了。我已受命出任徐州镇守使，我会有办法的。"段、沈这才轻松地点头。

　　第二天，张文生又领着段少沧、沈依人二人去见张勋。段、沈二人说了些对张勋的奉承话，表明徐州人民对他的称赞，说在徐州为他建祠堂是"民心所求的事！"张勋也假惺惺地说了些徐州人民纯朴诚厚、勤劳勇敢的表扬话，并对为他建祠堂破费表示"不安"。最后说："我也是穷村破家长大的，知道劳苦人民的疾苦，不忍给百姓增加税赋，但又不敢违背徐州黎民的厚爱。今后，我一定多为徐州百姓办好事，使徐州百姓都能吃饱穿暖，安居乐业。"

广州行丐，求其友声

1914年到1915年之间，中国忽然出现了两个"天心"，一年是北京——这里在积极酝酿着重新出现一个王朝，即以袁世凯为主的新的帝制派。袁世凯不愿再忍耐了，他要登基了，要做皇帝，连名称、礼仪、诏书、阁僚都安排好了，只待"吉日"，便昭示天下。另一个天心是徐州——这里也在积极酝酿，是酝酿着复辟一个王朝，即以张勋为主的复辟派。张勋也不愿再忍耐了：堂堂中华，怎能日久无主？他要把逊位的小皇帝扶起来，让他重登大宝，成为中国的轴心。

袁世凯坚信他会成为中国的真龙天子。

张勋坚信他会把倾覆的中国王朝复活起来。

许多天来，张勋频频派出专使，和能够与他同谋的各派势力联络、密议。

中国的复辟派并非只有张勋一伙，有武装复辟派。它的代表人物是升允，字吉甫，蒙古镶黄旗人，出身蒙古王公贵族，曾任陕甘总督；辛亥光复后被清政府任命为陕西巡抚。他早就纠集满蒙王公、八旗残部以及反动道会门，拼凑起"勤王军"，成为复辟派的重要武装。升允的代表对张勋表示："满蒙王族有巨大武装供大帅调遣，会从中国辽阔的北部地区与大帅呼应！"

另一派是王公贵族派，他们的代表人物是大清恭亲王溥伟、肃亲王善耆。这些贵胄早已失去当年的权势和威风，一个避居青岛，一个避居大连。他们积极投靠帝国主义，矢志复辟。善耆曾派代表与沙俄签订密约，由沙俄出兵张家口，奉皇上复辟，"将来尽可许以重酬"。善耆还同日本财阀大仓喜八郎密议，日本人支持复辟成功之后可以把东北三省的"土地、山林、牧场、矿产、住宅、水利"等作为担保。善耆也对复辟狂张勋有所许诺："必请外援，助你成功！"

复辟的另一族势力是以康有为、劳乃宣为代表的官僚、遗老派。康有为早已是闻名于世的保皇党，辛亥之后，摇唇鼓舌，咒骂共和，鼓吹帝制，为复辟清朝制造舆论有大功劳；劳乃宣清朝学部副大臣，极力复辟，奔走游说。他们已经通过各种途径与张勋勾搭，并且明白地告诉张勋："日本政府已明确表示，请宣统重新出来执政。德国政府愿以德华银行资本协助清朝复辟，并以武力接济。"

……张勋十分兴奋，他看到了他不是孤军奋战，他有友军，有外援，他可以旗开得胜，马到成功！

张勋也有心神不宁的地方，他担心南方，他知道南方没有他的同盟军，而且有革命党。

张勋决定亲自去南方一趟，一来去拜望他的老主子，现在广东做巡抚的许振祎，二来也探知一下那里人对复辟的态度。

张勋带领随从到达广州的时候，他猛然间迟疑起来：是以奴才、家童的身份去见许振祎，还是以长江巡阅使的身份去见许振祎？

在江西，在岗嘴头村，张勋是见过许振祎的。那是许振祎回家做六十大寿，张勋在南昌府衙内当兵，是领着新夫人曹琴去的许府，是地地道道的用人向主子拜寿。而今不同了，奴才的身份比主子高了，还能再以奴才身份吗？那岂不有失朝廷礼仪？在徐州动身的时候，张勋是做了准备的，他备了厚厚的一份礼品，其中包括两件徐州出土的汉代陶器和铜鼎，还有徐州的名特产"樊哙狗肉""桂花楂糕"以及微山湖的鸡头米，海州的大对虾，并且认乎其真地写了一份"履历手本"。他竟忘了向名人"讨教"用什么身份了。

思索许久，张勋还是决定以长江巡阅使身份去见广东巡抚。他带着随从，来到巡抚衙门，递过手本，仆人匆匆进去通报。

许振祎是个科班出身的巡抚，居官广东，也算是偏居一隅，跟流放差不多。要不，巡抚这官也不能一做就是三十多年。如今，人也到了九十高龄，虽然耳目尚无大疾，毕竟老了。可是，他却偏偏不告老还乡，就等着朝廷最后"发落"，朝廷却又偏偏顾不得他了。因而，许振祎也就做着自由官；孙中山在广州闹得轰轰烈烈，大反清朝，却能够同清朝的巡抚"和平共处"。许振祎为人正直，深润仁义礼智信，抱定一个"做老好人"的宗旨，养尊处优。今天忽见张勋有手本送来，且已光临门外，心里先是一喜——总算他乡遇故知吧。但立刻又不悦起来——"张勋毕竟是我许家奴才，怎么能以官身来拜会我呢？还有礼法吗？成何体统？"许振祎连礼单加手本一起扔下去，大怒道："张勋什么东西，敢来我面前摆官架子！"

巡抚是把话这样说了，仆人却无法如实转告，门外明明等候的是一位巡阅使。也算仆人精明，忙收拾一下地下的礼单、手本，原样放好，走出门来，不冷不热地说了句"老爷刚刚出去了"。

张勋机灵，一见此情，知道许振祎见怪了，心中一惊——许振祎在张勋心中是有绝对威严的，他不敢顶撞他，又不敢打道回徐州，思索有时，立即走进许府宅门，向管事的借了身当差的便衣换上，也不用手本，自己竟走了进去。

张勋来到许振祎面前，跪倒地上，连连叩头，说："小人张勋，顺生者，特来给老大人请安。"

许振祎一见张勋这样进来了，并且行此大礼，顿觉自己"过"了。"无论往日如何，今天人家也是朝廷命官。有身份的，这样恭顺，念念不忘故主，也算大礼做到了！"马上回嗔咋喜，双手将张勋扶起，说："你我都是朝廷命官，何必如此，快快坐下谈话，坐下谈话。"张勋又谦让一阵子，这才入座。

相互问候之后，许振祎说："京中甚乱，北方甚乱，我甚是惦记你的安危。许多年来，总想回江西故里安度晚年，朝廷不允，只好在这里滥竽充数了。"

"老大人德高望重，久居边城，朝廷自然多赖。再说，又有谁能够应酬得了这片局面呢？"张勋极力奉承老主人，"连年战乱，心绪不安，久想来给老大人请安，总是无法成行……"

"我知道你脱不开身。"许振祎说，"这些年也难为你了。那个袁世凯也真是……"许振祎想品评一番朝政的，但又收敛住了，因为他尚不知张勋是个什么样的角色。

张勋一见此情，忙从脑后把辫子扯过来（似乎想表明"我是忠心拥戴皇上的"），叹了声气，说："老大人，不瞒你说，我是不赞成袁项城这样做的。听说，他最近在北京正闹腾改制，自己要当皇上。这不是篡朝吗？！从老佛爷起，朝廷待他不薄呀！千不该，万不该，你袁项城不该……"

"不得人心呀！"许振祎也是忠臣，他不愿他保的主子倒台，"不是有人反对他吗？"

"禀老大人，"张勋忙欠欠身，说，"我就为此事南来的，特来向老大人请教。"张勋忙把他知道的武装复辟派、贵族复辟派、遗老文臣复辟派的情况一一做了介绍。又说："依我看，袁氏是成不了大事的，中国还得是朝廷的中国，还得还政给宣统。我想求老大人一件事，果然复辟的日子到了，老大人能凭着你的德望在南方呼应一下，支持一下。"

许振祎说："据我所知，南方各省均在酝酿独立，到时不知怎么说？"

"独立那是暂时的。"张勋说，"最终总得统一。那就是看看统一到谁的名下？"

"你来了，你的心事我明白了。"许振祎慢条斯理地说，"你莫逼着我如何，让我再细想想，与同僚们商量一下。广州不是徐州，广州更不是北京，不能轻举妄动。"

一听这话，张勋冷了。"什么'不能轻举妄动'，什么'广州不是徐州'，还不是你明哲保身，多为自己着想？"张勋是这样想的，但口中不能这样说。他笑笑，说："老大人想的，自然是万全之策，张勋哪能逼老大人呢？此番南来，我只是想向老大人禀明情况，聆听老大人高见，何去何从，还要看以后形势。"

许振祎盛情款待了张勋，没有把他看成下人，并且还向自己的幕僚们推崇了张勋一番。

张勋觉得南方支持他复辟的力量不大，过了几天，便匆匆返回徐州。

建生祠，留"美"名?! ——

经过八个月的施工，一座雕梁画栋、曲径回廊，俨如皇宫的"张勋祠堂"在徐州建成了。这是一片城中的最佳景！东望苏东坡的黄楼，南眺楚霸王的戏马台，北依霸王楼，西看钟鼓厦，占地十余亩，亭台楼阁俱全。祠堂正门，分东西两辕门，东辕门横额书"江南保障"四字，西辕门横额书"淮邦砥柱"四字，正门书"奉新张公生祠"。

祠堂门内是一个大庭院，可以停放车轿，通过朱红小桥前进，可以登上大殿阁台丹墀，桥下小溪，流水潺潺与四周水池相通。大殿有五个大间，三面全是朱红万寿字格，两边挂着为张勋歌功颂德的匾额。大殿南有朱红九曲桥，西南有暖阁、凉亭；北有奎星阁，阁侧有大龙碑，记载张勋"德政"及建祠缘由、经过；此外，水池中还造一画舫，供张勋休息、品茶。

张勋对这个建筑十分满意。落成那一天，张勋前前后后、里里外外仔细观看了一遍，脸上总是笑嘻嘻的，此刻对身旁所有的人也都十分和善起来。当他来到大殿正厅的时候，见正面还是一片空落，便问主持这项建筑的张文生："这里没有东西，太空了吧？"

张文生说："正等着大帅安排。"说着，让人把新制作的袁世凯赠送的大匾抬来。"想把这匾放在正中，不知大帅以为如何？"

张勋想了想，虽然对袁世凯有隔阂，但袁世凯毕竟是当今最大的官了，自然要挂在正中，他便点点头。

张文生着人挂上，紫红木制，镏金镶边，搭上红绸，中间四个凸起的金字——"褒鄂英姿"，显得十分壮观。尤其是匾中还盖上了最权威的大方印——"荣典之玺"。这无疑是对张勋的崇高赞誉。张勋点头笑了。张文生说："大匾下，要放大帅的半身肖像，两旁自然少不了对联，那就要大帅亲书了。"

张勋脸沉下了，"怎么书？"枪他可以扛一捆，字他却难得题。

张文生笑了。"自然只是署大帅的名字。"又说："前日，请人以你的名义撰的联，也已制好，请你再过过目。"说着，将红木制的对联搬出。那上边写的是：

　　我不知何者立功，何者树德，只缘余孽未清，奋戟连年，聊尽军人本职；

　　古亦有生而铸金，生而勒石，试想美名难副，登堂强醉，多惭父老恩情。

因为撰稿人已经告知了文字意思，尽管张勋记不大清楚了，意思他没忘——自擂又自谦罢了。他便又点点头。张文生让人挂上。大殿内有了正面的匾，肖像，楹联装饰，陡然庄严起来。

大殿之内，还有许多捧场的对联，张文生也都一一读给张勋听了，又做了解释，无非是些歌功颂德的套话，张勋都点头答应了。唯其对张文生送给他的对联，张勋感到特别满意，他站在联下，久久不离。那联文是：

　　此地当淮海四战之冲，自经斩棘锄荆，仗大帅威名，今成乐土；

　　在下执鞭镫十年以外，不忘感恩知遇，仰益州画像，我亦苍生。

张勋拍拍张文生的肩，说："你不忘知遇之恩，我也不忘知遇之情。只是，我可从来未敢让你'执鞭镫'呀！说真的，早晚讨教个字，问个词的，还得找你呢。那也是算'执鞭镫'吧？"

"那只不过是'早晚'而已。你是大帅，我总得仗你威名。"

"一字之师也是师。"张勋变得谦和、大度了。我就忌恨那些样样都觉得比别人能的人。有一样能还差不多，别样都得听人家的。"

"大帅不愧有大帅胸怀！"

"甚胸怀？瞎吹！"张勋说，"这些事连睁眼瞎的庄稼佬也明白。只是有人地位高了，自觉甚都高明，忘了诚实罢了。"

张勋这番宏论，引得随从一片赞扬。有人暗自欣喜："我们的大帅今天'放下屠刀'了。"

徐州城为张勋建造了这样气派的一座祠堂，可苦了徐州城乡黎民百姓。这些银钱全是地方政府按田亩摊派的，名曰"建祠附加税"，规定每亩田附加银二分，大县按三点六万顷地（百亩为顷）、中县按二点四万顷地、小县按一点八万顷地，如数征收。徐州八县，共征田亩十八万顷，征银三点六万两。哪晓得，张勋派了一个叫李二柱的"精明"人经办，这李二柱不仅心黑，又是一把"铁算盘"，他以银两折银圆、以银圆折制钱的换算方法征收，折来换去，最后到他手里的，竟是三点六万两的几倍！张勋祠堂建好之后，这位李总管在徐州傅新阁西自建了一座私宅——大公馆，共十一个完整而又宽大的院落，全部走廊相连，雨天可以毫无顾忌地不打伞走遍全院，是当时徐州城内独一无二、最大最好的公馆，就连现任着国务院秘书长、陆军部次长的徐树铮在徐州的公馆也逊色三分。那几年，兵祸早把徐州折腾得十室九空、哀鸿遍野了，又加上水、旱、蝗灾、疾病连连——睢宁县大雨，平地积水四尺，民多外流；伤寒病流行，死数万人；沛县大旱并蝗祸，而后爆发回归热病，全县百分之八十人口感染；其他一些地区又遭雹灾，草屋摧毁十之八九……徐州半数百姓无衣无食，生命奄奄一息。祠堂建成之后，张勋欣喜了许多天，他觉得这是一生中办成的最有意义的一件大事。"想我顺生者当年在赤田，谁能瞧得起，连我老爹亲兄弟都不愿收留我，弄得我流浪村头，弄得我惹祸遭灾，弄得我低三下四给人家当守牛仔。不想，我今天竟成一方的霸王，成了朝廷的重臣！"他望着挂在祠堂正厅袁世凯送给他的"褒鄂英姿"四个大字，心里涌起一股热流——有人给他解释过这四个字，说是唐太宗李世民封赠段志玄为褒国公，尉迟恭为鄂国公的故事。张勋虽然对袁世凯自比李世民有点反感，这块匾却表明不同寻常的身价，"荣典之玺"那块印，更表明了崇高。放牛娃出身的张勋，还是感到了无上光荣："我张勋毕竟不一般！"

兴奋了几天之后，张勋又觉得还不满足："我这不是自我陶醉吗？祠堂建得再好，大不了震动徐州，徐州在中国毕竟是一片小得无足轻重的地方，谁看得见，谁知其情？"张勋锁起了眉。

有身份的人总想把自己的事办得能够轰动一时。这样的事并不难，即便造假，也会轰轰烈烈。张勋为了自己的祠堂能够在国中震动一番，想了好几个门路，诸如：在祠堂开一个督军会，研究当前大事呀！成立定武军总司令部庆祝呀！或者庆祝袁世凯给他"巡阅使"的封爵呀！但是，他又都觉得"不行"。张勋明白，他要开督军会，还没有这么大影响，能听他召唤的督军没有几人；至于说改名定武军，封为巡阅使，那都是司空见惯的事，各省至多发来一纸"贺电"应酬，谁会风尘仆仆地到徐州来呢？思来想去，张勋终于别出心裁想出一个名目：为自己做六十大寿！

张勋祠堂落成这年，张勋整整六十二岁了。六十二岁做六十岁寿，怎么说呢？"说什么？"张勋不讲究，"只要能造成一个轰轰烈烈的影响，谁还会查我出生年月、生辰八字去吗？"于是，调动助手，排列名单、印制"请柬"，拟发"电报"，上至废帝宣统、清朝遗老、袁世凯、徐世昌、黎元洪，下至各省的督军、省长、道尹、镇守使等。函电连连发出，徐州又急急火火准备接待，并且派员到上海、南京请来几班剧团助兴。

张勋紧锣密鼓在徐州建祠和准备祝寿的时候，袁世凯在北京正紧张地准备称帝。

袁世凯急不可待了。这些年，他做着许多准备，就是为了这一天：当初，摄政王载沣罢免他军机大臣、外务部尚书时，他便愤恨地想："有一天，我全罢免了你们！"果然，只隔了一年，辛亥起义，朝廷无人可用了，仍然把他"请"了出来。袁世凯第一件事就是为了权，他要有政权，有军权。他果然当上了内阁总理大臣。

袁世凯当了总理大臣之后，便出众兵向革命党要挟议和，一方面威胁孙中山让位，一方面挟制清帝退位。结果，他获取了中华民国临时大总统位子，在北京建立了地主买办联合专政的北洋军阀政权。

袁世凯是中国最大的野心家，夺了大总统之后，便派人杀害了宣传革命党的宋教仁，并在取得"善后大借款"后，发动了内战，镇压孙中山领导的革命军，解散国会，篡改约法，实现独裁专政。

1915 年 5 月，接受日本人提出的企图灭亡中国的"二十一条"，成了中国最大的卖国贼。

现在，一切都按袁氏的美梦成真了，他要当皇帝了，他要把年号从 1916 年起改为"洪宪元年"。

袁世凯想当皇帝，袁世凯没有忘记和他同朝的老臣。他派人到徐州去，向张勋做了许多解释，想让张勋明白他"改帝制是适应了潮流，是迎合民意，是受命于天"。同时，许诺给张勋"一等公"的显赫的桂冠……

张勋面对着袁世凯的封爵，冷冷地笑了。他对袁世凯的"钦差"说："请你禀报袁大人，过去，我曾对袁大人的代表说过两句话，就是：'君臣之义不敢忘，袁公之知不忍负。袁公不负朝廷，勋安敢负袁公，如是而已'；第二句是改帝制之事，'可死不可从'。现在，我再说一句：袁大人果真要当皇帝了，我必告老务农！但有一语，请袁大人一定以优待清室、保卫旧君为上。"

打发走了袁世凯的代表，张勋怒冲冲地说："袁项城果真要当皇帝，我必反之！"

徐州，依然在表面平静中滚动着惊雷，张勋在自己准备庆贺六十大寿的同时，在徐州大肆镇压"乱党"：他是长江巡阅使，上海到重庆沿江各岸都驻有他的辫子兵，他们的主要任务便是缉拿"乱党"分子。拿到了便送来徐州，徐州朝朝有因"乱党"罪名刑人于市，许多人被无辜地杀害，一派恐怖气息……

他在豪纳第四位姜

祝寿，没有给张勋带来欢快。他原来想着会有众多头面人物来徐州，他可以不是会议地召集一次会议，向他们宣传自己的（复辟）观点，争取他们同情、支持，到复辟之日，能够成为他的赞同者、支持者、同盟军。谁知许多人员发来一封"说尽好话"的贺电，至多派个代表送上一份不薄的寿礼。匆匆赶到徐州为他增添热闹气氛的，大多是他管辖范围内的小官。不过，一时间，徐州古城竟是热闹非凡起来——官驿住满了宾客，饭店大多被包下来，街巷张挂着祝寿的牌匾，来来往往的车马，出出进进的辫子兵，谁能知道内情有多大来去？老百姓只是惊恐地吐舌，暗自叫苦："不知又要增加多少什么附加税？"张勋祝寿既无"官事"可谈我们也只好放过，不想瞎诌滥编些奇闻。祝寿"盛会"上倒是演出一件风流韵事,不得不重笔涂抹一番——

那一天晚上,张勋陪着几位督军去金城戏院看戏。演出的是专程从上海请来的京剧团。

张勋原本是不热戏、不近梨园的,做了京官之后,为显示身份,也不得不附庸风雅。不久,他又纳了一位河北梆子名伶傅筱翠为二妾,耳濡目染,竟也略知一二梨园趣事和古今几出名折,早晚还可哼几句南腔北调全不归的"乱弹"。那日晚上,开台是演了一出贺寿的套子戏,并无人在意。演完了,出来个跳加官,张起一幅贺寿的红绸,上面露出一行金色大字:"敬祝张大帅健康、长寿!"看戏的人起立,拍了阵子巴掌。寿祝过了,接下来,便演了一出压轴戏《牡丹亭》。

上海京剧团里一位名旦,叫王克琴,是名极一时的红角,字清韵厚,姿秀舞美,自然由她扮演杜丽娘。那王克琴一出场,一闪眸、一甩袖,台下便掌声震耳。接着,也许是观众中有人故意捧场,这位王克琴的举手投足都博得雷鸣般的掌声,满堂喝彩。

张勋高兴了,他觉得那些掌声、欢呼都是对他来的,他得享受。他瞪着眼,目不转睛地望着舞台。这一认真,他的心动了:"这位'杜丽娘'长得这么俊秀?!"张勋暗暗叹了声气——他不由自主地和他的妻妾对比起来。此时的张勋,身边除了原配夫人曹琴之外,已经又纳了大妾邵雯、二妾傅筱翠和三妾卞小毛,并且已经为他生了三男三女。可是,比来比去,妻妾中竟无一人能抵得上这位小旦。真是:"回眸一笑百媚生,六宫粉黛无颜色。"

正是张勋看得如醉似迷的时候,忽听得她唱道:

> 原来姹紫嫣红开遍,似这般都付与断井颓垣,良辰美景奈何天,赏心乐事谁家院。朝飞暮卷,云霞翠轩;雨丝风片,烟波画船,锦屏人忒看的这韶光贱。

唱声刚落,张勋便站起身来,一边拍巴掌,一边连声叫好:"好啊!好啊!"喊了半天,还是站立不动。还是张文生拉了他一下,他才坐下。但眼神和精神却依然倾在台上。又听得她唱道:

遍青山啼红了杜鹃，荼蘼外烟丝醉软。牡丹虽好，他春归
怎占的先。闲凝眄，兀生生燕语明如剪，听呖呖莺歌溜的圆。

张勋耐不住了，他不仅站起身来热烈鼓掌，而且还率领身边的人匆匆走
上舞台，向她们表示感谢。"演得好。好极了！谢谢你们！"

他来到王克琴面前，偏着脑袋对她说："王老板……"

"大帅厚爱了。"王克琴说，"我唱得不好。"

"好，好！"张勋说，"你唱的、做的、舞的，都是我平生看过、听过最
好的。散了场子，我在花园饭店请客，你们一定要去，尤其是你！"

夜深了，坐落在钟鼓楼侧的花园饭店，酒楼间猛然灯火通明，还有嘈杂
声声的乐鼓；人影移动，欢声笑语——长江巡阅使，这个徐州最大的官在
这里设宴，又主要是为了一群梨园子弟，这不能说不是徐州的一个奇闻。上
海京剧团的男男女女自然是受宠若惊，那些军、政界的头面人物虽然觉得同
"戏子"共进晚餐有失身份，但张勋带了头，张勋这个自称"徐州太上皇"
的人都不顾及体面，别人何必呢！于是，人人都为今晚的能够入场应景感到
荣幸。

张勋是醉翁之意不在酒，应酬了几句之后，他便退入一个密室，然后让
人去请王克琴。

那时候，社会风气讲究个身份，身为大帅的一个官僚请一个唱戏的名
伶吃饭，已经是抬举她了，现在又单独请茶，那真是"殊荣"。掌班的老板
忙着为王克琴打扮一番，交代几句，便陪着送过来。谁知只到密室门外，便
被侍卫挡了驾。"只请王姑娘一人进见，余人请退！"老板只好又叮嘱几句，
转回身去。王克琴被领进密室。

这是一间十分幽静的小房子，中间放一张紫檀木的八仙桌，四边放四把
太师椅，桌上摆满食品和酒，杯筷放得规规矩矩；房子的大窗户用紫丝绒遮
着，窗下放一张小床，床上被褥都是绫罗绸缎；小房的壁上挂一张工笔重彩
的《仕女春睡图》，图下小方桌上放一把月琴，再侧则是一个小巧的梳妆台，
上边放满了化妆品。

王克琴胆怯地走进来，心里嘀咕："这是一片什么地方？大帅让我自己
进来做什么？"

张勋一见王克琴进来了，忙起身去迎。

"欢迎王小姐，欢迎王小姐！"王克琴忙鞠躬，说了声："大帅吉祥！"

张勋笑了。"大帅不讲究'吉祥'不'吉祥'，那是宫里的事。今天请你来，你就是我张勋的客人，再别叙常礼，请上坐！"

"小人不敢。"王克琴有点拘谨。

张勋伸过手去，连拉带推，把王克琴推上客座。王克琴有些心跳，面红了，她低下了头——

王克琴，二十二岁，细高身条，鸭蛋儿脸膛，一双特别大的眼睛；脑后垂着一条又粗又黑又长的辫子，辫尾扎一朵粉红绸的蝴蝶花，额前一绺刘海，半掩着两条浓眉。大约是刚刚卸妆的关系，面上还留有淡淡的脂粉痕，显得格外清雅。她穿一件墨绿绸的旗袍，由于设计新派，腰身紧瘦，胸前鼓起了两朵牡丹峰，双峰映着略呈红润的脸蛋儿，愈发显得分外秀雅。在舞台上，她那婀娜的身姿、委婉的唱腔和那动人的眼神，早已使张勋魂飞魄散了。现在见她又是一副闺秀模样，更是心猿意马，按捺不住。他端起一杯酒来到王克琴面前，说："王小姐，这杯酒算我张勋敬你。你为我的寿日增添了光彩，我表示敬谢！"

"张大人，我不会喝酒。"王克琴站起身，说，"张大人的心意我领了。"

张勋忘情了，他放下酒杯，说："你领我的心意了？怎么领？说说看。"

"我……我……谢谢大帅。"王克琴从腋下抽出手绢，掩起羞红的面。

张勋早已欲火纵身，难以自制。趁着王克琴掩面的时刻，他扑了过去，双手紧紧抱住她的腰，把脸便贴了过去。

王克琴惊恐万状，退也退不动，推也推不出，她只狠狠地扭动着头，试图避开他毛蓬蓬的嘴巴。哪里可能呢。张勋饿虎扑食般地在她腮上、眉边、唇旁、脖颈狠狠地啃着，一只手搂着腰，一只手抓住突起的乳房，口中"乖乖儿"地叫个不停："晚上一见着你，我就没有魂了，真恨不得钻到你……"

"大帅，大帅……"王克琴忙搪塞，"我是个戏子，我是个下流人，我不能玷污了大帅的名声。"

"不怕，不怕！"张勋说，"我还是个流浪儿，是个放牛仔，是人家的家童呢。我不问这些，我只想要你。你答应我我就高兴了。"说着，把王克琴推倒床上，又啃又摸了半天，方才去扯她的衣服……

王克琴只是一个小小的弱女子，一个低下的戏子；张勋是个率领千军万马、官高位显的庞然大物，她怎能抵挡得住他，只得半瘫在床上，任凭张勋摆布。

一阵疯狂之后，张勋从床上爬起来，不住地喘粗气。

王克琴一边穿衣，一边抽泣。"我怎么见人？怎么再回班子去？怎么……"

"别怕，"张勋说，"我马上传出话去，你不回班子去了，留我这里了。"

"留你这里？"王克琴害怕了，她听师傅说戏时讲过，有些强盗强奸了人家闺女之后就杀人灭口，她怕张勋杀了她。"大帅，我求求你，千万千万不能杀我。我家中还有病爹老母，他们无依无靠呀！"

"傻孩子，别胡想了，"张勋说，"疼我还不知该怎么疼你，怎么会杀你呢？我告诉你吧，我收下你了！收下你做我的第四房姨太太。"

"做第四房姨太太？！"王克琴惊讶了，"你已经有一妻三妾了？"

"你别怕。有了你，她们谁也不能在我身边。我只要你一个。往后，我的兵营大印也全交给你了！"

当夜，张勋让人给上海京剧团的掌班的老板传话："王克琴留在军营中了，做大帅的姨太太。演完戏你们就回上海吧。"后来，张勋只重重地赏了戏班子许多钱，便把人家一个顶梁的演员抢了过来。然而，张勋早已不是当初在南昌府小巷子中见到曹琴那样，爱一而终，永不变心。他不仅丢下了曹琴，也渐渐冷落了邵雯，冷落了傅筱翠，冷落了卞小毛，独宠王克琴的岁月也不几，便又收下了邵雯的使女吕茶香作为自己的第五妾。就赖这一妻五妾，张勋一生竟得九子五女。此事无关大局，且是后话，一提而了。

徐州为张勋做寿的锣鼓尚未收场，北京传来消息：袁世凯终于改制登基了，他做了洪宪皇帝！

张勋呆了，愤怒了。他不知道这将是一场什么样的风雨？而他自己该不该也来一场风和雨？

第八章

我看咱们再观望几天

清王朝被革命党推翻了，革命党却没有得权。袁世凯既叛了清廷又叛了革命党，他的狐狸尾巴终于露出来了——他自称"洪宪皇帝"了。

张勋有言在先，袁负了朝廷他便负袁。袁果真负朝廷了，张勋该如何？

袁世凯在北京当了皇帝

隆冬的徐州城，一场积雪未消，又降大雪一场。气温总在零度以下，顺着故黄河从西北吹来的风，像裹着无数芒针刺人脸上，火燎样疼。这个在赣江下游长大的张勋，早已耐不得寒冷而多日不敢出屋了。徐州这片地方也奇怪得很，虽然属于黄河流域的寒带，但城乡百姓，却从无烧炕习惯，天冷了，乡下人便在屋里烧一堆烂柴草，城里人多生一个煤炉，只是把门窗严严闭起。这里，满屋熏烟呛鼻，空气十分稀薄，张勋感到憋闷难忍。所以，这多天来，他总显得烦躁不安地在室内走来走去，眉头紧锁满面愁容，跟谁也不说一句话。一天夜里，新装上的电灯走火了，衙门里的一间草屋被烧。火光四散，噼啪炸响。守夜的兵丁不知火从何来，便乱喊乱叫起来："不好了，失火了！火上来了！"

由于多日的焦灼不安，张勋已是神志恍惚。深夜听得人声呐喊，误以为革命党打进来了，连忙爬起，拉着新纳的小妾王克琴就往外跑。急急匆匆，钻进了快哉亭，还在粗粗喘息——神稍定，方才发现他和王克琴还都只穿着单薄的睡衣，赤着脚板，连头发都乱蓬蓬的。

快哉亭，是徐州一片清雅闲散的地方，原为唐代徐州刺史薛能的"阳春亭"，早废。宋时李邦直持节徐州重修，苏轼是李的好友，知徐州时为之题"快哉亭"额，并书联："快哉快哉果然快哉！"便成为人们晨练的好去处。张勋携妾夜投快哉亭，有人还疑为是苟且之徒呢，众声喊打，闹哄半日。及至东方日出，方知是辫子元帅躲此避难。于是，人们广为流传："张勋杀了周祥骏，周祥骏当了土地神，特来放火烧他的。"一时间，满城风雨。

使张勋尤为不安的是，北京传来的消息，袁世凯果然称帝了。

中南海的居仁堂，原本是个并不庄严的地方，最光彩时，它不过是妃嫔们的宴舞厅，宦官们的赌场。1915年的最末几日，居仁堂居然风光极了：大厅正中，摆放着龙案龙座，但两旁却无仪仗，只有袁世凯平日贴身的几个卫兵。大厅内，想在新皇帝面前争宠的文武官员来得很早，很齐，他们有的朝服纱帽，有的长袍马褂，有的武装整齐，还有的西装革履，更有些便装光头的汉子。他们在这里将要举行一个"旷世盛典"——为庆贺袁世凯登基做皇帝。上午九时过后，袁世凯才来到大厅。

袁世凯没有按照历代皇帝登基惯例穿龙袍、戴皇冠，而是身着大元帅服，但却又光着脑袋——袁世凯有元帅帽，那是一顶极讲究、很气派的帽子：顶部饰有叠羽，比起最早的花翎顶子高多了。只是，据他的贴身人士说，这顶帽子颜色不正，绿色较重，所以他不戴。

袁世凯在大厅站稳，目光呆滞，对任何人都没有表情，只木雕般地立在那里。

担任大典司礼官的是"皇义子"段芝贵。他朝大厅中间走走，笔直站立，目光扫视一下人群，便大声宣道："皇上有令，大礼从简，只需三鞠躬，一切从免。"

不知是人心慌乱，还是司礼官"宣诏"含糊不清，大厅里竟顷刻大乱起来，有的人行三跪九叩大礼，有的人撅起屁股深深地鞠躬，还有的人在胸前双手合十；穿西服的撞着穿朝服人的头，穿马褂的踩着穿便服人的脚；穿朝服的尚未扯起袍襟，穿西装的已经碰落了他的纱帽，穿朝服的顾不得尊严，竟"哎哟，哎哟——"地直叫起来。袁世凯虽然有做皇帝的决心和准备，但却缺乏做皇帝的实践。当他被人推拥到龙案前龙座上时，他竟十分不自然起来，一副五短的身材，挺也挺不直，屈也屈不弯，目光也有些游移不定，面色显得十分紧张，时而通身摇晃。平时，袁世凯有一件无时离身的东西——手杖，藤制，镶有铁包头，是用它来点缀，有时用来防身的，或是用来起招示用的（人们听到"梆梆梆"的触地声，便知是袁世凯到了）。今天，手杖不见了，不知是他忙中忘了还是怕失皇帝尊严？

袁世凯焦急不安了半天，强作精神朝人群望了望，猛然，感到少了点什么。少什么呢？他想想，明白了："为什么他们都不呼'万岁'？"当初，他宣誓就任临时大总统时，还有人高呼"万岁"呢！后来他又想想，原来自己还没有履行宣誓。他忙从衣袋里取出老文案阮忠枢为他起草的先叫"诏示全国"，后改为"通令全国"的诏书，挺挺胸，清清嗓门，高声朗读起来：

……君主立宪，乃国民一致所求……承受帝位，改元洪宪！

"通令"完了，站立在大厅里的人们一时惊恐万状起来："如此不伦不类之通令，该呼万岁呢，还是该叫好呢？"无人敢带头，更无人随应，居仁堂竟一片死寂。

袁世凯的皇帝并没有因为礼仪问题而不当。当了，当定了。张勋没有去北京中南海的居仁堂。但是，居仁堂的这一幕"闹剧"当天晚上他便知道了。知道得详详细细。他只没精打采地瘫在椅子上，久久地垂头叹息，却一言不发——

袁世凯想当皇帝，张勋是极不赞成的，认为他"不是龙种"。现有个正宗龙种在那里，谁当皇帝谁都是叛逆。可是，袁世凯现在真的当上皇帝了，宣誓了，改元了，登上宝座了，张勋却又犹豫起来："袁世凯毕竟是中国一位有影响的人物，连老佛爷、皇上都赖他不少，托他大任；何况，皇上年幼，不润政事。让袁大人……"张勋不是大清的庸臣，尽管他有敬仰袁世凯的地方，但让袁世凯去篡皇位，他是不能接受的。"你袁世凯当个摄政王也可以，大政还不是你掌管吗？为什么非要自己当皇上不可呢？留一个皇上，你当责任内阁总理大臣，一人之下万人之上，也会一呼百应呀！"

现在的问题是：袁世凯当皇帝了，他张勋是拥戴他，还是反对他？他一时拿不定主意。

夜深了。刮起了西北风。风卷着雪粒，雪粒洒在地面，洒在房顶，发出"沙沙"的响声。

徐州城的冬夜，十分寂静，不知是雪压还是辫子军的恐怖，连那个朽得几乎走不动的，只有深夜才上市的卖饼老汉有气无力的"油炸干——热烧饼——"的叫卖声也消匿了。张勋推门走出来，立在院中，抬头望望天空，天空晴朗了。天幕显得格外蓝，星星显得十分晶亮，空气却冷得令人不敢伸脖。他小时候听说书人说过，军事家常常凭着天象看吉凶，政治家凭着天象论成败。他想看看天象，看看能不能从天象的异样中捉摸点什么。他仰面对着天空看了许久，觉得星星和往天一样，零零碎碎撒满天，天际无边缘，什么样是吉，什么样是凶？他不懂。他连什么是星座也不知道，能看懂什么？他还觉得会像地面上的狂风骤雨一样呢：来了，轰轰烈烈；去了，还是轰轰烈烈。他扫兴地叹声气，"天上有什么变化呢？"他摇着头转回屋里。他忽然又走出来。他想起来了，人说皇上是人王地主，在天上是有座位的。出现新皇上了，天空便会出现一颗特别明亮的星。"也许袁世凯是真龙天子，天空会有他一颗亮星。"他仰起头来，重新看天——可是，天上那么多星星，有大有小，有亮有暗，哪一颗是原有的亮星、哪一颗是新生的亮星，他分不出来。他没有分辨的能力。他只好再回屋里。

万绳栻匆匆忙忙闯进来。一进门，便焦急地说："大帅，大帅，北京的事情你知道了吗？太出乎预料了。"

张勋让他坐下，又递给他一杯茶。"知道了，我正要找你呢。"万绳栻新近由参谋长改任秘书长了，张勋有意想让他的定武军"文"化点，改变改变南京大抢劫落下的臭名，他觉得万绳栻有点文化，有点智谋，懂点策略，不至于净干炮筒子的事。万绳栻也想更换一下门庭，落个不丑的形象，故而，便主动向张勋献些"主意"。万绳栻坐下便说："项城终于露出真面目了。我看，咱们也不必……"万绳栻自觉很了解张勋，知道他满头脑全是"复辟"。一说袁世凯当皇帝了，他准会暴跳如雷，立即讨伐。可是，当他把话说明，窥视一下张勋的表情时，张勋却是一副坦然相。万绳栻心里一沉："难道大帅改变了主意？"万绳栻极熟悉官场，有些人在"彼"种场合信誓旦旦，在"此"种场合却又会一百八十度的大转弯；今天是金兰兄弟，明天誓不两立。袁世凯当皇帝了，张勋会不会靠他这个大柱子？万绳栻到唇边的话又收了回去，他注视着张勋的面色，等待他说话。

张勋淡淡地笑着，说："项城这样做，肯定是不得人心的。南方的革命党首先不会答应，他们会借口再次北上；西南各省会火上浇油，马上都会独立，说不定要开展一场大规模的反袁运动。这样，南中国便失去了。北京拥戴他的，也不会死心塌地。他会自取灭亡的。"

张勋说了半天，就是不说自己。万绳栻明白了：张勋是在保存实力，寻机渔人得利！

"大帅，"秘书长说，"今后形势无论如何变化，徐州都会首当其冲，我们应该有个对策，以免到时候被动。"

张勋点点头，说："我想找你就是这件事。请你多动动脑子，也把眼光放远点，观察一下其他方面的活动。"

"你说的是……"万绳栻没听明白"其他"是指的谁？

张勋说："比如说，北方的合肥（段祺瑞合肥人，故称合肥），曹老三（曹锟排行老三，故称老三），南方的冯华甫（冯国璋）他们是怎么想的？咱们再商量。"

万绳栻不再多言，焦急而来，焦急即去。

秘书长走了之后，张勋却陷入了焦急中："怎么办？这个局面该怎么办？"

赫然谏书"四不忍"

袁世凯在北京登基称帝的时候，江西奉新竟碰上百年不遇的大水灾，赤地百里，稼禾尽吞，房舍倒塌过半，许多人无家可归。

消息传到徐州，张勋猛然添了几分忧伤。他立即给他的堂弟张芝珊发了一个"速来徐州"的急电报。这位堂弟还以为他在徐州"败事"了呢，马不停蹄地来到他面前。

"家乡被水淹了？"张勋问。

"淹了。"张芝珊回。

"为甚不派人来说说？"

"这……"张芝珊没法回答。

——张芝珊是张勋委托的族中代理人，在家乡办些慈善、公益的事全由他出面；张勋在家乡买有大片田产，还在县城南十公里处建有一片庄园，共有一千五百亩田地，通通都由张芝珊总管着。家乡的河、港、桥，路整修、新建，都从庄园的收入支付。入不敷出时，张芝珊便向天津报告，由夫人曹琴随时汇款解决。张勋愿意出钱，在地方上尽力办些公益事，张芝珊何乐而不为？乡亲们口碑称赞之外，还在奉新城南为他建了一座"报德祠"，以表示对张勋的感谢。奉新大水，张芝珊所以没有及时汇报，一来是庄园收入尚存些许，可以应酬眼前；二来是张芝珊知道张勋近期心情不好，徐州形势也不稳定，怕给他添心思。现在，张勋把话说明了，张芝珊才说："二哥，你的事还不够乱的，徐州地方有'乱党'，袁总统又当了皇帝，听说你还想回北京……家里不能替你分心，我已不安，咋敢再向你汇报水灾的事。"

张勋听着，觉得这位堂弟还算会办事，能体贴人，心里很满意，但还是说："大事再多，该怎么办怎么办；乡亲们遭灾了，该管的也得管。"又说："庄稼歉收，农民无靠，你咋办的？"

"已经从庄园里开库放了些粮。"

"怎么放的？"

"来者都有份，一次十天口粮。"

"不妥。"张勋说，"你咋竟忘了，有些庄稼人是硬汉子，不上门，饿死迎风站！他们不上门就不给他口粮了？为甚只给十天的？给到明年收麦不是更好吗！"

"一时没这么多粮。"

"这就是你的不是了。"张勋望了堂弟一眼，说，"粮不够为甚不对我说？为甚不向天津要？"

"这……"张芝珊吞吐了。这一点他做得不够，只好点头认错。"你赶快去南京，那里年景好，稻谷丰收，多购些江苏的粮食。我再请冯国璋给你派车送去江西。按我说的，口粮分够。"

"好好，我这就去。"

"还有，"张勋想了想，又说，"庄稼歉收了，不光是没了口粮，还没有稻谷种子。没种子咋种田？你在江苏一定要选购一些好种子。无锡、苏州都是产好稻的地方，在那里多买些种子。种子可以按田亩分，够种的就行了。给少了不够，给多了也用不完。你能记住吗？"

"能能。二哥你放心，我一定都办好。"

张勋拿出一张银票，又拿些银圆给堂弟做路费，说："你别在徐州停留了，赶快去江南购粮。我这里再给你写一封信，到南京之后你去见见冯国璋。"

张芝珊只在徐州住了一宿，便匆匆去了南京。张勋送走了堂弟，轻轻地舒了一口气。

袁世凯登基的第三日，国内反潮已是轰轰烈烈，尤以滇、黔声势最大；渐次波及全国。就在这时候，袁世凯忽然收到张勋派专人送来的书函。他还以为是"效忠"信呢，拆开一览，原来是一封人们不敢言的"谏书"！赫然写道：

一、纵容长子，谋复帝制，密电岂能戡乱？国本因而动摇，不忍一。

二、赣宁乱后，元气亏损，无开诚布公之治，辟奸佞尝试之门，贪图尊荣，孤注国家，不忍二。

三、云南不靖，兄弟阋墙，寡人之妻，孤人之子，生灵堕于涂炭，地方夷为灰烬，国家养兵，反而自祸，不忍三。

四、宣统名号，依然存在，忘自称尊，惭负隆裕，生不齿于人世，殁受诛于《春秋》，不忍四。……

这封"谏书"实在够辣的！但是，袁世凯不计较张勋的指责，并且命佑命功臣、老文案阮忠枢携带封爵和礼品专程赶往徐州。张勋一见阮到，迎面便说："斗公，你又来做甚？"阮忠枢笑笑，说："来向大帅贺喜。"

"我有甚喜？"

"大帅新纳名姝，连招呼也不打一声，幸亏我耳聪。知道了，怎能不来！"

"只怕你不会有那种闲情吧？"张勋说，"京城大事惊天，你会风风火火地来徐州喝我一杯喜酒？是来传旨的吧？"

阮忠枢这才把袁世凯给张勋的"一等公"封爵另加一套江西景德镇特制的有"洪宪"年号的瓷器送给张勋，又替袁世凯说了许多对张勋"惦记""慰及"的话，然后说："长江一带多亏大帅震慑，才有今日之太平。"

张勋知道这位说客要"入港"了，便也单刀直入地说："长江一带，本来是太平无事的，只是，外有革命党作乱，内有袁项城称帝，内外一起乱，长江怎能太平得了？"

"项城也是一心治理国家，谋求国泰民安的呀！"阮忠枢要尽说客之能事了。

"莫提袁项城要国泰民安的事了。"张勋摇着头说,"他是深受清恩的重臣,竟然能够投入革命党,赞成共和,逼着故主退位,这已经是一大错;此次重行帝制,更叫人不谅。现成的宣统皇帝在宫中,何不请他出来,再坐龙廷?他竟自己做了皇帝!"

阮忠枢强词说:"这也是民意呀,项城不能辞。何况,大帅也是曾经推举过的。"

"我何曾推举他当皇帝了?"张勋急了,"当初,项城封封密电,要我念及旧情,支持他主政;再加上我的身边人多次劝说,我不过发出过'拥戴'他主政的电报而已,并未表明拥护他帝制。"他见阮忠枢有些惊讶,又说:"我已有'四不忍'呈进去,让项城自去反省。别的,我什么也不说了,他的封爵我决不受;所赠亦请斗公原封带回。"

阮忠枢还有任务:滇黔势急,袁世凯想调苏皖鄂湘之兵南征,张勋当然亦在其数。所以,这位说客还是说:"云贵事变,大帅总不能袖手旁观吧?"

"他们变他们的,我整我的军队,保我的地方,余事不关我。"

"云贵事该怎么办?"

"我只管我的徐州,"张勋说,"云贵事是项城的事,该怎么办,项城拿主意。"

阮忠枢一见张勋较起劲来了,知道事情不好办,便想通过"讹诈"手段,来敲他一下。"大帅,项城的本意,也并非非调你的军队不可,他已想出了另一策,只怕果真那样了,与大帅并不利。"

"任他去吧。"张勋给他一个漠不关心的态度,"各人自扫门前的雪吧。"

"项城要设长江上游巡阅使,请问大帅意见如何?"张勋心中一惊,但面上还是佯装没事。

"斗公,你若觉得话都说完了,我也不留你,你回去告诉项城,长江上游巡阅使,他要设立,尽由他去设,我老张不多嘴。若要抽调军队,也请你回明,我的兵士,素不服他人节制,调往他处,恐难服从。"阮忠枢这才看到真的山穷水尽了,寒暄一阵子,只得告辞。

——据说,阮忠枢回京之后,袁世凯终于还是组织了十万人的大军派到川湘。只因战线太长,兵力分散,云贵之军势勇,阻也阻不住,更何谈歼而灭之。

送走了阮忠枢,张勋依然思绪紊乱:中国毕竟又出现了一个皇帝。朝改了，帝换了，一朝天子一朝臣，父子兄弟为权都会拼得你死我活，何况同党。张勋不能不思考他的去从问题——

张勋在徐海地区有七十营辫子兵，大约两万人。把这些兵放在一片地方，称得震慑一方；拿这些兵和全国的武装对比，那只不过九牛一毛而已，作乱也乱不起来。服从袁世凯，把定武军改成御林军，张勋自然是国家栋梁，袁世凯给他封赏就不低——一等公。可是，那不是张勋所愿，张勋坚持的是对清王朝的"忠"字，是"一臣不保二主"！果然坚持下去，势必成了袁皇帝的对头，袁皇帝果然当下去了，他能容得了他？他能答应把徐州变成一个独立的张氏王国，让张勋平平安安地在徐州坐下来？张勋明白，那是梦，是绝对不可能的。

张勋退入密室，连新婚燕尔也顾不得，只好自己独自思考，要拿出一个决策，一个明明白白的去从方案……

我看，咱们再观望几天

"究竟是拥袁称帝还是反袁称帝？"几天来，张勋像着魔一般反复自问，但却做不了主。

张勋同袁世凯的关系太不一般了，自袁督练新军收纳张勋为头等先锋官起，二十余年来，他张勋的每个台阶都赖袁鼎力相助：山东镇压义和团，节制协办各营堵筑黄河漫堤，奉迎二宫西幸回銮，随扈恭谒东陵，剿办北口马匪，赴奉接收日俄战后地面，随护皇后梓宫奉安及守陵，以及后来的会办长江防守，准专折奏事，等等，几乎全是袁世凯之力。"没有袁公之力，何有我张某今日！"他不能反袁，也不该反袁，不敢反袁！

然而，张勋毕竟是做的大清王朝的官，只有"皇恩浩荡"，连袁世凯也是受着皇封的。他张勋又觉得应该报效朝廷，而不应该报效袁世凯。如今，袁世凯叛了朝廷，他是朝廷的叛逆，张勋应该反袁世凯！

……除了愚忠之外，张勋实在太缺乏深谋远虑，缺乏决断的果敢和勇气了。

他把张文生找到面前，他想听听他的意见。

"今天咱们把门关上，推心置腹地谈心事，"张勋说，"咱们的去从就在这一次了，谁也别绕圈子……"他把自己许多天的想法，诚诚实实地说了一遍。

张文生看到了张勋的真诚，体察了张勋的苦衷，也觉察到这个苦衷与定武军的命运关联。作为张勋的最得力干将，张文生应该毫不犹豫地表明自己的看法——是拥袁还是反袁？

不过，张文生此刻的思绪比张勋还要乱，他只无可奈何地望了张勋一眼，轻轻地叹了一声，又无可奈何地垂下头，沉默起来。

张勋是定武军的统帅，官称"张大帅"；张文生是定武军的总司令，统领军队。而张文生又是钦命的"徐海镇守使"，统管着徐（州）海（州）地区十二个县的行政区，算是军政统领。这些官职，无一不是袁世凯委任的。张文生对袁世凯是怀着深恩大德的。他是武人，他知道手下的兵越多越好，身上的官越大越好，谁满足了他这些，他就跟谁来，为谁效忠。什么共和，什么帝制，他想都不好仔细想！"国家命运那是皇上、是总统的事。什么制度，当兵的都是一样的任务：捍卫疆土！"

张勋见张文生不言语，只管沉默，有点焦急了。"哎呀呀，你要说说自己的意见呀！闷甚哩？"

张文生仰起面，迟疑着："大帅，你说呢？"

"我是要你说！"

"我？！"

"嗯。"

"容我想想。"

"想甚？我又不会定你罪、杀你头。"

"说徐州，说定武军如何？"

"哎呀呀，你咋变得不爽快了？不说不说，算了，你走吧。"

"大帅，不是我不说，难说呀……"

"不难说我还找你！"

"我看，咱们再观望几天。"张文生毕竟还是说明了观点，"要是全国各省都随着云贵大闹起来，拧成一股绳，反袁势力汹不可挡，项城没法收拾，必退位。那时，咱们再进。若云贵成不了气候，洪宪皇帝坐下去了，咱没有公开反他，治罪也治不着咱。到那时，凭咱定武军这支队伍，进退都有余地。何况，项城同大帅不是一般关系。你看呢？"

张勋默不作声——说什么呢？张文生的话道出了他的内心想法，再找一条更通畅的路，哪里有！"狡兔还有三窟"，也得给自己留一条退路！

袁世凯生于1859年，是己未属羊的。当皇帝改元洪宪是1915年，己卯，属兔年。有人说："袁世凯应该事先给自己卜一卦，算算他这'羊'在'兔'年是吉是凶？这不，一当皇帝，中国就乱了，大不吉利。"

袁世凯登基之后，中国是大乱了：首反的是云贵，声讨而外，发兵北上；继而，从南到北，由广东、广西起，两湖、江西、浙江、四川，先后宣布独立。完好的一个国家，眨眼间便支离破碎了。不过，要说袁世凯登基前忘了"问卜"，那却不是事实。他不仅问了，而且还是请的一位誉满京城的卜家。这位卜家在中南海静养了几日，择个佳期，摆设香案，漱口净手，长跪求天，竟得一首七言绝句：

劝君莫惜金缕衣，
劝君惜取少年时！
花开堪折直须折，
莫待无花空折枝。

卜家双手捧着，笑容满面地说："恭喜大老爷，贺喜大老爷！"

"我有何喜？"袁世凯故作平静地问。

"这就不是小民能说清楚的了。"卜人说，"小民只请大老爷记住一句话，想办的事，务必要果断去办，'莫待无花空折枝！'"说罢，便起身告辞。

袁世凯闷在屋里思索许久，终于点头自言自语："是的，'花开堪折直须折'，该我当皇帝了，不当会有负上苍的。"

现在，花是折了，天下也大乱了，袁世凯犯愁了——

袁世凯当了皇帝，国人反对已使他焦头烂额；在他的宫院之中，也燃起了大火，儿子们争继位，妻妾们争名分，女儿们争财产，吵吵闹闹，不得安宁……袁世凯无可奈何，只好把老友徐世昌请来问计。

"老友你可来了！"袁世凯说，"菊人（徐世昌号菊人）老哥，你我患难故交，今复惠然能来，足见盛情。事到如今，只有你才可以为我想个法儿了。"说着，又把当前情形重述一遍。

对于袁世凯当皇帝，徐世昌是不赞成的，故而他早已躲到天津安闲去了。袁世凯派大公子把他请来，他本不想说三道四了，今见袁如此狼狈，竟产生了同情，便说："世人所见，似可暂放一下，我倒有一言想动问一声，既然形势如此激烈，你得有主张，究竟仍行帝制呢，还是取消帝制？"

袁世凯想了想，说："只要天下太平，我倒无可无不可。"

"总统如果随缘，平乱似并不难。但必须请一人出来。"

"谁？"袁世凯问。

"段芝泉。"徐世昌说，"他是北洋武人领袖，有影响，即便压也压得了。"

"你说段祺瑞？"袁世凯摇摇头，"我派人去天津找他了，他不予面见。"——段祺瑞也是不主张袁世凯称帝的，故而躲进天津不出门。徐世昌说："我了解他，他是不赞成帝制才不出面问事，如把帝制取消，我看他是会转变的。"

袁世凯忙说："这事只好请老友代劳了。烦老友返回天津一趟，说我拜托他了。"

徐世昌走后，袁世凯无可奈何地叹息道："罢，罢，罢，帝制已不得人心，我就把帝制取消吧。"

袁世凯愿意取消帝制了，段祺瑞自然也乐意重新出山。他随徐世昌来到北京。经过一番商量准备，终于在1916年3月22日颁布取消帝制命令，废止洪宪年号，改称中华民国五年。

袁世凯的一场八十三天帝制梦，昙花一现便成了泡影。

袁世凯不当皇帝了，但他仍要保持大总统位子。他任命徐世昌为国务卿，段祺瑞为参谋总长，一文一武，开始理治紊乱的局面。他们首先以调和南北关系的面目，先联合副总统黎元洪，再以恳切之词致电蔡锷、唐继尧、陆荣廷诸人，宣布"帝制取消，务望公等先戢干戈，共图善后"。

取消帝制的消息传到徐州，张勋正是举棋不定之际，他不知道该喜该忧，不知道该不该给徐世昌、段祺瑞发个回电？回个什么样的电报？他匆忙把张文生、万绳栻都找来，共同商量一个决定意见。

"现在袁项城宣布不当皇帝了，徐菊人、段合肥又都重新起用。他们倡议戢干戈、理善后。咱们该怎么办？二位说说看。"张文生望了望万绳栻，没有说话。万绳栻望了望张文生，也没有说话。张勋望望他们，也不再说话。

其实，这三人都心照不宣：袁世凯当皇帝，他们不赞成；袁世凯不当皇帝，他们也不赞成。这支部队是以张勋为首的，张勋和他的部队通通不剪辫子，这就表明他们要干什么！张勋要复辟大清皇朝！

"我们可不可以趁着袁项城退位开进北京去？"张文生持着试探的口气说。张勋挺了挺胸脯，仿佛要下进军令。可是，他却把脸转向万绳栻——这是定武军的最高级会议了。长期以来，这支军队是以张勋为核心、张万二人副之的，仅次于这两个人的还有一人，是白宝山。他是定武军第四路统领、刚被任命为海州镇守使（被人称为"海州王"）正守护着徐州东大门——海州。这位统领当过张勋的卫兵，多年在北京为张勋守护私宅，张勋任江防各军会办到南京时才把他带出。他待张勋如父，言听计从。所以，张勋只需同张、万会商大事，便可决定，不必再找白宝山了。

万绳栻知道张文生的话并非出自内心，所以，他倒是坦诚地摇了摇头。"只怕为时尚早吧。"

张勋眨眨眼，赞同地点点头。

"袁项城仅仅是退位，"万绳栻说，"他的军政架子毫毛未损。要去北京，就得战败他，不易。何况他的退位通电也只说'取消帝制'，他还是大总统。"

"国人不会同意他再坐在高位上的。"张文生说。

"这倒是我们应该明白的。"万绳栻说，"我的意思，咱们再观望一个时期，看看有什么变化再说。"

张勋无可奈何，只叹息说："也好，免得匆忙行动，出了差错。"……袁世凯不当皇帝之后，张勋在徐州仿佛不知道，或知道了仿佛与他毫无关系。

兴化寺问谜更迷

暮春，风景秀丽的徐州云龙山，早披上了碧绿的盛装。然而，游人却依然稀少——兵荒马乱，徐州贫困了；青黄不接，人们为糊口而焦灼，谁有心肠游山？一日，当朝阳把第一道金光洒在曲曲的山径石级上时，两个青衣便装的汉子从云龙山的东坡缓步登上。他们在山腰的"会馆"停下步，折转身来，眺望了一下山下。大约是黄河故道和故道旁的庵棚茅舍都太凄凉的缘故，这二人只扫视了一眼，便收回目光，转身继续攀登。

盘盘旋旋，他们终于来到一处悬崖边的古朴山门前。细瘦身条的汉子站下脚，抬头望望，见月门上书有"兴化禅寺"四字，便轻轻地说一声"到了"。另一个颇有些福相的年岁略长点儿的汉子仰面望望，重复了一声"到了"。而后，他们便踏着石级，扶着石栏，走进那座双檐彩绘的庭院，来到巍峨壮观的大雄宝殿前。瘦身条购了两炷松香，对着殿前的烛台燃着，然后和年岁略长的汉子走进大殿去，香入炉，退身立定，深深一揖，而后跪在蒲团上……

这是一座奇特的大殿，正面供奉释迦牟尼半身像，像依山崖雕刻而成，高约十二米，方面大耳，合眸微笑，环手趺坐，慈祥端庄，是一座别具风格的佛殿。石佛两侧崖壁，雕有许许多多形象各异的小佛；石佛身后，则是依山而雕成的山峰。瀑布、洞穴，凫山为宇，削峰成相，四壁陡峭，天然成趣，阿罗汉、天龙女错落岩窦之间，是一座独具风貌的大殿。由于近期香火冷落，大殿内外，悄然冷清，只在石佛前有位鬓发苍白的老僧，正合目打坐，手中轻轻地转动着佛珠，口中默诵着经文。二位香客的到来，老僧只用眼角瞥了一下，心中陡然一惊："啊?! ——"然后又闭上了眼睛。

二人跪拜一毕，站起身来，走到僧人面前，朝香案上放了二十枚银圆，又在一卷黄表纸装成的册簿上写了"阿弥陀佛"四个字。然后，瘦个儿开了口："动问长老，我们想求一签，可以吗？"和尚眼睛仍闭，轻声回道："佛门空空，无可惠赠。"

"我们只想问个吉凶，并无所索。"

"吉凶善恶，都是自为，问问自己便会最清楚。"

瘦个儿不耐烦了。"既然都是自为，宝刹何必设签预卜呢？"

和尚淡淡一笑。"那只是为碌碌平民解忧指路，像二位……"

"你怎么知道我们不是'碌碌平民'呢？"

"先生果然要卜，贫僧自然不拦阻，只怕问不出如意的结果。"和尚说着，便将一个竹签筒拿过来，双手捧着，在面前轻轻地转动一下，放在案上，说："先生，请。"

瘦个儿对年岁略长者视了一眼，又往后退了半步；年岁略长者伸出手，在签筒上先合了合十，然后虔诚地抽出一支，双手捧着，交给和尚。

和尚接过签，对二人打量一下，然后轻轻地揭开，连看也不看一眼，便交给年岁长的求签人。"请先生自己过目。"那人接在手中，认真一瞧，原来是这样两句话：

下国卧龙空寤主，
中原得鹿不由人。

他心里一惊。"这两句话好像在什么地方看见过。"在什么地方？他记不清了。什么意思？他也记不清了。"请长老给批解一下如何？"

"先生能自解的，不必贫僧多嘴。"

"我实不自解，请长老……"

"到时候，先生自会明白。"说罢，和尚便闭目坐下，双手合十，再不说话。

徐州的云龙山兴化寺，是一座有悠久历史的寺院了，大殿内的坐佛头像为北魏石刻，唐玄宗开元年间已有关于该寺的文字记载。一千多年来，废兴几度，香火总算延续不断，声誉也大振天下。如今的主持僧叫妙悟，就是坐殿的那位白胡子，九十多岁，是个饱经沧桑的僧人。他静坐大殿参禅时，忽见有二人进来，令他惊讶的是，来人不仅气宇颇不俗，尤为特殊的是脑后均拖了一条长长的辫子。他知道这是张勋定武军的人士。老僧想："辫子军到我禅院来何事？难道黎民中已被劫光，现在到禅院打劫来了？"

当他又见二人进大殿、上香拜佛，他知道不是打劫，而是来寻签问卜的。"难道此人是辫帅张勋？"妙悟没见过张勋，不认识他。可是，从那求出的签上，他感到了"是"！

果然不错：那位年长者便是辫帅张勋，瘦身条者是他的秘书长万绳栻万公雨。

张勋心神不定了许多天，他决定到兴化寺求卜问问。但得签之后，对签语又迷惑不解，不知所云，而且似曾相识，和尚又闭口不答。他们只好怏怏走出大殿。在院中，张勋问万绳栻："公雨，这和尚怎么这样阴阳怪气的？"

"也许他修成正果，失去人情味了。"

"那签上的两句话是什么意思？"张勋纳闷，"好像很眼熟，又记不得在哪里见过了。"

"好像是两句古诗，一时记不清是谁的了。至于是什么意思，只怕单从字面上无法解释清楚，回去查查看。"顿了片刻，又说，"大帅不常读诗，怎么会对此两句眼熟呢？"

"是眼熟。让我想想。我能想起来。"张勋坐在一个石台上，陷入了沉思。

张勋尚未想出，万绳栻却恍然大悟。

"大帅，我想起来了，这两句诗我见过，是你拿给我看的。想起来了，想起来了。"

"快说，在什么地方？"张勋急着问。

"还记得当年大帅在兖州患病那回事吧，有人从曲阜请来一位圣医，那位圣医为你开的处方便是这两句话。"

"对对对，一点不错。"张勋恍然大悟，一拍巴掌，抖身站起，"我记起来了，那个老东西叫孔祥吾。他若不是圣人的后代，当时我真想一刀就宰了他。"

"什么意思呢？"万绳栻锁起眉，"为什么今天和尚的签里又出来这两句话？"

"当时我就问你是甚意思？你说'用点龙骨，鹿茸之类药物'，我就觉得是胡说。让你查查，以后你也忘了。"

"是的，我也忘了。"万绳栻说，"匆忙南下，南下又北上；再加上大帅的病并不重，就丢到脑后去了。"

"这次回去查清楚。别再忘了。"张勋还是锁着眉，"药方和签为啥能一样？一个兖州、一个徐州，怎么会如此巧合？"

二人沉默了半天，张勋说："走，咱们回大殿，还得问问那个老家伙。说不好就杀了他！"

"问可以问，千万不能杀和尚。"万绳栻说，"说不定他真的了知些天机，只是咱们凡胎，说不出玄妙罢了。"

二人走回大殿，妙悟仍在闭目诵经。张勋先开口："老和尚，我们二十块大洋求你的签，你总得把签文告诉我们。你只管明说，死活都不怕。"

和尚毫无表情，仿佛他根本就没有听见，依然诵他的经。万绳栻换了口气，谦和地说：

"长老，今日来到宝刹，我们是怀着十分虔诚的心的，并且确有心事，恳求长老指点迷津。"

"签语已明，何须老僧赘述。"

"长老，"万绳栻说，"不瞒你说，这两句话我们曾经见过，只是悟不明其意，故恳请长老……"

"既然言者谆谆，更当闻者足戒！"万绳栻再问，老和尚业已入定，发出轻微的鼻鼾声。

张勋是怀着一个大大的谜团登上云龙山走进兴化寺的，老方丈没有为他指点迷津，并且又使他背上一个重重的包袱。他只得叹着气怒冲冲地出来。

大殿侧拾级而上，抵山巅，便是招鹤亭、放鹤亭——这是当年苏轼为徐州太守时十分欣赏的地方，他的好友逸民张天翼在此养鹤，朝放暮招，怡然自乐，苏轼为他的亭子题额，并且认乎其真地写了篇宏文《放鹤亭记》。从此，此处成了云龙山上最佳景观之一。张勋和万绳栻来到招鹤亭，在石栏上坐下，尚未收怒，便听得坡下朗朗有声：

> ……春夏之交，草木际天，秋冬雪月，千里一色。风雨晦明之间，俯仰百变。山人有二鹤，甚驯而善飞。旦则望西山之缺而放焉，纵其所如，或立于陂田，或翔于云表，暮则傃东山而归……

声韵清嘹，字字入耳。张勋觉得颇有些像当年在许府听老先生刘毓贤朗书之声。他问万绳栻："这是什么文章？"

"大约是苏东坡的《放鹤亭记》吧。"万绳栻说，"徐州人十分尊敬苏东坡。"

"苏东坡什么人？"

"宋朝的一位徐州太守。"

"宋朝的太守，现代人还不忘？！"

"那是一位好太守。"万绳栻说，"好官老百姓会永记。"

"咱们也做好官。"

张勋走下招鹤亭，来到山坡，却见一个老态龙钟的人，仰面朝天，四肢伸展正在晒太阳。这老人衣着褴褛，身下铺一件烂棉袍，露出的棉絮成团成团在乱石间随风滚动。张勋叹声气，驻足不前了。

万绳栻举目望望，四周无人，知道刚刚那朗诵声是老汉发出的，便凑上去问："老人家是做什么的？"

"我是做官的。"老人依然是音韵有节。

"做官的？什么官？"

"大帅！"

"什么大帅？"

"领兵大帅！"老人抖身坐起，乐哈哈地说，"你知道吗？'但使龙城飞将在，不教胡马度阴山。'我就是那个'不教胡马度阴山'的'龙城飞将'！哈哈，哈哈！"

万绳栻见他疯疯癫癫，便不再答话，转身回来。那老汉重新躺下身子，又朗朗诵道：

> 繁华事散逐香尘，
> 流水无情草自春。
> 日暮东风怨啼鸟，
> 落花犹是坠楼人。

张勋十分扫兴，他本来想偷闲寻点愉悦，哪知处处都是云雾弥漫：和尚的两句签已经够烦恼的了，这个疯癫老汉的胡吟乱道又使他心神恍惚。他匆匆从山巅走下，发誓"再不上云龙山"。

落花时节又逢君

正是张勋在徐州进退维谷、郁郁发闷之际，广东南海人康有为突然来到徐州，像一针强心剂，立刻焕发了张勋的精神，他激动地抱住他的双肩、眼中含着泪花，连声呼唤："南海先生，南海先生！"

五十九岁的康有为，虽然还是第一次见到张勋，但他觉得神交已久，相知甚深。他拉着他的双手，连声叫"绍帅，绍帅"！

张勋把康有为安排在徐州最高级的住处——花园饭店，并且立即加岗添哨，几乎把这个地方封锁起来，而他自己也搬过来，"一定要同南海先生好好谈谈"。

康有为，中国近代史上一个颇有声名的人物，进士出身，授工部主事。目睹日本帝国主义对中国的侵略和因朝政多弊，曾七次上书光绪皇帝，要求变法。最有影响的，要算是1895年的第二次的上书，他竟能联络赴京会试的一千三百余名举人署名，要求政府拒签和约。这便是有名的"公车上书"。同时，康有为不遗余力地组织强学会、圣学会、保国会；办报纸，极力宣扬改良主义。终于打动了光绪皇帝，于1898年发动了维新变法运动。由于策略失当，触恼太后，慈禧先下手为强，变法被镇压下去了，康有为逃往海外。结果造成了他个人"维新百日，出亡十六年，遍游四洲，经三十一国，行六十万里"的悲惨结局。后来,又因组织保皇党而出名。

维新变法也好,保皇党也好,康有为可以说是一位清王朝的大忠臣,时刻不忘巩固皇权,不忘皇恩雨露。对民主革命恨之入骨。然而,民主毕竟是世界潮流,无论这位康"勇士"早期如何强调"变——是天道",是"物之理",如何提倡"托古改革",但他的自我吹捧思想——即"一姓能顺天时时自变,则一姓虽万世存可也"的思想,最终只不过想把皇权保下来。如果说当初还有一千三百名举子附和他,到他坚定了"庸俗进化论"之后,连他的学生、坚定同党梁启超也和他分道扬镳了。

中国出现了共和,出现了总统,出现了孙中山、袁世凯,使康有为一度极为悲观。他真想与他所保的"皇"共亡。可是,那个昙花一现的幼主却并没有因为"国破"而身亡,人还在,总存在希望。当他获悉中国这片地大物博、文明悠久的土地上还有人不剪辫子,而且是一支强大有力的军队,康有为兴奋了,他看到希望,找到同志,不再孤独了。他要找张勋,哪怕在天涯海角……

张勋对于康有为,虽然缺乏了解,更不曾研究过他的什么思想。但是,有一点,张勋对康有为却是佩服得五体投地,那就是他是保皇党的首领,他要保皇。"康有为若能同我共同复辟,复辟便必然成功。"张勋曾经派人寻找过康有为。没有找到。而今,康有为亲自来了,张勋的愿望实现了,他更加坚定了复辟的信心。

康有为到徐州的这一天,张勋把徐州最高级的厨师请到,做了一桌最丰盛的宴席为他接风。

宴会之前,万绳栻插个空儿把张勋拉到一间密室,心神不宁地说:"大帅,康南海此番来徐州,你知道他的目的吗?"

张勋不假思索地说:"那还用问,和咱一个心眼。"

"不见得吧?"

"你怎么知道?"

"康南海这些年冷于政治了。"万绳栻说,"这几年,他一直精心组织孔教会,到处游说,定孔教为国教,说不定他只会对咱们讲几句'子曰'而已。"

"不一定吧?他是著名的保皇党,难道说他不同意复辟?"张勋相信康有为,相信是自己同党,"不必疑心,康南海不是只会空口说白话的人。"

"我看，不先探探他的口气，不能对他推心置腹。"

"放心吧，我明白。"

欢迎康有为的宴会十分隆重，张勋即席说尽了敬仰的词语，然后频频把盏敬酒，康有为欣喜兴奋，每每干杯以谢。酒过三巡，万绳栻以主人身份先说了话："南海先生乃中国文圣，见多识广，思绪敏捷，且又遍游世界，何不为我们谈谈救国大计。"

"雨公过奖了。"康有为起身点头，然后说，"这也是多年常谈的话题了。当初，敝人组织'保国会'时，曾说过：'人人有亡天下之责，人人有救天下之权。救亡之法无他，只有发愤图强而已'；'苟吾四万万人皆发愤，洋人岂敢正视。'话虽然这样说了，却极难这样做！"

"我赞成南海先生的话。"张勋说，"中国的图强，必须全中国人都发愤。"

"救亡图存，是全中国老百姓的事。"康有为又说，"但是，中国的救亡图存，又必须坚持君主立宪这个本纲。否则……"

有人急忙插话说："现在，清帝被推翻了，人人均在谈革命，谈共和，不知南海先生意见如何？"

康有为对提话人点头微笑，而后说："我国民智未开，骤行共和，必致内争。墨西哥内乱，法兰西之83年内争，皆是前车之鉴。国已凋敝，如再割据内讧，其如生民何？当今急务，不在政体之君宪抑共和，而在救亡图存，避免内争，休养生息，徐致富强，以防列强之瓜分耳。"张勋愣了，心想："你这个保皇党，刚刚还说'君主立宪'才能'救亡图存'，怎么又说'不在政体之君宪抑共和'呢？这算什么话？"张勋是个武人，喜欢直来直去，这么想了，马上把一副不耐烦的目光投给康有为。

康有为笑了。他接下去又说："中国的君主政体是有悠久历史的，有极宝贵的经验，但也有不足处，需要革新。我早年说过'一路哭何如一家哭，欲保生民于水火，于内乱、于流血，莫若变政维新'。把不完备的君主制完备起来，用完备的政治救亡图存，国富民强，岂不更好！"张勋的谜团解除了，他兴奋起来，趁着康有为的话题，他大谈自己的想法："……到今天，革命党也好，袁总统袁皇帝也好，除了争战，除了流血，除了给黎民百姓带来灾难，谁看见什么好处了？君主制、皇上有什么不好？正如南海先生说的，君主制有点小毛病，改改就行了。把那么悠久的君主制废掉，换新的，谁能保证新的就是好的？我看不一定好。我们还是老话，就是不剪辫子，不背朝廷！还得扶起朝廷……"

盛宴散了，张勋、万绳栻陪着康有为走进一个小客厅，他们又谈起复辟的事。

康有为没有留辫子，脑袋光光，胡子浓浓，白皙的脸膛，细高的身条，着一件长衫，一副十足的学者派头，和张勋坐在一起，反差尤为明显。不过，从神情到谈吐，他们二人却又那样情投意合。张勋对他说："我是个粗人，可是我看得明白：治理中国这样大的一个国家，除了皇上，还没有谁能有这样大的本领！"他提到孙中山，提到袁世凯，提到段祺瑞、冯国璋、黎元洪，他都淡淡笑着摇头。"都是人臣，而不是人主！"

坐在一旁的康有为，听着张勋的肺腑之言，不住地点头称是，但却并不插话。万绳栻很焦急，他主要想听康有为对当前形势的看法。谈话间，万拿出早年康的一首七律"请教"。这诗的全文是：

圣统已为刘秀篡，
政家并受李斯殃。
大同道隐礼经在，
未济占成易说亡。
良史莫如两司马，
传经只有一公羊。
群龙无首谁知吉？
自有乾元大统长。

"想请南海先生明示一二。"万绳栻说。

康有为接诗看了看，已经记不得是什么时候写的了，但诗意他是记忆犹新的。他还是淡淡地一笑，说："诗固然言志，但也有即兴之作。一时突发激情，信口吟来，却并不都是言志。"他望望万绳栻，似乎想看看他的回应。

万绳栻只应酬般地点点头。

"这首诗还是可以算'言志'了的。"康有为说，"从'公车上书'到光绪帝接受变法，中国应该说是'君以风气闭塞，大夫则不通世事'。连中国的礼法也多束之高阁了。变法是失败了，但变法的精神却引起许多有识之士的器重，这便是变法的成功……"

"别把话说这么远了。"张勋不想探讨学问，他只想同这个著名的保皇党谈谈复辟的事情，"我想请教一下南海先生，复辟这事，该不该做？"

康有为没有立即回答，他说："绍帅，这些年，我略探讨了易卜之书，你先来占一占如何？"

一听说占卜，张勋便想起了兴化寺那个扫兴的求签，忙说："罢哩，罢哩！那都是瞎糊弄人的事，不可信。"

"不可不信。"康有为说，"凡能有长久生命力的东西，都有它的可贵处。否则，不是早已灭亡了吗？"

张勋一听也有道理，便说："咱们身边也没有占卜的东西呀！"

"我这里有。"康有为说着，便从身上拿出一个布包包，摊开来，里边有许多纸团团，"你随便摸一个吧。"

"要祷告什么吗？"

"不用。只要把自己所求默默地在心里念着就行了。"

张勋暗自祷告："我要复辟，我要扶起小皇上。"伸手拣了一个纸团递给康有为。

康有为拆开来，仔细打量一下，原来是一句唐诗："落花时节又逢君。"

"好，好！"康有为说，"'又逢君'，你胜利了。"

"能胜利？"

"逢君岂不是胜利！"

"啥时候？"

"'落花时节'。"

"落花？……"

"你再占一次吧。求求落花是什么时候？"

张勋静静神，又从纸团中抽一个。康有为再次展开，见又是一句唐诗："江城五月落梅花。"

康有为轻言轻语："旧时以农历为准，五月即西历的六七月之间。大帅，六月末七月初都是吉期。"

张勋微微把眼睛闭上，心里打起了算盘——

康有为到徐州，已是五月过半，几天之后便入六月。今年显然不行，何况各种准备尚未进行。他说："眼下，丙辰已过半，看来是不行了，只有等待丁巳的'落梅花'期了。"

康有为点头，说："丁巳也算是迫不及待了，有许多事要做准备。那就选择丁巳。"

"你就在徐州住下吧，也好一同做些准备。"张勋盛情挽留康有为。

万绳栻也说："举此大事，正需要你们俩的文武结合。南海先生就别走了。"

康有为笑着点头说："我也想步步当年苏胡子（苏轼）的后尘，'乐其风土，将去不忍'，'买田于泗水之上而老焉'！"

第九章
徐州召开复辟会

　　袁世凯的皇帝不当了，连总统也稳不住了，索性死。袁世凯一死，中国之乱又上了一层楼：军阀们像捉野兔般地争权。

　　张勋稳坐徐州城，依然做着复辟梦。他认定这场梦会成真！

不当皇帝的袁世凯死了

　　袁世凯虽然顺水推舟地向全国发布了"取消帝制"的通令，并且应冯国璋等人的"慰挽"留在大总统位上。可是，全国早已轰轰烈烈掀起的反袁反帝运动，却丝毫不见降温。袁世凯焦灼不安了："你们不是反对帝制吗，我不当皇帝，还当我的大总统为什么不行呢？"

　　袁世凯消瘦多了，消瘦得有些萎靡。白天，他吃不下饭；晚上，他尽做噩梦。袁世凯这神态已经有五个多月了——还是初春开始的：元宵节晚上，他在居仁堂大厅里举行一次家宴，想好好地庆贺一下"登基"后的第一个元宵。谁知还未等月亮出山，妻妾们便又因为"妃""嫔"之名争得狗叫鸡鸣。六、八、九姨太率先结伴退走了；二、三、五姨太笑咧咧地说："谁想走谁走，咱们吃、咱们玩。还不知有没有明年的元宵节呢！"于氏"娘娘"不高兴了，她绷起脸膛，说："闹归闹，吵归吵，说什么'丧门'话？没有明年元宵节有什么？难道说都不活了？"

　　袁世凯一怒之下，拂袖而去。从那之后，便再也振不起精神。袁世凯不再下楼了，文案阮忠枢为他草拟的各种电文他也懒得看。帝制取消之后，他觉得他更孤独了，很想找人谈谈心。可是，找谁呢？他闭目想想，总摇头。段祺瑞总是跟他说不着边际的"官话"。他想找吴佩孚，"那人有学问，攀谈起来有益"。可是，吴佩孚却连影子也见不到。袁世凯本来是有许多心腹的："筹安会六君子"的杨度、孙毓筠、严复、刘师培、李燮和、胡瑛；"十三太保"的朱启钤、周自齐、梁士诒、张镇芳、雷震春、袁乃宽、段芝贵等，都是当代名士。只是，除了段芝贵之外，谁也不到他身边来了。袁世凯是北洋之祖，他最得力的助手有三杰，如今，称为北洋龙的王士珍不照面了，那只北洋虎段祺瑞成了半死不活的人，称为狗的冯国璋又是那样热冷无常，远在南京。袁世凯感到孤独冷清了。

"香岩，"袁世凯呼着段芝贵的雅号说，"这些时来，你总在躲闪着我，有事瞒我，是不是怕我添愁？别怕，我能经得起，你只管说。"段芝贵想了想，说："你还记得陈宧这个人吗？"

"记得。怎么不记得他。他跪在地上，啃着我的靴子，泪流满面劝我称帝。"

"他变了！"

"变了？"

"已发出通电脱离北京，跟冯玉祥到东南方面去了。"

"啊？！……"

"陈树藩也不是个正人君子。"

"他？陈树藩也反了？"袁世凯惊慌了，"当年，是我叫陆建章把陕西都督让给他的。他称我是'不祧之祖，共戴之尊'。他也会反我？！"

"反了，已经发表《独立宣言》。"

袁世凯软瘫在座椅上。"我……我……我真的失掉了人心？！"晚上，他的大儿子袁克定来了，又给他带来一个很使他痛心的消息：他一手提拔起来的唐天喜竟被湖南革命军赵恒惕用三十万两白银收买去了，倒转枪口，消灭了袁的第六师，杀了师长马继增，拉着队伍"护国"去了。袁的另一员大将被任命为湖南都督的汤芗铭，竟然敞开西南大门，跟着他的兄长汤化龙独立了……袁世凯再也睁不开眼了。"陈、陈、汤呀……"

袁世凯患病了，多种病齐发，最严重的是膀胱，尿毒已渐渐蔓延至全身。一个外国大夫给他扎针，用火罐导尿。导出的竟然全是血水。他呻吟着告诉家人："把段祺瑞、徐世昌找来。"段、徐二人来了，坐在袁床前默不作声。好久，袁世凯才把大总统印交给徐世昌，说："总统应该是黎宋卿（黎元洪字宋卿）的。我就是好了，也准备回彰德啦。"说完，便闭上了眼睛——人传"袁世凯死于'二陈汤'"。

袁世凯死了。这是1916年6月6日晨六时，那时他五十八岁。袁世凯死的时候，南京冯国璋正在紧锣密鼓地另立山头。辛亥一役，他未竟全功，心中颇为怏怏，曾多次和张勋密谋恢复清室。袁世凯登基洪宪，全国哗然。冯见时机已到，便想借西南势力倒袁，妄图自任总统。于是，决定召集各省势力来南京共商大计。冯国璋想争得张勋支持，便给张勋发了个密电：

> 袁既称帝，则大总统资格已经消失。今各省群起反对帝制，是袁已失去领导全国之地位。今后军国大事应举何人主持？应由南京会议解决。

张勋对于另谋国主历来不赞成。他只想复辟。所以，他只给冯回了一个冷冰冰的电报：

> 假借西南之力倒袁，西南人会否与我同力？我恐此举徒生枝节。

张勋不热心，冯国璋心慌了，他不得不匆匆赶往徐州。张勋仍冷淡，冯国璋只好孤注一掷，在南京召开能够同心的一些省的督军会议。冯国璋的南京会议尚未进行，袁世凯死了。

张勋高兴了，急急忙忙写了封信，派参谋长恽毓昌到南京去见冯国璋。冯国璋见恽毓昌匆忙来宁，心已明白。拆信一看，见是：

> 我公平日主张，今日时机业经成熟，静待我公宏谋硕画以竟厥功。

冯国璋见是约他共复清室的，忙回信，让张勋先率万名兵士发难，他即带兵五千后继。

张勋得到冯国璋的信大喜，一面分别致电平日赞成复辟的各军阀，一面派顾问王宝田去上海约胡嗣瑗来南京和冯国璋具体商量复辟大计。

冯国璋本无心复辟，他只想借张勋之势力最后达到夺取大权的目的而已。袁世凯死得匆匆，冯国璋思绪未定，答应与张勋共同复辟，一旦冷静下，便尽反前言。胡嗣瑗从上海赶到南京时，冯国璋只给了他两杯水酒，便敬而远之，并请胡转告张勋："复辟事宜慎行，请绍帅先与各方磋商，有了共识，再作进退。"仿佛这件事昔日从未同张勋谈过。张勋接信后，拍案大骂："人说冯国璋是条狗，如今看来狗也不如。不同意复辟为何让我先出兵一万？当初你来徐州找我联合反袁，不是也说'为了复辟'吗，今天怎么又出尔反尔了？……"骂了一阵子冯国璋，又骂安徽督军倪嗣冲："这个倪丹忱（倪嗣冲字丹忱）也不是个东西，当初你陪冯华甫来徐州邀我反袁，我知道你是袁的亲信，我不列名你却列名加入了。现在冯华甫不干了，我看你怎么样？"

骂归骂，冯国璋不带兵"后继"了，并劝他"慎行"，张勋觉得孤掌难鸣，不敢贸然行动。徐州整装待发的一万兵马只好停步待命。

前文叙过，当初反对"二次革命"的时候，冯张有个"先入（南京）者为王"的诺言。张勋率先打进南京，冯国璋无可奈何地推荐他任江苏都督。张进南京后，大肆抢掠，结果抢到日本人头上，闹了一场大风波。日本人提出强硬抗议，要求张勋离职。袁世凯当然不敢违抗日本人，只好派阮忠枢去南京，劝张主动辞职，张却不干。日本人压力大，袁世凯左右为难，最后答应给张勋个安徽都督，外加长江巡阅使，节制湖南、湖北、江西、安徽、江苏五省水上警察，并准于报销都督府开支六十五万元，开拔费五十万元，张勋这才罢休。

可是，张勋这个安徽都督移军时竟不去安徽，五省巡阅使却又不去长江，而偏偏屯兵徐州，并且占领徐州至海州大片地盘。继任江苏都督的冯国璋眼看自己的一片军事要冲被张占去，自然心生不满。袁世凯死后，各省都督改督军，冯国璋曾电请张勋移军安徽安庆，张勋却置之不理。北京政府没有勇气冒犯这个大军阀，只好由张勋赖在徐州不走。因而，冯国璋也就气上加恼，时时想搞垮他。倪嗣冲是安徽督军，又是皖系军阀骨干。张勋去不去安徽与他关系极大。他时刻注视着张的行动。张勋决定不去安庆，倪嗣冲自然高兴。但张勋想干什么，倪嗣冲说不清楚。就在这时，冯国璋召集督军南京会议，袁世凯一死会又不能再开，倪嗣冲即和张勋密谋，结果，把在南京参加会议的奉、吉、黑、直、豫、晋、皖七省代表邀到徐州，来与张勋结盟。张勋兴奋了。

康有为风流"易牙居"

1916年。夏。

入夏以来，徐州一直无雨。穿境而过的废旧黄河，河心干枯，河岸飞沙，弄得古城上空终日沙雾弥漫，浑浑浊浊；连云龙山坡的松林也显见得萎枯脱绿了。

徐州的黎民百姓，尤其是城郊的庄稼人，望天长叹，愁眉紧锁。冬麦拔不出节，春禾种不下地，秋天收不了粮食，冬春吃什么呀？

巡阅使衙门里的张勋，近日却一反终日的沉默，变得欢快起来：上将军服穿在身上，八字胡修得齐齐崭崭，马靴虽然笨重得举足有碍，他还是一天到晚穿上，并且里里外外地不停走动——张勋变成另外一个人了：一个胜利者，一个极度的乐观主义者！人逢喜事精神爽！

张勋有喜事：七省督军或督军的代表云集徐州，是来靠他这棵参天大树的，他扬眉吐气了。

徐州要开第一次关于复辟的督军会议了，张勋将要成为盟主，他效忠清室的夙愿终于实现有日，张勋看到了曙光。

晚上，他到花园饭店一位一位地拜望了各位督军和督军代表，向他们表示徐州欢迎他们，"张绍轩谢谢各位光临！"然后，钻进密室，同康有为进行商谈。

五十九岁的康有为对于六十三岁的张勋原来并无深交，更谈不上什么志同道合。他认为张勋不过是一个守门的家丁，让他去护理一个院落，能干得很好，让他管理这个院落，他却无这种才能，充其量是一只看家的好狗。现在，这只狗要在中国兴风作浪了，要作为一种势力的总代表去更改国家的面貌了，康有为认为他"没有这个能耐"。当年，他联络了国内那么多精英，搞一项革新变法，都无可奈何地失败了，一介武夫企图更改国家制度，谈何容易！所以，康一再提醒张勋，"要慎行，要做好充分的准备，务必有十分把握，才可举事"。

张勋一边听一边锁眉，仿佛觉得这些话"太空、太不着边际了"。他问："南海先生的意思……"

康有为知道张勋听不懂他的话，又说："要先结盟，要有宣言，要一切围绕复辟。"张勋这才点头，并说："现在时机成熟了，我想先向全国发一个通电，表明态度，争取更多人的支持。"康有为眨眨眼睛，没有说话。

张勋心里一愣："咋，这样做不行？"

康有为缓缓地站起身，就地踱着步子，慢条斯理地说："项城失人心，引起全国激愤。现在他死了，国人心情尚未稳定，一时进退，尚无定夺。我想……"

"你想如何？"张勋忙问。

"先投石问路，静看动态。"康有为说，"最好是先以'保境卫民'为旗帜，向国人表明一下自己的态度，强调民心思安，我辈有责。"

"仅此？"

"当然不是仅此！"

"还说什么？"

"还要充分说明'大清朝的深仁厚泽'。"康有为说，"明白人会懂得你的心计；糊涂人也会眼望着徐州！有此一步，就不愁……"

"好！我明白了。"张勋命人连夜发出了虞电。果然措辞得当，蓄意深刻。由于心情好，张勋说："南海先生，你来徐州多日了，尚未畅饮。今晚我在'易牙居'设宴，咱们好好谈谈。"

"你不去款待各省代表？"

"明天款待。"张勋说，"咱们今晚有大事谈。"

徐州"易牙居"，是一座颇具特色的饭庄，坐落在市中心的文亭街上，它集有连云港的海鲜，微山湖的野味，大运河的鱼虾和淮海平原的四时鲜蔬，制作出有强烈地方特色的乐天鸭子、愈灸鱼、东坡四季鱼、羊方藏鱼、清烧鱼丸等几十种大名菜，是一家享名徐淮数百里的菜馆。那一日，陪同康有为的除了张勋，还有秘书万绳栻和定武军司令、徐州镇守使张文生。四人先在密室会谈，无外乎复辟步骤、力量、方法。康有为着实为张勋出了不少良策，他劝张勋"一定要争取更多的支持者，要有强大的同盟军"。他特别告诉张勋："无论同盟军多少，盟主一定是你的，当仁不让，要有统帅权。"张勋说："北京方面如何处理？"

康有为说："结盟之后，有了更多的支持者，北京无论什么人都会看着你的眼色行事。若是你孤军一支，北京谁也瞧不起你。"

康有为说着，张勋点着头。一切都心领神会了，这才走进餐厅。宾主落座之后，康有为方才发现餐馆名为"易牙居"，笑了。

"绍帅，"他对张勋说，"你也算老徐州了，这个馆子的名字挺有意思，能解释一下吗？"

"这……这……"张勋只会领兵，他虽然在徐州驻兵五年了，却从不询问徐州的人文景观，哪里知道"易牙"是什么含义。他望望万绳栻，万绳栻急忙背过脸去；他又把目光投向张文生。

幸好，张文生是本地人，最近又同"易牙居"的名厨翟世清有过交往。这翟世清原本是康熙年间徐州名厨李自堂的六世徒孙，颇有点文化，自然把餐馆名的来由对张文生说了。所以，张文生也就胸有成竹地"文绉绉"起来。他笑笑，欠欠身，说："徐州是我的祖籍，地方掌故略知一二，但不知记忆确否，说出来，还请南海先生指正。"

"别客气了，快说吧。"康有为说。

"易牙者，周代的烹饪大师，又是食疗法的创始人。"张文生说，"曾三次来彭城（徐州）学习烹饪技艺……"

"易牙来徐州学艺？"显然康有为不相信这件事。

张文生笑了。"南海先生有所不知，我们彭城人的老祖宗是篯铿，也就是那位活了八百岁的彭祖，他是中国烹饪的始祖。屈原的《天问》篇中有诗：'彭铿斟雉帝何飨，受寿永多夫何久长？'就是说的此人此事。"

"领教了！"

"还有呢，"张文生刚刚学来，现学现卖。他又朗诵了一首诗："燧人取火熟食兴，篯铿调鼎五味精，鱼羊雉菰有馔羹，爨法技理源大彭。"

康有为笑了。"徐州，不愧为烹饪术的发源地。可敬可佩！"

张勋听得似懂非懂，也不想探问，只是举杯劝酒："来来，干杯，干杯！"

康有为素以"文圣"自足，从不服别人的见识。张文生在他面前大谈易牙、篯铿，他心中早有些不快了。赞扬了张文生一句之后，故意冷笑笑，又说："据史料称，易牙是当过齐桓公的御厨师的，是齐桓公宠爱的'三奸'之一，由于参加宫廷政变未遂而逃亡了。大概就是逃到徐州，开了这爿'易牙居'吧。"说得大家都笑了。

正是此时，那位名厨翟世清前来敬酒，听得此说，但不知道这位客人是谁，也想在桌前卖弄一番，于是，便一边捧酒，一边说："这位大人的话，说得很不错，易牙最后是逃来徐州的。不过，易牙在齐桓公帐下还是风流过的。当年齐桓公九会诸侯时，易牙做了一桌'八盘五簋'的宴席，吃得各路诸侯仰天大笑！这'八盘五簋'的宴席，就是在徐州学的。"

"怎见得？"康有为问。

翟世清说："有诗为证。"略一沉思，翟便朗诵了一首七绝："雍巫膳馐祖馂铿，三访名师古彭城。九会诸侯任司庖，八盘五簋宴王公。"康有为虽觉此诗不佳，但出自一位厨师所记，还是赞扬几句。康有为对"易牙居"的饭菜十分满意，又同翟世清攀谈有时，询问了饭馆的变迁，掌勺主师的承继，激起了诗兴，遂要来文房四宝，提笔留下一首七绝：

> 元明庖膳无宗法，
> 今人学古有清风。
> 彭城李翟祖馂铿，
> 异军突起吐彩虹。

康有为醉醺醺地从"易牙居"回到住处，原本想着倒在床上，痛快快地睡他一宿，不料张勋随他来了，并且坐下就不走。他只好强打精神，陪他对坐。

张勋心神不定呀！他本来想着同各路诸侯拍拍胸膛，击手打掌就可以共同发兵北京。经康有为一提醒，他才明白这事不那么容易。就是这次督军和督军代表会该做些什么，他心中也没数。此刻，张勋才明白"武是无法治国的"，他得请康做他的"军师"，做他的"主谋"。

"南海先生，这次会议的成败进退，全凭先生了。说真话，这样大的事，要我说明个子丑寅卯，拿出个统调方案，我实在无能为力。若是有二万三万兵，由我指挥，这还差不多。"

康有为已有几分醉意，听得张勋如是说，昏然起来。他从椅子上站起，伸了一卜腰，笑了。"绍帅，你就在我这里好好地睡一觉吧，我就伏在桌上为你好好地想想，认真地写写。明天的会上你就可坦坦然然地去说，去请他们通过！"

"能行？"张勋心里不踏实。

"请放心。"康有为说，"保准满意。"

张勋果然躺倒床上。康有为趁着酒性，展纸握笔，拨亮桌灯，口里一边哼着"秦叔宝拉过来黄膘马……"一边为张勋筹谋"复辟大纲"——

第一次徐州复辟会议

徐州的张勋祠堂，连日来热闹非凡。张勋一年前新纳的四姨太王克琴为他生了一个又白又胖的儿子，张勋甚是高兴，决定为王克琴"庆功"，为儿子"接风"。于是，又把当年建生祠有功的大员、军需李二柱，地方豪绅段少沧、沈依人找来，千叮咛万拜托，请他们"费心操办，务必热热闹闹，使得大家都高高兴兴"。府里少不了银子钱，市上不缺山珍海味，大办一场并不为难。于是，徐州半个城池都颤动起来。

张勋四十一岁才得子，是夫人曹琴所生。谁知那孩子命舛，未逾月即殇，并且从此之后曹夫人再不生了。富贵而无后这是人之大悲！于是，张勋便接二连三地纳妾。到了他六十岁的时候，二妾傅筱翠方才为他生了个儿子，取名叫梦潮；六十二岁时，二妾傅筱翠、五妾吕茶香先后又都生子，但均未成活。这更使张勋极伤脑筋，甚至怀疑自己做的坏事太多了。"我张勋问心无愧呀！是的，我贪了许多不该贪的银子，可我为我家乡也办了许许多多的好事呀！奉新县的修桥、铺路、建码头，哪一件不是我出的资？县里有穷人，我便设了五个济赈局，谁家有难我都帮；大水淹了庄稼，我从江苏买米运过去；我在天津、北京都设了江西会馆，哪一位老乡北上京津，食宿不是我供，临走还送盘费。我对得起乡亲了……"令他最痛心的是，二妾生的儿子如今都快四岁了，还不会说话，伸一个指头也不知道是几。现在好了，王克琴为他生了第四个儿子，这儿子落地便哇哇直叫，五天后逗他竟会咧着小嘴笑。富胎模样，耳大眼大额宽，一副地地道道的富贵相。张勋能不喜？！他坐在王克琴床边，不知是对爱妾还是对儿子，"乖乖儿"地叫个不住口，还说："这一下，你可为我张家争了光，为我祖祖辈辈争了光。看得出，这儿子三十年后又是一个督军，又是一个巡阅使……"

王克琴不高兴了，她用力推了张勋一把，噴着脸膛道："说什么败兴话？难道儿子只许像你那样，当个督军、当个巡阅使，就不许当大一点的官？我看当个大总理、大总统都够；说不定还能当个千岁，万岁的呢！你张家祖坟上就没有这点风水？！没出息！"

张勋忙改口："能，能！咱儿子会到龙廷去坐坐。"话出了口，心里却

"嗵！"地跳了一下："万万不能让这小子坐龙廷，篡朝是要灭九族的。张家万万不能败在这小子手里。我得勒紧他。"

为儿子吃喜面的事，连在北京、天津常住的夫人、太太都来到徐州。还有卞氏生的长女梦湘，邵氏生的次女梦绮（如今也都分别六岁和四岁了），花朵似的也来到徐州。一家总算在徐州大团圆了。这里单说夫人曹琴。

曹琴夫人自从子殇未再生之后，便对一切世事都冷漠了；又见丈夫连连纳妾，索性自己孤居养性去了。她一直住在天津，如今已是五十岁的人了。曹琴幼时生活在贫困之中，这些年虽然身份高了，日子宽了，精神却又有诸多压抑，早已看破了红尘。早时，她在天津还去居士林大禅寺厚厚地办了一件善事，又觅人恭抄了一百部《金刚般若波罗蜜经》散发。若不是张勋得子，若不是张勋再三请她出来主持庆贺，她是不愿随他来徐州的。

不过，平心而论，曹琴对张勋却一直忠心不变，对诸侧室视若姐妹，从不争风吃醋，妒忌他人。即使张勋冷淡以待，她还是平心静气地维护张勋的威望和家庭的和睦。张勋的多数侧室也非常敬重和钦佩她。

曹夫人是一位颇有远见卓识的妇人，她到徐州之前，便略知张勋要复辟之事，她认为那是不可做，也不能做到的事。来徐州之后，得知复辟事正在紧锣密鼓地筹备，心里尤为不安。她无心操理喜事，便把万绳栻、张文生找来，打听复辟情况，要他们"劝阻大帅"。后来，她觉得万、张劝阻无力，便亲自去劝。

"绍轩，"曹琴第一次这样呼丈夫的字，"复辟之事，我看万不可做。大势已变，哪是你一个人可以转得了的呢？"

张勋正在兴奋之中，哪里听得进夫人劝。但夫人常不在身边，也许是说几句"官话"。故而，他也应酬般地说："你说得对，容我细想想。"

曹琴了解张勋，知道他认定的事不会轻易更改。她又说："别死心眼儿了，把效忠清帝之心转向共和吧。许多人都转了呀！咋就不能拥护孙中山呢？民国没有亏待我们，民国也没有亏待清王室人员，他们都已退位，你为何还去死保，自讨苦吃哩？"

张勋听得不耐烦了，站起身说："好好，听你的，不复辟了。"说罢，急忙退出去，心里还在发恨："女人之见！"

1916年6月9日。第一次徐州复辟会开幕。

一大早，张勋便在房里让人给他找衣服：先是拿出的上将军服，他穿在身上，左看右看，觉得不舒服，命人换上督军服。穿上了，还是不如意。再换什么衣服？连他自己也说不定。长江巡阅使，是袁世凯委任的，服装还是袭清，与上将军服差不多，还不如督军服威风；而督军服又只能算是一个地方官服、一个省里的权威服装，更显不出威风。辛亥年，他曾署两江总督、南洋大臣，并加了个"世袭二等轻车都尉"的头衔，因为时间很短，便改制共和了，张勋又忙着"迭请解甲归农"，还没有来得及做一套像模像样的朝服，花翎顶戴虽有，并曾受黄马褂，可都是藏在北京老宅南河沿了。在徐州主持这样一个七省督军的联席会，他张勋总得在衣着上显显威风，但却又显不出来。他急得像热锅上的蚂蚁，匆匆走动。还是万绳栻给他提了个醒，让他"一身绅士打扮，以见古朴；待通过仪程，取得盟主席位，再威风也不迟。"

张勋果然是长衫、马褂，手里还拿一把黑色折扇到会场——6月新夏，长衫、折扇都是应时的，唯独外加马褂，有点不伦不类。难怪当时的小报评述说"像会议本身一样，令人不知暑寒"。

会议是在徐州霸王楼的大厅里举行的，兴许是想借西楚霸王雄风，来显示复辟决心。谁知会议一开幕，便出了乱子：主持会议的定武军秘书长万绳栻没头没脑地首先提出了结盟问题，还说："选出盟主才好主持大事。"七省代表一片惊愕：有人摇头不理，有人说是多此一举，有人干脆反问："咱们这到底是开的什么会？"

——原来七省督军是到南京参加副总统冯国璋召开的会议的，目的是想拉一派反袁、反革命党的第三势力。谁知会未开，袁世凯死了。人死了，无须再反，再干什么，尚无定局。安徽督军倪嗣冲才把这群人拉到徐州。到徐州做什么？大多人心中无数。说是第一次复辟会议，那是张勋一厢情愿，单相思。

会议一乱，只好暂停。而后，张勋盛情挽留，大家索性古城一游。还好的是，边游边谈论，总算不离主题。这样，会议从9日开到20日，足足开了十二天。盟虽未结成，张勋做东，自然处处以"盟主"自居。最后这一天，由万绳栻宣读了经过与康有为精心策划的《决议十条》：

一、尊重清室优待条件；
二、保全袁大总统家属生命财产及其身后一切荣誉；

三、要求政府依据正当选举手续，迅速组织国会，施行完全宪政；

四、独立八省取消独立，否则准备以武力对待；

五、绝对抵制迭次倡乱的一般"暴烈分子"参与政权；

六、严整兵卫，保全地方；

七、抱定正当宗旨，维护国家秩序，设有用兵之处，所需军旅饷项，仍当通力合筹；

八、拟俟国事稍定，联名电请政府罢除苛细杂捐，以纾民困；

九、嗣后中央设有弊政足为民害者，务当合力电争，以尽忠告之义；

十、中央实行减政，遇事筹商，对于国家前途，务取同一态度。

十条读完，会场活跃了——对于这样不痛不痒的"决议"，大家自然无拘无束，愉快轻松。于是，纷纷提笔，在"决议"上签上自己的名字。

尽管如此，张勋还是十分高兴的。这个"决议"无论内容如何，因为是在徐州，是在他辫子军的领地签的，无疑，他是盟主。有了盟主地位，张勋便觉腰杆硬了。于是，撇开刚刚签订的"十条决议"，张勋即兴大谈起对时局的"高见"来：

"我们为甚要在'决议'第一条就提出'尊重清室'的事呢？我们不能不尊重清室，圣上虽然逊位了，大清朝对我等的深恩厚泽，我等是不该忘的，谁没有领受过皇恩雨露，谁不是深受皇家厚封？再说，咱中国几千年都是皇帝说了算，为甚？因为皇帝是天，是天子，替天行道，说的都是正道。除去皇帝谁行？革命党咋革？共和咋共？离开孔圣人老人家的训谕，我看谁有新法儿？中国还不得乱了套……"

刚刚松弛的会场立刻又紧张起来，人们望着兴奋得额冒汗珠的张勋，不知他在说什么。"刚刚签字的决议还说'依据正当选举手续，进行组织国会，施行宣传宪政'，怎么又大谈起'大清朝深恩厚泽'呢？"好在该玩的玩了，该吃的吃了，凭他辫帅说什么，都不是金口玉言，任他说去吧。

第一次徐州复辟会议，草草收场。

曹夫人义助孙中山

来徐州参加督军会议的人们走了之后，张勋舒服地躺在床上一下子便睡了一天一夜。当他第三天傍晚醒来之后，揉了揉尚未醒透的双眼，挺腹做了一次深呼吸，他猛然感到不舒服起来。"我这些日子究竟忙活的甚？督军会到底取得了甚效果？"

是的，督军会是没有实际效果。张勋的最终目的是复辟，可是这次督军会议竟未曾列入议程，"十条决议"也只字不提，他自己虽然在结束会前说了一大通话，竟然也不黑不白。"张绍轩呀张绍轩，你日夜操劳的会议到底为甚哩？你为甚一字不提恢复王朝的大事？"他拍着自己的脑门，自责起来："混蛋、混蛋！大混蛋！"然而，张勋却又不承认自己混蛋。"事情坏就坏在康有为手里。探什么路？都是领兵的军人，心肠子直直的，干不干一句话，多痛快！这好，会议开了十多天，正话一句没说，干甚哩？康南海到底怀的甚肚肠？"

许多天来，张勋累坏了。他觉得腰背都有些酸疼，疼得直不起来，眼也懒得睁。他感觉整个人仿佛矮了半截；伸手抚摸一下腮，瘦得只剩一副颧骨了；连唇边那绺八字胡，也蓬乱松软起来。

"来人！"他大叫一声。

一个侍卫匆匆进来。"大帅。"

"把秘书长请来。"

侍卫出去片刻回来了。"万秘书长现在祠堂跟夫人谈话。"

"跟夫人谈话？谈甚？"

"小人不知道。"

"滚！——"

侍卫急忙后退。

"回来，去请张总司令。"

侍卫将要转身，他又大喊："不要去了，不要去了。"

侍卫站立门外，不敢进退。

张勋背着身子，待了许久，猛然觉得眼角不舒服，搭手摸了下，两眼角全是黏黏糊糊的眼粪，他用小指的长指甲，左右开弓，一边一边挖出来，然后才转身去洗脸。当他发现侍卫仍木呆地立在门外时，他向他摇了摇手，连声说："去去去。"

张勋生祠一个幽静的房子里，夫人曹琴坐在八仙桌的一旁，脸上一片愁云，两只大眼睛也变得沉滞无神起来，眼角好像还流着一丝泪水。今日，她忽然穿起了皇宫里赐给她的一品夫人服，胸前那八团大花还闪闪发光；她两手操在下腹，胸脯有点微含，面前是侍女为她泡的一杯婺源茗眉——曹琴没有茶瘾，为应酬场面，她不得不附庸，但她只喝江西婺源产的茗眉。最先，她只是挺喜欢那茶的纯绿；后来，那鲜爽甘醇的滋味吸引着她；再后来，她见那茶叶的形状弯曲似眉，翠绿紧结，银毫披露，尤爱不释手。所以，便成了她最钟爱的饮品，可是，此时夫人连瞥也不瞥它一眼。

曹琴夫人有心事呀！张勋当面对她说过不开督军会了，可转脸便开了十多天。她觉得他欺骗了她。这一层，曹琴尚还理解，不想计较。"男人的事让男人去做，女人跟着掺和什么？"她不放心的是复辟。她一直认为那是一件很危险的事，危及九族灭门的事，她不能不问。

坐在曹琴夫人对面的是定武军秘书长万绳栻，一个文质彬彬、修饰有度的中年男子。他垂着头，沉默着，显见得那面色是十分焦灼不安，但却又无可奈何。

沉默许久，曹琴终于开了口。

"公雨，你跟大帅这么多年了，甚知他的为人。皇上明明逊位了他还是效忠到底。什么到底？还不是到死！这是明摆着的事。可你，你在他身旁不光不劝阻，还帮他……"

"夫人……"万绳栻有点委屈，想解释。曹琴摆手，阻止了他。

"我不冤枉你。"曹琴说，"督军会上那个'十条决议'不是你宣读的吗？我想那个什么决议只怕就是出自你的手。别人谁行？"

"夫人，这事……"

"我知道，还有南海那个康有为。"曹琴有点动怒了，她在椅子上扭动了一下早已发福的身体，眨了一下眼睛，先不耐烦地"哼"一声，接着说，"变法，变法，变得身败名裂。老老实实在海外找个地方活下去不就完了，天下这么大，哪里容不下一个康有为？偏偏这时候风风火火地来到徐州。这不是给老头子火上浇油吗！"

"夫人，"万绳栻终于找到说话的机会，"大帅的脾气你是知道的，他认定的事，别人谁也无法更改……"

"那你就助纣为虐？"

"我不是这个意思。"万绳栻忙说，"我是想说，大帅想得并不一定是错的。"

"我明白，皇上待张家有深恩厚泽。张家不忘不就完了。他逊位也不是张家逼的，说不定……"曹琴收住了口。她本来想说"是气数尽了"，可又怕获罪，忙改口说，"啥都不说了，我把你叫来是让你办一件事……"

"请夫人吩咐。"

"还得去劝大帅，不，得去阻止大帅，万万不可再提复辟。复辟不是你定武军一家能办成的。好好练兵，保一方黎民安康也就行了。"

万绳栻点点头，说："好，好。我去劝阻大帅。"他朝曹琴走近一步，又说："夫人，康南海还在徐州没走。"

"我知道了。"曹琴说，"康有为不是个正人君子。见了他告诉他，就说我的意思，定武军的事别让他瞎闹闹，大帅这里不缺他这样的人。"曹琴叹声气，又说："公雨呀，闹不好，闹不好，将来使我张氏子孙没有赶饭的地方了！你去吧。"

万绳栻走后，曹琴想好好休息一下。她该舒坦坦地睡一觉了，来徐州快一个月了，家事外事，把她扰得没有片刻安宁。她悔恨不该到徐州来。"在天津多清静，凭天底下发生了什么事，耳不听，眼不见，心不烦。如今，听也听了，见也见了，怎能不烦！"既来了，想清静也清静不了了，只好过问。她无法去睡。她觉得万绳栻没有办法扭转张勋想办的事。她还得出面。

出面干什么呢？曹琴又没了主张。

毕竟是妇道人家，对于纷乱的天下形势，她无能运筹，左右不了。她只有独自忧心忡忡，愁眉不展，甚至连往日料理奉新老家的周济、兴利的有条不紊的本领也不复存在了。张勋这样的事情风险太大了。"你都六十好几的人了，即使复辟成功了，还有你几天好日子过？万一失败了，杀头灭家你是不在乎了，这后代儿孙咋办？"曹琴没有子女，可是，张勋却是子女都有的，她曹琴从来都把这些子女当成己出一样看待。"老头子不为自己想，为甚不为后代子孙想想呢？"

她愁了。愁得展不开眉——做了一品夫人之后，曹琴便渐渐懂得了国家兴亡演变的事，她出身贫贱，有了身份也不想摆架子，她常常记起那些犯官或竞争失败的官，一忽儿便大厦倾倒成了阶下囚，有幸走脱的儿孙也只得隐姓埋名，流落他乡。曹琴警惕这样的事，做了夫人也不忘桑梓，不忘穷乡亲。

别看曹琴只是个家庭主妇，知道的事多着呢，并且还有颇不一般的见解。比如对于革命党，对于孙中山，她就有一片良好的印象。她认为孙中山的主张就是为黎民百姓的。"当官的不想着黎民百姓，那是第一等坏官。唉！天下为黎民百姓做事的官太少了，多出几个孙中山就好了。"往天，她只偷偷地这样想，不敢对别人说。今天，想到老头子闹复辟，忽然想起了孙中山。"这个人，以后必能办成大事……"她忽然觉得该给儿孙们做点有后路的事。

苦苦地思索了许久，她忽然想起了跟随她许多年的堂侄张肇通。好，让他替我办一件大事去。"来人，把侄少爷找来。"

张肇通就在祠堂，一听呼唤，便匆匆走来。"婶，你找我？"

"嗯哩。你坐下，我有事。"

"是不是回奉新？"

"还不定。"曹琴说，"我心里闷，想同你商量解闷的事。"

张肇通也是毛三十的人了，机灵得出奇，一直为老叔管理着天津那片公馆，是曹琴的贴心人，也是最了解曹琴的人。此人身材适中，两眼机灵，白白的脸蛋，一说一笑，一个眨眼便会出一个主张。他朝婶娘靠靠，说："婶，我会猜准你找我甚事。"

"甚事？"

"你把万公雨找来我就明白了。"

"机灵鬼！"曹琴说，"我还不是为你们这些小辈着想。别看今天赫闪闪的人模人样，明儿一个罪，说不定连个立足的地方都没有。"

"不会吧？"

"怎不会？哪朝哪代少了？"

"婶想怎么办？"

"还没想定。"

"怎想？"

"革命党在南边很有影响，"曹琴说，"听说孙中山是个很有能耐的人……"

"让叔父去投孙中山？"

曹琴摇摇头。"他不会。"

"那做甚？"

"我想让你去广州走一趟，向孙先生表示一下友好。"

"叔知道？"

"怎能让他知道？这是我想留的一条后道。说不定以后有用。"

"好，我去。婶，你说吧，怎去？"

"我这里有三十万两银票，你拿去见孙先生，就说是我对革命党的一点心意……"

"对孙先生说不说叔？"

"随你。"曹琴说，"最好别说。如果孙中山一定追问，你只说是我的私蓄也就行了。"

"我何时动身？"

"早去吧。早去早回，免得你叔生疑。"

张肇通收下银票，转身要走。曹琴又说："你等一下，还有一件事。"曹琴转过身去，走进内间，拿出一个纸包和布包裹，说："这里还有些银子钱，你走到奉新老家停停，各家都问问，该周济的都给点。听说那里的收成又不好。若是用不完，有余的就放在赤田村的济赈局好了，任他们怎么用。"又拿过一个布包裹，说："这里是些绸缎衣料，到家分给你婶婶、大娘和小辈们，说我很想他们，以后接她们去天津住些日子。"

张肇通次日即起身去广州。

徐州第二次复辟会议

徐州第二次复辟会议，是 1916 年 9 月 20 日召开的。参加会议的成员虽然由前次会议的七家扩大到十三家，可是，会议开得比上一次还乱。会议一开始，十三家就往两处争，张勋接受上次会议的教训，想把这次会议明明白白地开成复辟会议。他的具体意见是：促成徐世昌组阁，段祺瑞退为徐内阁的陆军总长，夺取段的北洋派领袖地位，然后，用徐世昌为复辟开辟道路。张勋相信徐世昌，他知道徐是支持走这一条路的。

以倪嗣冲为代表的倾向皖系军阀的一派，则主张解散国会，废止旧约法，罢免西南派唐绍仪、孙洪伊、谷钟秀、陈锦涛和张耀曾五总长，以巩固北洋派势力。

同床异梦，会议如何开得下去？

开会第一天，热闹一阵子之后，张勋以东道主和盟主身份在花园饭店举行了一次盛大的宴会，出席宴会的人有：山东督军张怀芝及五师师长张树元，奉天督军张作霖，吉林督军孟恩远，黑龙江督军毕桂芳，江苏督军冯国璋，河南督军赵倜，湖北督军王占元、江西督军李纯、福建督军李厚基，直隶督军曹锟及省长朱家宝，浙江督军杨善德，淞沪护军使卢永祥及七师师长张敬尧，兖州镇守使施从滨，两广矿务督办龙漳光，京师警察总监吴炳汀，北京步军统领江朝宗等人及其代表。张勋不仅把徐州名厨全找来，还特地从他的老家江西弄来最新式的景德镇瓷器餐具，丰丰盛盛、漂漂亮亮地招待了各方代表。

张勋比上次会议冷静多了，行动谨慎，语言谨慎，他要在这次会上获得他真正想得到的——名正言顺的盟主，以达到明明白白的复辟目的。

开会的当日晚上，也就是花园饭店的盛宴之后，张勋把他的左膀右臂张文生、万绳栻、恽毓昌找到密室，关起门来磋商措施。

"咱们关起门来说自己家里的话吧。"张勋显得十分平易，他给每人都送去茶杯之后说，"各路诸侯都来了，是咱们指挥他们，还是他们指挥咱们，就得看咱们会不会玩了。商量一下吧，都出出主意。"

张文生没说话，好像他对此事根本就没放在心上，只在一旁品茶。比较起来，还是万绳栻活跃，他胸有成竹，抢着话题说："今天会场上大家的情绪已经十分明白：复辟之意识并不强，一群人似乎只是想着反对国会，反对国民党；一群人却只把精力放在西南各派势力上，能阻止他们不闹事、不争权，也就达到了目的；还有一群人是反对黎政府的集权，想从下边集中力量，以下制上……"

"还有，"张勋插话说，"就是咱们这群人，目的是重扶朝廷，天下归还皇上。"

"对，"万绳栻说，"别管多少群人，得以咱们这一群为核心。否则，请那么多人来徐州干什么？"

"怎么统一法？"张勋问。

"对抗国会也好，反对国民党也好，限制北京集权也好，都得对复辟有利，让更多的人支持咱们。在支持咱们的前提下，咱们也支持他们。"万绳栻说，"国民党咱们是一定要反对的，共和就是他们倡导的，是复辟的头号对手；国会、西南势力都是受国民党影响的，国民党成不了气候，他们自然无所作为；至于削弱北京政府集权，咱们得有咱们的解释：把共和大旗打到底的政府，当然要尽大力削弱它；若是能有徐菊人那样的人组府，我们便可支持……"

张勋一边听一边点头。不过，对于谁组织政府他却不感兴趣。"有皇上在，谁都得山呼万岁！"但又有何办法呢？皇上毕竟倒下了，许多不该出头的人都出头。要把这种现实颠倒过来，得付出代价。他对张文生说："你也说说心里话，看怎么办？"

张文生被逼着终于发了言。"我赞成公雨的意见，无论到会的人有几种态度，咱们的态度都不能变。我想，明天的会是不是先解决一个问题：结盟。上次会的教训就是不结盟。有盟才有盟主，有盟主才可发号施令。十三家十三条意见，吵闹半月还是无定主，谁说了算？有盟主就好办了。"

恽毓昌是个常做"外交"的人，有一派圆滑心态，他只表了个"两人意见都赞成"的态度，秘密会就散了。张勋没有回府，他仍然在花园饭店串联——

徐州，虽偏居一隅，但时下却几乎成为中国的政治中心，成为政治野心家进行活动的中心：除了这批明着来的督军、省长、镇守使或他们的代表之外，还有暗着来的变法派康有为、帝制派顾熬、薛大可，有北洋派下野的军人、政客陆建章，阮忠枢等；早几天，还来了东洋人田中义一、佃信夫等。张勋都奉为上宾，虚心地向他们请教，聘他们为顾问。现在，紧锣密鼓之中，他更想随时听听他们的意见。

会议第二天，发生了突然的变化：远在北京的安徽省长倪嗣冲匆匆赶来了，一见张勋他就说"有最紧急的任务，务请会议决定"。

倪嗣冲是皖系军阀段祺瑞的骨干，本来同张勋相处不错，只是在最近的任职上（本来应该是他出任安徽督军兼省长的，现在，督军却被张勋夺了去，他只担了一个空缺省长，心有不舒）两人有了隔阂。段氏国务院积极排除内阁中由黎元洪安插的西南派人物，他们又想借助张勋的影响，所以，倪嗣冲还是满腔热情来到了徐州。

张勋对于皖系军阀既恨又怕。他认为段祺瑞是绝不会支持他复辟的，段内阁越巩固，复辟越困难。但段氏又是陆军总长，皖系又有着一支强大的军队，并且置在京津，左右着国家形势，左右着皇上的命运。越过这伙人去办成事，很难。因而，张勋又不得不与他们套近乎。

倪嗣冲在密室和张勋对面坐下之后，便开门见山地说："合肥对绍帅在徐州开这次督军会十分敬佩，希望绍帅能以国家大局为重，在会上决定几件大事。"

"哪几件？说说看。"张勋问。

"徐州会议应该决定：宣布解散国会，废止旧约法，罢免唐绍仪等五总长职务。"

张勋微微闭目，思索着"果然先走这一步，倒也好，免得我以后单独扫清这些障碍"。他笑了。"丹公，这几件事，我一百个赞成。但是，若以会议名义，我个人就难做主了，得请大家商量一下。"

"那是自然的。"倪嗣冲说，"只是要请绍帅能够列入紧急议程，再有个明白态度。"

倪嗣冲的"任务"拿到十三省督军会议上去了，但没有明白通过。有人说"回去再商量"，有人说"督军、省长之间还得统一思想"，还有的干脆就不置可否。会议搁浅了。

晚上，张勋在金城大戏院招待了一场京剧。为的是缓和气氛以达到大团结，特地演了一出全台戏《将相和》。

又次日，天刚亮，段内阁的高参、经常南北走动、领着"行秘书"衔的说客曾毓隽来到徐州。张勋一惊："这个人来做甚？"

"云霈（曾毓隽字云霈）公光临徐州，绍轩甚为高兴。"张勋说，"诸多事情正拟求教阁下，正好可以当面领教了。"

"云霈一个行迹无定的人，平时过于疏懒，会有什么见识？"曾毓隽怕张勋把事扯远了，误了此来的大任，便迫不及待地说，"国务院对当前人事问题，甚感不称心，但又一时总难解决。合肥意思，还请绍帅能联合各地方，先阻止外交总长的任职问题，余事自然好谈。"

曾毓隽开门见山，足见段祺瑞急不可待。张勋也情愿送一个顺水人情，于是，便找到倪嗣冲、冯国璋等人商量。这些人都是反对西南派握权的，原先还有人提议要罢免唐绍仪等五总长职务。如今，要求政府罢免的通电尚未发出，段国务竟率先"示意"了，虽只是对外交总长唐绍仪发难，但总算开了个头，大家何乐而不为？稍事串通，即大多拥护。曾毓隽拿出了在北京拟好的电稿，先由张勋、冯国璋、王占元、倪嗣冲签上名字，随后，竟有四十三人附签了名字。一封"反对唐绍仪任外交总长"的通电便从徐州发出了。

唐绍仪的外交总长，是黎元洪提名的。段祺瑞是责任内阁，段不同意，唐自然无法就任。即使勉为上任，也无法行事。更加上有徐州四十三人的通电，唐已知前途不顺，未到任便随即发了自动辞职的通电。黎段矛盾之第一场接触，府（总统府）派便败下阵来，段祺瑞自然欣喜——此是题外话，暂不提。

徐州第二次复辟会议第四日，终于形成了以张勋为盟主的十三省区大联盟，并制定了《省区联合会章程》（十二项）。章程如下：

一、本团体以联络国防、巩固势力、拥护中央为宗旨；

二、本团体为防止暴动分子私揽政权而设，国会开幕后，如有借故扰乱与各省区为难者，本团体得开会集议为一致之行动，联合公讨之；

三、本团体为拥护国家安宁起见，如不得已用兵时，关于联合区域作战事宜，得公推领袖一人总指挥之；

四、本团体对于所公推之领袖，认为盟主，凡事经开会公决后，即由领袖通令遵行；

五、本团体推张上将军为领袖，遇有重要事体发生，应行主持争执，其不及往返电商者，经由张上将军代为列名，但事后应将原事由电告；

六、本团体如有必须集议之事，应由各省区各派代表到会与议，其集议地点临时决定之；

七、本团体联合以后，各方面如有妨害国家统一之行为及对于政治有非理之要求，为公论所不容者，本团体即以公敌视之；

八、本团体以外各省区如有反抗中央、破坏大局者，本团体即以补足中央制服之；

九、本团体为主持公道起见，凡有挟持私忿，假借它项名义倾陷报复者，本团体应仗义执言，加以保护；

十、各方面对于对本团体如有存心破坏及谋削弱本团体之势力者，本团体当协力制之；

十一、本团体应需经费，由各省区酌量担任；

十二、本章程仅为纲要，所有一切未尽事宜，均由众议随时规定。

捧着这份章程，张勋乐不可支，他睁着双眼望着捧他为"领袖"，授权他"主持争执"，可以"代为列名"等字眼，他昏头了。"我是真正的盟主了，徐州是真正的大本营了，扶主重登大宝之日已不远了！"

就在张勋和他的秘书长万绳栻积极着手策划复辟行动的时候，全国人民对这次会一致表示愤慨，川、滇、黔、湘、浙五省督军率先发出通电斥责。9月29日，段祺瑞在全国压力下，也以政府名义下达命令，禁止军人开会干涉行政。

参加徐州会议的各省军阀一见这情况，个个心神不定起来。有的立即撤回代表，有的电呈退出联盟。徐州督军会散了，那个用"十二条章程"捆绑在一起的团体也散了。张勋复辟能不能成功？还是一个谜。

第十章
日本人灰溜溜地走了

在近代历史上，中国人的事常常受外国人的左右。张勋复辟就如此。一群日本人十分"热心"，他们纷纷来到中国。

北洋人竟不争气，总是望着外国人的脸色办事。张勋就是这样的人。

一个神秘的日本人

冬日的朔风还扑卷着长江三角洲，大地依然是一派萧疏，时间已跃进了1917年。大约是元旦后的第四日，由上海开出的一列客车上，在那个特别豪华的一等包厢里，坐着一个小胡子、光脑袋的日本人，他大约五十岁，挺有精神；丢下豪华的卧具，胸挺笔直地坐在一个小木凳上。窗外飞驰东去的旷野，虽然茫茫一片，那枯萎中的小溪，小溪上的小桥，小桥旁的粉白小楼——这水乡的景致，却别有一番优美，但却丝毫没有诱惑这位日本人。他从开车的第一秒钟起，便闭目沉思，沉思得呆板，沉思得死寂，仿佛他就是专门来享受这颠簸中的静坐。

他叫佃信夫，号斗南，是日本黑龙会的成员，典型的军国主义分子，著名的复辟论者。此番来华，是受"对支那联合会"的委托，"帮助"中国安定秩序的。佃信夫，一个外稳内奸城府阴险的侵略者。他昨日才从东京飞到上海，便马不停蹄地去徐州，他要去见张勋，要自请去做张勋的顾问。不过，他除了政治上了解张勋之外，对张勋的人品、性格却一无所知。这样单刀直入、毛遂自荐，能不能被张勋接受，他心里没有数。他得认真思索，思索一个"共通"的途径，而后入港。在佃信夫印象中，张勋是个武夫，而且是一个很有势力而又极刚愎自用的武夫。就凭他在南京指挥部下抢劫三个日本人，而又拒不认错，便给所有日本人一个上述共同认识。日本人是极恨张勋的，让日本人在中国这样丢脸的事，连皇上、内阁总理也没有谁敢这样做，张勋却做了。日本人从内阁到平民，似乎共同发誓"永不同张勋合作！"此番，佃信夫竟乐意低三下四投奔张勋，不能说不是当今一大奇闻！

佃信夫为张勋事，已在日本本土上这样苦思多日了，但没有结果；这个疑团一直缠着他。到上海来之前，他曾经单独去拜见新上任的内阁总理大臣寺内正毅。寺内没有等佃信夫开口，便连珠炮似的对他说："听说你要到中国去，去干你想干的事。内阁支持你。我明白地告诉你：共和政治不能挽救中国……"

"首相阁下也认为非复辟不可？"佃信夫有些急不可待。寺内摇摇头。"为时尚早。"

"那该怎么办？"佃信夫与寺内正毅虽有相同的政治观点，都认为中国必须实行君主制度，但在做法上却有极大分歧。突出的表现是在袁世凯称帝问题上：寺内主持内阁之后，竟匆忙表示对袁支持；而黑龙会分子佃信夫则认为，中国若恢复君主制，必恢复逊位的皇上，袁世凯只能摄政，却不能篡位。现在，袁世凯死了，帝制派的分歧自然弥合了，佃信夫也不对寺内怀成见，而是主动去访。

寺内见佃信夫还是心神不定地发问，便想释去前嫌，共同努力。他说："君主制对中国最为适宜。如果中国有强有力的人物坚决实行复辟，也是和我们理想相符的。"

佃信夫马上说："盘踞在江苏徐州的典型旧式武人张勋就是这样一个人物。"

"张勋？！"首相显然是想起了因张勋发生在南京的那件不愉快的事。

佃信夫笑了。"这正是张勋敢作敢为的长处。否则，全中国人都把辫子剪了，为什么只有他和他的定武军不剪辫子？"寺内点点头。

佃信夫又说："我对张勋的为人、品行、思想虽了知不深，但对他的实力却是甚为了解的。定武军有精兵两万，实力颇强。在现在的中国，督军们手下有两万军队的已算雄厚，但两万中实际兵员不过一万五千左右，余下空额都填入督军私囊。只有张勋的五万兵力是不折不扣的。"

"那就照你的想法去做吧。"首相说。

得到内阁的支持，佃信夫信心十足了，丢下元旦不过，首先邀请另外两个军国主义分子五百木良三和松平康国，特地从东京出发到日本皇室供祀祖先的庙宇——伊势大神宫——参拜，一是祈祷国运隆昌与皇祚无穷，二是祝告怀抱远大计划前往中国的佃信夫一帆风顺，马到成功，能够把满洲作为日本一片本土奉献给天皇陛下。一切都做完了，他们才临着瑞霭弥漫"神域"的元旦分手，佃信夫而后来到上海……

列车在苏州车站停下来了。佃信夫揉了揉显得疲惫的双眼，走出车厢——他想清醒一下头脑，重理一番思路，在余下的半日旅途中能够苦思出争取张勋的良策。

苏州火车站，尚是一派荒凉景象，房舍矮小，地面坎坷，上下旅客也寥寥无几。佃信夫举目北眺，他望见了虎丘塔。他研究过苏州，知道此塔的修建年代及其象征。然而，他此刻并不想领略它的雄伟和壮丽，他却觉得它展示了一种精神，一种令他有点心颤的威慑——"中国土地上为什么建造了那么多宝塔？塔，是中国人用来藏经的地方，中国有多少经呢？"他心里有点隐痛——日本人最怕中国文明昌盛，他们希望中国人愚昧、无知、落后。可是，中国的大多数人却不愚昧，却很有知识。佃信夫从虎丘塔又想到了苏州的北寺塔，他转过身来，朝着车站南方望去，果然望见那座九层八面砖身木檐混合结构的宝塔。"据说此塔是三国时东吴孙权为报母恩所建。可贵的报恩思想！"转身的时候，他心不由己地默诵起关于北寺塔的诗句："……浅淡湖山归杖底，参差楼阁出林端。"他仿佛意识到中国人有他大和民族永远无法战胜的精神和力量。他的心绪猛添了一层忧郁。

佃信夫回到车厢，依然坐在小凳子上沉默，以沉默去领略颠簸……

佃信夫是"青睐"中国的许多日本人中的一个，对中国的事情比许多中国人还热心。辛亥之役前后，最先对中国感兴趣的日本人是内田良平、田锅安之助，他们组织了"对支那联合会"，先在自己国内的国民外交同盟会内活动，然后到中国；继之而起的，是大竹贯一、五百木良三，他们组织了"国民议会"，但却不议日本的内政而是议中国的内政。这些人在中国活动的结果，造成了中国国内风起云涌的反袁运动；反袁声势起来之后，军国主义分子中西正树、萱野长知、工藤铁三郎等人抱着大陆政策的积极策划与推动者的心态，先后来到中国，在山东讨袁军中出谋献策，煽风点火。这些人已经把中国搞得乌烟瘴气，佃信夫又赤膊上阵，来到中国。

佃信夫是把袁世凯当成最大的对手来中国的。袁世凯死了，他丧失了活动目标，几乎想溜回东京去。正是此时，日本政府的对华政策变了，因为黎元洪任总统，段祺瑞组阁，唐绍仪主持外交事务，日本政府决定援助这个政府，并且派了一个叫青木宣纯的日本人担任北京政府的总统顾问。也就在这时候，日本的另两名黑龙会分子川岛浪速和五百木良三窜到旅顺，与肃亲王共谋，要唆使蒙古巴布扎布出兵占领东三省，使东三省先独立，然后在全国实行复辟。佃信夫对这个局面十分焦急，他知道川岛浪速是不会顺利实现这一计划，并且很可能行动受阻，会使川岛进退无措。他便急忙赶到大连，想设法转圜。陪同他去大连的还有中西正树。

东北的情况恰如佃信夫所料，巴布扎布率精兵三千进至郭家店，即被张作霖的军队所阻，不仅阻，几乎是打得落花流水！他不得不退回老巢。佃信夫这才孤注一掷，认定在中国只有复辟一条路了，只有依靠一个实力派去担当此任。他，便是辫子元帅张勋。这里，我们还得插叙一个故事：

徐州第一次复辟会上张勋为什么对阻止唐绍仪出任外交总长那么热心？这就得联系到日本。

唐绍仪是亲日派，唐绍仪出任外交总长是黎元洪所荐，黎同段祺瑞在内部达成一种谅解：凡外交事务，统由唐处理，不受内阁指挥。段表面同意，内心不快。张勋因南京事件而被罢了江苏督军，早对日本人怀恨在心，看到亲日派唐绍仪主外交，心想不知日本人利用唐搞什么把戏，从而愤愤不平。所以，他支持段的通电。

说来又巧，徐州通电发出之后，张勋忽然获悉"唐绍仪将要从上海去北京就任"。他便急忙派了一位大员持他的亲笔信去上海。唐绍仪接待了张勋的特使，拆信一看，内容是：

> 今闻阁下以某种条件出任外交，想赴任之途必经徐州，务请下车一谈，藉聆雅教。故派特使前往迎接。

唐绍仪深知张勋的为人，在袁世凯未死之前，他就敢于毫无忌惮地高唱复辟，在袁死后的第三天就在徐州公开开复辟会议；他跟日本人又是那样的水火难容的关系，"邀我至徐州，是何用心？"唐绍仪不敢贸然前往。因此，委婉地回了张勋一封信：

> 本人身体欠佳，陆行不便，拟由海路北上，故不能在徐州停留。有负雅意，深以为歉。

唐绍仪不敢走徐州，竟由上海乘船去了天津。张勋不放过他，赶快派秘书长万绳栻去天津，在唐绍仪到天津之前，早已散发了攻击他的大量小册子，弄得唐连岸也不敢登。不久，只好宣布辞职。这事对日本人无疑是个不大不小的打击。佃信夫对此事只好摇头叹息。现在，这个对日本人怀有成见，日本人也颇感头疼的张勋，一忽儿变成了佃信夫要扶持、要依赖的伙伴，实在是一件难处的事。

……佃信夫到达徐州的时候，太阳刚刚落山，余晖还淡淡地笼罩着古城，只是街巷中的行人车辆渐少了。佃信夫走下火车，站上却没有人接待他。他犹豫了："早已告知辫子元帅了，为什么连通常的礼节也没有呢？"他独自随着稀疏的乘客朝外走。当他走出出口处的木板门时，才见一块"欢迎"他的纸牌。来欢迎的，竟是一位毫无名堂的小文官。"佃信夫先生，万秘书长绳栻先生让我来迎接你，请！"

佃信夫心中一愣："怎么，我成了定武军秘书长的客人？"但他转眼再望望那位小官，见他那副颇为高傲的神态，陡然间便使这位自命不凡的军国主义分子领略了中国文章中常见的"白眼相加""侧目相视"所含的深刻意义了。他真想发作一番帝国的雄威——可是，他怕那样接待者会转身别去，故而，他只把怒气往肚里吞了下去，随着上了一辆破旧的车辆。

张勋没有厚待他，他只命人把他送进宾馆的一室，便不再去理他。佃信夫一路的沉默、忧虑，一下子又升腾了许多。

他终于成了张勋的膀臂

佃信夫到徐州，张勋立刻产生了反感——日本人都不是好东西，太霸道了。果然有一天他张勋握有大权，他决不跟日本人交往，并且第一件事就是把在中国的日本人通通赶出去。"中国不买你日本人的账，我看你能怎样我？"佃信夫从上海动身时，是经过外交途径正儿八经地通知张勋的。万绳杌拿着电报问他"如何接待？"张勋瞪着眼问："他是天皇，还是首相？"

万绳杌摇摇头："一个黑龙会的成员。"

"屁！"张勋冷冰冰地骂道，"不接待！"

"怕有伤外交礼仪。"

"怕甚？"张勋还是不屑一顾，"日本国派来一条狗我也得接待？外交礼仪，外交礼仪，还有国格吗？给他间房住下，派个官儿见见他完了，你还当成大事办？"

佃信夫的冷遇，便因此产生了。

佃信夫坐着他的冷板凳，张勋忙他的复辟，日本人到徐州和不到徐州似乎与之没有任何关系。

不知是一种必然规律还是一种巧合，不几日，张勋忽然改变了态度，对佃信夫这个日本人热情起来，热情得出人意料——

张勋的部属中，有一个叫蔡国器的人，官低位卑，少有人知，但此人偏又特殊：青年时代曾在日本读过书，日语说得挺好，很了解一些日本的国情。此人在东京留学时，闻知佃信夫此人，并且有过一面之交，当他知道佃信夫在徐州被冷遇时，便以私交去看望他。佃信夫是有心人，张勋冷待他，他认为是张勋不了解他，不了解他来徐州干什么，一旦他了解了他，他一定会对他热情。于是，他便抓住蔡国器，一股脑儿把来意和盘托出，最后又说："帮助大帅复辟，并非我个人之力，而是得到内阁支持，寺内首相当面对我所谈。我徐州之行，应该说是奉命而为。张大帅并没有看清这一点，他以为我的到来像你们中国的富翁来了穷亲戚一般，是'打秋风'的。错了！我可以说一句大帅并不愿听的话：当今中国的复辟，没有日本政府的支持，是绝对办不到的。请你转告张大帅，日本政府并不想在中国获取什么，而只是出于东方道德，帮助中国人寻求一种文明、幸福！"说罢，他才把在上海动身时李经迈给他写的一封介绍信拿出来。"此信请你无论如何面交张大帅。就说是上海的姚文藻、郑孝胥和升允我都见过了，是他们请李经迈先生写这封信的，大帅会明白一切。"

蔡国器别了佃信夫，匆匆去见张勋。

张勋听了蔡国器的介绍，又看到李经迈的信，心动了："日本政府果真助我一臂之力？佃信夫果真是得到日本内阁的示意来中国的？"他又看看李经迈的信，觉得姚文藻、郑孝胥这些人都是大清遗臣、热心复辟，而升允是蒙古王公贵族，早就纠集满蒙王公、八旗残部等打起"勤王军"的旗号，是满蒙势力复辟的总代表，张勋信得过他们。所以，张勋当即对蔡国器说："你告诉佃信夫，我马上单独会见他。"

张勋是在花园饭店一间幽静的会客室会见佃信夫的。为了不扩大影响，只有蔡国器作为介绍人兼翻译在场。张勋挺胸仰面，一派轩昂，只说了两句外交辞令，便坐下来。佃信夫猛然间觉得自己的武士道精神受辱了，直挺挺地站在那里，瞪着秃鹫一般的目光望着张勋。张勋笑了。

"斗南先生，欢迎你来徐州。我很希望我们的合作是愉快的，顺利的。"佃信夫说："我也不愿意看到不愉快和遇到不顺利！"

"听说斗南先生对中国的事情颇精通，绍轩愿意聆听高见。"

"没有什么高见，我只想传达一下寺内内阁的态度。另外，便是想同大帅探讨一下历史经验以及与中国的关系。"昨天，佃信夫还垂头丧气；今儿，张勋的到来，他倒一下子神气起来，语气也变得不一般了。

"绍轩愿听。"张勋虽然对佃信夫的态度有反感，但还是耐着性子，表现谦虚。

"寺内内阁是全力支持中国复辟的。"佃信夫明白表示，"中国除了复辟，再无坦途。"

"寺内阁下是这样认为？"

"是。他当面对我说的！"

"我感谢他了。"

"大帅，我们日本人是关心中国的事情的，我们的态度是极其慎重的……"

张勋高兴了，他忘了自己的身份，也不计较日本人的态度，他满面笑容、专心致志。"这样，我的看法同日本内阁不谋而合了，我很高兴。"

"大帅，你会同意我们的看法吗？共和政治不可能把中国从混乱的局面中挽救出来。若想拯救中国，必须实行复辟。"佃信夫站了起来，他端起茶杯，慢悠悠地抿了一口，又慢悠悠地说，"大帅，你研究过英国的克伦威尔这个人吗？"

"克伦威尔？"显然，张勋是不知道他的。

"克伦威尔，Oliver Cromwell。"

张勋眨了眨眼睛。

"这个人很像中国今天的某些人。"佃信夫说，"那是十七世纪中叶，克伦威尔把英皇查理处死了之后，便积极推行共和政治，但国政却不能顺利推行。徒具共和之名，实际上却在进行着空前未有的血腥镇压。于是，国内政治混乱不堪。结果不到十年，还是把查理二世迎接回来，恢复了君主立宪制度。从此之后，才发展成为今天这样一个稳固的国家。"

"真有这回事？"

"这是英国历史，千真万确。"

"对，中国今天所以这样乱，就是因为实行共和制度。"张勋兴奋了，他扬起巴掌，拍了一下自己的大腿，站起来，"中国的共和制度，同样是血腥镇压，中国今天闹得支离破碎，就是因为共和制度，这是中国人民的最大不幸。中国的混乱，给外国人可乘之机，谁都想来抓一把。我干对了，我得拯救中国，我得像当年英国请回查理二世那样，把宣统爷请出来，由他实行立宪，把中国重新建设好！"说着，他走上前去，同佃信夫紧紧地握着手。

张勋厚待日本人佃信夫的事，在徐州产生了不同的反响：有人赞成，有人摇头，有人想看看再说。于是，各种意见都反馈到张勋耳中。张勋冷静地思索着这些问题，决定变换一种方法，对这个日本人进行一次"火力侦察"。

蔡国器奉张勋之命，又来到佃信夫住室。这一次，他的态度有所不同，二人一见面，蔡便说："佃先生，有句话我不得不对你直说，也许这关系到今后你同大帅的合作问题。"

"请讲。"佃信夫心平气和。

"这次你和大帅见面，我发现阁下神气不对头。"

"什么不对头？"

"大帅毕竟是定武军的统帅，定武军是一支什么队伍，你也清楚，何况大帅的年龄也比你长十二岁。他的地位和影响都是神圣不可侵犯的，佃先生应该注意礼节。"

"什么礼节？"佃信夫有些倨傲了，"我们是来帮咱大帅完成他的使命的，不是我有所求他。"

"他也未必求你。"

佃信夫看了蔡一眼，心里冷冷地颤了一下，然后，缓了缓口气说："本人乃日本人士，世界上没有比日本更为重视长幼之序的国家。本人对张氏毫无亏于长幼之礼。"

"但愿如此。"

……张勋对这次"侦案"并不满意，他决定单独会见他。

佃信夫见张勋又到，尚不待坐下便说："如以敌视日本的态度进行复辟，那是非常错误的。必须事事接受日本的诱导和扶持，复辟方能成功。"

张勋淡淡地笑了，他一边竟自落座，一边说："关于复辟之举，本人并无向日本求援之意。所以又同先生接谈，则小有他想。"

"什么想？愿明示。"

"清帝的退位，是段祺瑞带头劝告的，故对复辟之事，段氏绝无赞成之理，此点已十分清楚。因此，将来发动复辟之时，势将与段难免一战。若与段交战，在北京的宣统皇帝可能发生不测，这是本人深为忧虑的。若是宣统帝发生危险时，日本公使馆如能予以接应，并加以保护，本人则可以毫无顾虑地与段一战。愿烦先生尽力者，仅此而已。"

佃信夫呆了，他没有想到一个中国武夫在干这样的事情时只需日本人做他的"保镖"，他不舒服，但又一时无法表白。

张勋又说："大约两个月前，驻天津的日军一个将领经直隶省长朱家宝介绍来徐州，询问我有什么想法，本人也是这样对他说的，请助一臂之力。该将军说：'此事本人不能擅自做主，当将尊意转达日本政府，然后根据政府的意见再明确答复。'不意该将军一去迄无消息。看来日本政府的真实意图还是要援助段祺瑞继续实行共和政治的。"

佃信夫陡然感到冷飕飕的，他没有想到张勋一个粗人竟先发制人，来个政治攻势，一时语塞。半日才又重述一番寺内首相的态度，最后又说："寺内首相会满足阁下的希望，赞成复辟，并尽力保护宣统皇帝之安全。但从程序上看，大帅应该先向日本政府表明：复辟是全国舆论之归趋，然后再请求予以谅解。"张勋还是淡淡地一笑："容我再思索思索。"

摇摆不定的日本政府

不知为什么，外国人的诱惑，常常令有头脑的中国人发昏。两天前张勋对日本人的"友好"表示还要"再思索思索"，到了第三天黎明，他忽然下了决心——

"来人！"他冲着尚未脱去昏暗晨曦的室外大喊。"大帅……"一个值夜班的侍从来到他面前。

"马上把蔡国器叫来。就是那个会说日本话的蔡。"

侍从出去片刻，把蔡国器找来——他满面倦意，睡眼蒙眬。"大帅，你找我有事？"

"废话，没事大清早找你？"张勋怒冲冲地说，"你去请佃信夫，我有急事要见他。"

"是！这……"蔡国器有点犹豫。

"怎么？"

"是不是时候太早？只怕日本人尚未起床吧？"

"……"张勋望望天空，舒了一口气，"你看着办吧。我急着见他。"

第一道阳光洒进巡阅府院中时，蔡国器陪着日本人佃信夫走到张勋面前。

"大帅早安！"日本人陡然变得礼貌起来。

"斗南先生请坐。"张勋握着佃信夫的手，也还以礼貌，"我思索了先生前天讲的话。我认为先生的态度是真诚的，并且相信寺内阁下也会是真诚的。"

佃信夫笑了。他笑得很坦然，仿佛他早就应该这样笑。"日本政府是十分关心中国的事情的。"小胡子又一次如是表示，"很想了解大帅的行动情况，看看你的准备……"

"我已经对阁下直谈了。"

"那不够。"佃信夫抢着说，"我们想看看成文的资料。"

"什么成文的？"张勋莫名其妙。

"大帅不是已经召开了两次徐州会议了吗？会议立有誓约，可否将该誓约提供寺内首相？"

"誓约？"张勋锁了锁眉。

"就是你们那个十三省《省区联合会章程》的'十二条约法'。"

"嗯。"张勋明白了。

"徐州会议，虽然西南五省未曾出席，但却有十三省督军参加的，并均对复辟表示赞同。故该誓约亦可视为舆论的代表。如能将该誓约持往日本，不但寺内首相可以谅解，其他有心之人亦将一致同情。"日本人的态度表明了，"谅解"是外交辞，潜台词却是"由日本批准，批准后可以给予支持"。日本人的话张勋是听懂了，但他却没有反感——他不能反感，三天的思索他就得出了这样的结论：没有外援，他是无法复辟成功的。他很认真地对比了所有的军阀：段祺瑞，吴佩孚、张作霖、曹锟，谁没有洋人做后盾？只要能成功，洋人又怎么样？没有洋人的支持，孤立地败下去，空有雄心。与其"清廉"地自灭不如找个靠山发达起来。张勋算是猛然悟出了一条发迹的坦途。他不光不计较日本人的态度，反而问日本人："怎么样把《章程》传往日本呢？"

佃信夫胸有成竹："如有适当的人持誓约去日本，我愿做引荐，一定可以见到寺内首相。"

张勋忙说："好好，合适的人是有，让升允老人去一趟吧。"日本人赞同地点点头。

张勋急忙派人到上海，找到升允，说明情况，又交给他十三省《省区联合会章程》副本和旅资。升允既是复辟的热心派，又是官差，何乐而不为？于是，匆匆收拾行装，东渡日本。

日本人善于故弄玄虚，佃信夫本来可以同升允一起动身东渡，但他却故意晚行一日，并要升允在东京"务必等候"。这样做似乎表明升允东渡与他本人无关。果然，升允先一步到东京，佃信夫到了之后，才商定去见寺内。

寺内正毅因为重感冒在家养病，听说佃信夫带领清朝一位遗臣，为张勋复辟事来见他，急忙更衣整容，在首相官邸以使臣身份接待升允——

六十六岁的寺内正毅，一个魁伟的军人，刚接任首相不久，他想以军人独特的作风，使这届政府变得雄风大振，国威空前，像他自己一样，一年数次腾达。中国，自然成了他的第一个目标。

寺内正毅，长州藩士出身，生于1852年，十六岁便参加了函馆战争，打了几仗之后才又进入大阪兵学校学习；1882年三十一岁出任日本驻法国公使馆武官，四年后回国任士官学校校长；四十六岁进入内阁，任教育总监，不久便任了参谋本部次长。是他主持的日本军队加入入侵北京的八国联军，他是沾满了中国人民鲜血的刽子手。由于他的军国主义思想极强，侵略别国有方，从1902年起，他便出任日本内阁陆军大臣，并且连任三届。日本吞并了朝鲜之后，寺内出任朝鲜总督。本年刚刚升任元帅之后便出来组阁。这样，日本成了最完备的军人政府，因而，日本现政府执行的除军国主义便不可能是其他。寺内对升允的热情，也即出于军国主义的宏观计划——吞并中国。

寺内首先听了佃信夫的报告，而后接见升允。

升允慌张得几乎要对寺内行跪拜礼。寺内急忙把他扶在椅子上，笑笑说："日本政府欢迎阁下的到来，愿意以最大势力帮助阁下完成使命。"

升允双手捧着装有《省区联合会章程》的木函，递给寺内。寺内以庄重严肃的仪容启函阅读，而后，以温和的语调说："张氏的希望，本人业已知道了。本人当命驻北京公使注意保护宣统帝的安全，你们可以放心。"

升允这才重又站起，深深鞠躬，说："张上将军诚心向首相阁下问候，并祝天皇陛下万寿无疆！"

寺内微笑点头，示意升允坐下，然后说："诸君既已根据十三省督军联名宣誓的精神图谋复辟，日本没有理由加以反对，请勿顾虑，尽可按计划行事。张氏既已声称不要求日本给予任何援助，本人也但愿如此。然而，此等事体是需要多方准备的，故请转达张氏，如有需要援助之处，尽可提出。"

升允听了寺内那不急不慢的言语，心里不安起来："寺内到底是不愿支持还是想支持？"他欠了欠身，想问明这件事，但又敛口了。"既然日本不反对复辟这件事，求援不求援、援助不援助那是后话，何必这样急呢！"于是，升允又坦然地坐定了。

寺内似乎并不注意升允的表情，他还是平平静静地说："听说先生寄寓青岛，归国之后，可能遇到某些不便之处，届时尽可以与日本驻军司令官大谷商量，不必客气。我亦将致函大谷，说明此意。"

升允，一个清朝矢忠守节的孤老遗臣，得到日本首相的如此"关怀"，自然感激涕零，立时老泪纵横，不能自禁，泣不成声地说了两句致谢的话。日本首相也还以同情的慰勉。

升允出了日本首相官邸，心里十分欣喜，觉得大事已办成，周身有了力气，便匆匆同佃信夫告别，先回中国来了。

升允和佃信夫先后回到徐州，汇报了东京之行的情况，张勋十分高兴，立即召开参谋会议，商讨如何行动。

张勋和他的参谋们兴奋得有点儿迫不及待了，会议没有做过细的讨论便做出决定。参谋长综合大家的意见说："日本既已表明态度，宣统皇帝的安全亦无须担忧。既如此，就应该及早举兵，发动复辟。"

张勋粗中有细，虽有同感，但却没有明白表示。他把佃信夫找来，把大家的意见对他说明，请他表示个态度。

佃信夫连想也不想，马上摇头，说："诸君急欲行事，其情固可理解，唯此次复辟，不宜作为张氏个人的单独行动，而是十三省的共同事体。只有十三省督军联合举事，才能算是代表全国的意志。为此，必须有足够的时间，使每人都能做好充分准备。如放在（1917年）4月末5月中间约定一个共同日子起事，方不失为万全之策。"

是的，张勋对于那些在联合章程上签了字的省区能否出兵，还没有把握。甚至对他们是真心是假意，也还得再摸摸。匆匆举兵，光靠自己这一群辫子兵，能否胜任？他心里不踏实。就说他决心"决一雌雄"的皖系段祺瑞，他也没有把握战胜他，何况段祺瑞又是内阁总理和陆军总长。张勋眯着眼睛，半天才说："斗南先生的意见是宝贵的，我们必须再做些准备，包括联络各省。"

经过再次商量，定武军的参谋们终于冷静了头脑，决定接受佃信夫的意见，积极同各省联络，力争取得一致意见再行动。

本来该平静的事情，谁知又突然发生了变化：日本政府改变态度了，不支持复辟——升允从青岛传来日本陆军大臣大岛健一给青岛日本驻军司令官大谷的一道训令。这道训令的内容是：

> 关于复辟之举，贵官与升允会谈时应注意下列原则立场：
>
> 日本政府，对于中国的内政问题本无干涉之意，但在此时发动复辟，造成混乱，不但对中国不利，即对宗社党的前途亦颇不利。故望贵官无论在任何情况之下，都应力劝升允：发动复辟，目下尚非其时。

这个训令送到张勋面前，张勋气得直吹胡子："小日本玩的什么鬼把戏？首相支持我们复辟，陆军部不许我们复辟，你到底谁是日本国的当家人？我他娘的谁也不靠、谁也不听，我想何时复辟就何时复辟，关你日本人屁事？！"

佃信夫灰溜溜地走了

日本陆军大臣大岛健一的"训令"，与其说是激怒了张勋，倒不如说是激怒了佃信夫。无疑，这个训令把佃信夫推到狼狈的境地，张勋骂得对极了，内阁首相的面谕陆军省只一个电令便抵销了，首相何为，他佃信夫何为？日本人在中国一个军阀面前能如此出尔反尔吗？佃信夫觉得丢人，觉得再到张勋面前便没有他高大了。

佃信夫是典型的武士道精神信奉者。武士道是讲究忠君、节义、廉耻、勇武和坚忍的。自我失信了，精神就不成其为武士道了。反复思索之后，佃信夫决定毫不含糊地去对张勋表明自己对陆军大臣训令的不同看法和个人意见。

正是张勋满腹牢骚之际，佃信夫出现在他面前。不待佃说话，张勋即把那份青岛转来的"训令"摆在他面前。"斗南先生，这是怎么回事？"

佃信夫也忙从身上拿出一份"训令"的汉文译本，说："我正是为此事来见大帅。"

"是不是有人别有用心，编造陆军大臣训令？"

"不是编造。"佃信夫说，"千真万确的陆军省训令！"

"那你来见我还有什么意思？"张勋把佃信夫的那张纸头往他面前用力推去，"我觉得先生的戏已经到了该谢幕的时候了，你不打算收拾行装回日本去吗？！"

"大帅，你听我说。"佃信夫有些焦急。

"嘿哼……"张勋转过身去。

日本人随着张勋转身也把身转过去。不过，他不是背过另一边去，而是转向张勋面前，像一个认错的孩子用一种乞求的目光望着张勋的脸，说："大帅，本人深信陆军大臣所以发出这样的训令，其背后一定隐藏着非同寻常的原因。寺内首相是一个几乎近于固执的坚定人物，堪称武士道精神的典范。他从前既然许下那样的诺言，如今又叫陆相发出这样的训令，其背后必然有着万不得已的隐衷。"

"这正是我需要你解释清楚的。"张勋紧紧逼上，"请你说出什么'隐衷'吧？"

"本人愿赴济南，由该地发出电报，并以详细的书函询明寺内首相的真实意图，以明个中原委。"

"不必再询明了。"张勋狠狠地摇了摇头，"你们陆军大臣的训令已经说清楚了。"

"啊？！——"显然，佃信夫不明白。

"你们是说我复辟会造成混乱，这种混乱对宗社党不利。原来你们是想大力复活宗社党的,想把宗社党扶起来,由他们复辟。"

"不,不。"佃信夫忙说,"谁人不知,宗社党只是善耆、溥伟等一般王室成员打着'勤王'的旗号,采取'申包胥哭秦廷'的办法搞什么复辟的,早已失败了。其重要成员升允目下不正为大帅效劳吗?日本人只是对这群人怀有好感,其实也是因为他们与大帅怀有同样宗旨。"

张勋觉得也有理,便默不作声。

"大帅,"佃信夫又说,"请你放心,我是一定会向内阁询明情况的。"

"那是你们日本人的事,我不过问。"

"大帅,请你相信我,本人也有自己的信念和主张。本人既与诸君共事至今,突然发生这样的反复,本人只有献出一己之性命与诸君共其始终。"

"那你为什么不直接去东京?"

"我想在济南先函责内阁,候其复书再定行止。"

"你想怎么办就怎么办吧,我得去办我的事情了。我也告诉你:本人也有自己的信念和主张。我会按照自己的信念和主张办事。"

"大帅,请你冷静一下,听我说。我会去见首相阁下的。此事我已决定:或置大岛的意见于不顾,与诸君一道决行复辟,死生自当置之度外;或默不作声溜回东京。我是不会采取后者的。"张勋见这个日本人为中国的复辟如此"热心",平心而论,自己也确需有靠山,表面虽雄赳赳,内心还是嘀咕咕的。于是,又缓了缓口气说:"好吧,先生动身去济南时,我将派大员随行。但愿先生会有好消息传给我。"

由日本人去"询明"他们内阁和陆军省的情况吧,我们还是说中国的事情。

张勋在徐州忙得焦头烂额的时候,北京城的大乱也由暗到明地潮涌起来——

袁世凯死了之后,黎元洪以副总统继任总统,段祺瑞任国务总理。黎的继任,是袁世凯留下了遗言的。这个遗言是对徐世昌和段祺瑞二人当面说的。段当时心里不服:无论凭实力还是凭对北洋大家族的贡献,段祺瑞算是第一的,继位只能是他。袁的遗言虽有法度可解,但却有违事实。因而,形成事实之后,黎段之间便不协调。黎元洪继位之后,积极恢复国会,欲趁机扩大总统权力;段则以国会重开,条件不成熟,意在缓举。矛盾渐明。此时,南方各省一致主张恢复约法与国会,海军李鼎新为此事还发出独立宣言，段无可奈何，只得同意开国会，立宪法，并选举冯国璋为副总统。此举之后，黎元洪即把心腹四大金刚金永炎、哈汉章、黎澍和丁佛言拉到身边，作为左右手；而段祺瑞则把心腹徐树铮委以国务院秘书长拉在身边，以示抗衡。这些人，既是天才又是不安分分子，相互对立，挑拨作梗。因而府（总统府）院（国务院）之间矛盾加深。

有"小扇子"之喻的徐树铮，是被世人称为"合肥魂"的，对于黎的开国会、立宪法、扩大势力早已心中不平，很想在黎面前耍弄他一番，也探探黎到底能硬到何种程度。一天，他同段祺瑞商量好，决定任命福建省三个厅长。他便拿着三人的任命书要总统去用印。黎元洪明知是来刁难他的，还是问一句"三人的情况都查了没有？"徐树铮却只冷冷一笑，说："总统不必多问了，请快点盖印吧，我的事很忙。"黎元洪虽气却不得不用印。但那日子之后，黎却决心除徐。事又凑巧，此时突然发生了一件贷款事件，使府院之争一下子白热化起来！

中国银行为了兑现负债，当由内阁决定向外国银行借美金五百万，言明按九一交款。此事内阁定后秘密周旋。内务部长、黎元洪的心腹孙洪伊，是段祺瑞、徐树铮的死对头，竟将此事泄露出去，借报纸作了披露，引起五国银行的抗议，并由此引起了票价猛涨。徐树铮趁机制造舆论，说"孙洪伊以贱价购买中票，以高价抛出，损公利私，谋取厚利"，请总统免孙的职——府院矛盾更加激烈。

黎元洪便以"平息府院矛盾"为由，同时免了孙洪伊和徐树铮二人之职。谁知这样一做，激怒了段祺瑞，段认为黎是破他的手臂，于是决定驱黎下台。

中国统治集团"内院"起火的时候，第一次世界大战正酣：以英、法、俄为核心的一方和以德、奥、意为一方的一场空前大战在欧、亚、非三洲展开，这场战争共卷进去三十三个国家，人口在十五亿以上。

中国在这场战争中倾向谁，成了府院的突出点。段祺瑞不经国会议决，以国务院之名发表对德宣战，同时决定与德断交，驱逐德国公使，收回德国租界及津浦铁路北段租用权，停付对德赔款。

段祺瑞之举，黎元洪十分恼火："如此大事我总统还没说话，你倒先干起来了。欺人太甚了！"就在此时，德国人向中国总统提出照会：断交可以，赔款中止不能接受。中国政府应做出负责任的答复。

　　黎元洪有国会做后盾，一怒之下，开国会，决定免了段祺瑞国务总理之职……这便逼得段祺瑞不得不无可奈何地躲进天津自己的公馆。佃信夫到济南之后，即给首相寺内正毅发了一封很长的电报，同时还写了一封长信给内阁书记长官儿玉秀雄——他真积极，中国的复辟几乎成了他日本人的当务之急了。

　　佃信夫在济南焦急地等了将近一个月才接到由他的同志、黑龙会成员长岛隆二转来的一封信，信上传达了首相的意见：

　　关于中国的内政，我国政府之不干涉迄今毫无改变……中国的形势，本人深为忧虑：盖以俄国革命，在政治上和思想上给予中国之影响必不在少；而且中国内部情况亦日趋复杂，险象环生。当此之际，应切忌轻举妄动。

　　陆军当局所发之电报，本人毫未得知。猜想陆军当局深恐轻举误事，故特发此电令，以唤起注意。事关机密，切勿泄露。就今日周围之形势观之，发动复辟，因恐万难奏效。一旦失败，吾人不独为中国之前途忧，亦且为有关人员之安危惧。将来须肩负两国重任之人，尤应谛观形势之演变。切不可意气用事，以遗他日之悔。

　　佃信夫见这封信方才觉得此事的棘手，觉得陆军忧心之重。无可奈何，他不得不再忧虑地回到徐州，只向张勋撒了个谎，说"要去东京面见首相"，并告诉张"愿与寺内首相同心戮力，使陆军部幡然觉悟，赞同我们的（复辟）行动"。而后，便只身回日本去了。

卒边加石，乃"碎"字也

　　佃信夫走了。佃信夫离开徐州的时候，又来了一个日本人，叫田中义一，是日本任着现职的参谋次长，算是一个有来头的人，并且还是北京陆军部新任讲武堂堂长张文运陪着来的。

　　张勋不想接见他，一个日本人佃信夫已弄得他烦躁不安，这种烦躁正是来自日本陆军省，他怎能再对参谋次长热情呢？另外，那张文运虽是张勋的换帖兄弟，可是，因他不同意帝制，早跟张勋不是一条船上的人了。张也不愿再热情待他。

万绳栻见张勋态度冰冷，便劝道："大帅，得克制点，做点表面文章。那田中义一毕竟是日本有影响的军中人物，是军方的代表，较起佃信夫，大不相同。说不定他会带来陆军省的确实消息。"张勋被劝活了，他决定接见田中义一。

田中义一，是日本一个炙手可热的人物，是军事家，又是政治家，后来不仅做了一个很有影响的政治团体政友会的总裁，还做了内阁总理大臣。在侵略中国的罪恶史上，那个起决定作用的《田中奏折》就是他这家伙炮制的。此次来徐州，他是肩负着陆军大臣的重托来的——

平心而论，日本内阁和军方，都是诚意诚心支持中国恢复帝制的。后来，军方所以态度变了，是因为世界形势变了，第一次世界大战一交火，日本投入了，投入得最早，他们想拉中国为伙伴。中国的军方实力派是段祺瑞，他们当然是要拉段。拉段投入世界大战，成为其"战友"，要比帮张勋复辟更为最急之务。所以，他们丢下张而拉起段。尽管内阁尚不明确表示态度，而陆军和外务两省是明白无误的。田中义一此来的首要任务，就是劝张勋"暂缓复辟"，而日本人则向段表示友好。

张勋心怀侥幸，热情款待田中，又陪他游览了徐州名胜古迹。一切殷勤之后，田中义一明明白白地给张勋留下一句话："（关于复辟事）时机尚早，希慎重考虑。"张勋一句话不答匆匆回到自己房中，拍着桌子大骂："什么他妈的'慎重'？日本人不支持复辟你们就直说，在我面前耍什么鬼把戏？不靠你日本人，看我能不能复辟成功？！"

段祺瑞退到天津，并没有隐居。他不服这口气。他不能服。国务总理被免了，他还有自己庞大的皖军，他有发言权，他完全可以我行我素。所以，他退到天津不久，便把"小扇子"徐树铮从上海招来，要对黎元洪动武。

"又铮（徐树铮字又铮），黄陂（黎元洪黄陂人）动杀机了，咱们不能不动。"

"小事。"徐树铮说，"看看再说。"

"我想发兵。"

"出师无名。"徐又说，"不能因为他免了你我的职，你我就发兵征讨他。"

"太消极了吧？"

"不消极。"徐树铮说,"眼下好比一盘散沙,若硬是去筑塔,则遇风便倒。"

段祺瑞手持白瓷杯说:"此杯聚合而成,我握掌中可不碎,若放手,便碎了。"

徐树铮笑了。"杯不由我碎,待碎时由我全之,则反易耳!"

"这……"段祺瑞心里一动。

"这是其一。"徐树铮说,"其二,目下世界潮流倾向共和,中华命运依赖共和。帝制刚取消,共和方兴起,黎元洪乃共和总统,应潮流,顺民心。出师讨伐他,岂不自讨罪过……"段祺瑞呆了。

"看看再说吧,会有办法的。"

……段祺瑞毕竟是一只百足之虫,虽死却不僵。他被免职了,他退居天津了,他的属将,他的根据地却在翻波逐浪:安徽省长倪嗣冲——皖系的骨干人物——首先宣布独立,各省督军、省长相继响应,一股反对以黎元洪为首的反政府运动在全国热烈地掀了起来。

张勋近来情绪十分消沉,消沉中流露暴躁。徐州,随着季节的渐冷,城市也冷了:督军和他们的代表大多返回各自的领地了;日本人也离开了徐州;那位自称"文圣"的康有为,一直在隐蔽中,除了张勋之外,很少有人接近他,即便早日要员汇集徐州的时候,也几乎无人知道康南海在徐州。张勋锁着眉,常常神不守舍地自言自语:"下一步棋怎么走呀?!"

下一步棋怎么走?张勋心中无把握。张勋想不涉足北京的"府院之争"。他心里明白,无论黎胜还是段胜,他们都是打"共和"的旗号,没有人想复辟,今天站在谁一边,明天免不了都是敌人,得一死战。一想到北京,张勋心里就愤怒:"都是些名利之辈!"

张勋最相信徐世昌,袁世凯死了之后,张盼徐出来执政。可是,"壮志未酬"却发生了变化:徐世昌派陆宗舆来徐州,具体商讨复辟事,张勋很高兴,马上盛情款待。可是,陆宗舆在同张勋商讨复辟大计时,竟然说了这样一段话:

"大帅,卜公对于此事思考最密,想待大事成后,宣统复位时,应设辅政王一人,代皇帝执掌政权,这人应以曾任大学士、军机大臣的汉人充任,由皇帝任命,十年一任,任满得连任。这样……"

张勋一听便火冒三丈——他不能不冒火:设辅政王算什么复辟?辅政

王还得大学士、军机大臣充任，这不明明是你徐某人想篡权吗？！岂有此理——马上摇首。

"不必说了，徐大人设想的复辟不叫复辟，辅政王与皇帝有什么区别？我看，这不过是徐大人图谋个人富贵的设想而已。张某不愿这样做，你回去直告诉他吧。"

此事之后不久，钱能训又从天津拿着梁启超的信来找张勋，说是"北洋、交通、研究各系，共同议商成立举兵讨黎元洪的参谋处于天津，推举徐世昌为海陆军大元帅，雷震春为总参谋长，请绍帅领衔通电各省派代表来津，组织临时政府……"

张勋还是不待人把话说完便摇首。"横生枝节。我不干！"

张勋不干，别人还是干。研究系通电全国，以"保持共和国体"为名进行讨黎。结果，依然毫无建树。

张勋还有一件事很恼火：在他紧锣密鼓复辟时，曾托广东顺德人、任过外务部尚书的梁敦彦和德国公使辛慈商洽，经过青岛向德国商人购买军火，辛慈答应援助。段祺瑞决定对德宣战同时断交，辛慈不得不下旗回国，张的购军火及德援自然告吹。他尤加恨段。不称心的事情连连发生，张勋能不焦虑？！

张勋闷坐无聊，遂从侧门走出。因是便装，并无人注意他。他漫步到二眼井畔，见一老朽正一片白毡铺地，为人相面测字。他忧然心烦：张勋一生曾郑重其事地两次测字，结果，两个大疑团至今不解。所以，他一见此情，便产生反感："骗人，骗钱！"他想走开，但恰是那人为人说"相"，说，"命大之人，是有天象的。天象的变化预示着人事的祸福吉凶……"接下去他又谈星座。

张勋凑上去，问："你说命大的人星象有预示，可是真事？"

"一点不假。"

"皇上打个喷嚏，天上也有预示。"

"这就要看有没有高明的星象家去观察了。"老朽说，"《后汉书·严光传》上就记载了这样一件事：光武帝与严光同卧，严光把脚伸到光武帝腹上。第二天太史便报，'客星犯御座（帝座）甚急'。不信你去查《后汉书》。"张勋见说得头头是道，一时也没了主张。接受前两次的教训，不敢再抽签了，他说："我抽字，你给我测测如何？"

"只要诚心，自然乐为。"

张勋想出一个字，一时又不知出一个什么字才好？转眼身旁，见一块小石头，忙捡起，说："你就以'石'字来测吧。"

老朽拿过石头看了看，说："石者构成地壳的矿物质硬块也。是一个孤单词。先生想把这石配什么物体，说明之后再测。"张勋不假思索地说："配什么？我是个当兵的，就配我。"

老朽猛然打了个寒战，便不言语。

"怎么？主吉主凶？"张勋急问。

"先生还是不问吧。"

"我一定要问。"

"恕我直言。"老朽说，"先生最好近期莫想心思，想什么会败什么，不祥之兆呀！"

"说清楚，什么不祥？"张勋追问。

老朽不能不说了。"你先生是个当兵的，兵者卒也，卒边加石，乃粉碎的'碎'字。先生干什么都会粉碎，岂非不祥？"

张勋也猛然打了个寒战。他离开二眼井，心情不安地边走边想："石头加卒——粉碎的'碎'，粉碎……"

第十一章
辫子军挥师北京城

张勋坚定了一个信念：中国绝对不能没有皇帝；中国的皇帝非爱新觉罗氏莫属。因此，无论世界有什么潮流，张氏信念不移。

徐州又开了两次复辟会议，"勤王"的辫子军终于挥师进京。

匆匆举行的第三次徐州会

张勋不相信他会碎。他相信他会成功，并且很快。

张勋迫不及待了。国中形势大乱，不从乱中抓紧，形势稳定了便不好下手。此刻，他早把日本人的所谓劝告丢到九霄云外去了；尽管他对前次徐州会议的十三家中有些家并不放心，可是，他们毕竟有个《章程》，有"十二项条约"，条约上明明写着他"张上将军为领袖"，他还是认定他们会支持他的。他想抓紧再开一次徐州会议。

1917年元旦后的第四天，南京城突然热闹起来了，有二十多个省和三个行政区的军事长官汇集于江苏督军冯国璋的官署，来为这位副总统庆祝六十岁大寿。冯国璋，长衫马褂，一派绅士派头，满面含笑向来自南北方的代表拱手致谢；督军署内外，张灯结彩；一群侍从披红挂绿，里外应酬；城中心的几家大饭店，也全被占下待客，另外还在贡院街秦淮河上设下几只画舫，请来了江南丝竹名伶日夜弹唱。

这一年，冯国璋算是走了鸿运了，路子走得很顺，赶走了张勋之后，他稳占南京，有了坚固的江南阵地；当选了副总统，又在争权上添了一层资本。最使他兴奋的，是他刚刚领衔发出的"掬诚忠告"通电。糊涂人以为他是为段内阁的垮台鸣冤；明白人却清楚地知道，那是受了研究系首领梁启超的怂恿，率领二十多个行省和地区的军阀们向总统、总理、国会三方发出的警告，要他们明白，如今的天心不在北京，而在南京，"我冯华甫是天心的核心人物！"过去，冯国璋从不为自己做寿，这次非做不可。他的新夫人周道如曾多次劝阻他，对他说："如今形势甚乱，请那么多军政界头面人物来南京，会不会引起北京的怀疑？"冯国璋又摇头又点头，说："我正担心这种影响小呢。我就是要告诉北京：段合肥的国务总理被免了，内阁散板了；黎黄陂的大总统指挥也不灵了。我一声号令，竟有二十多省拥护。现在，他们又来南京为我祝寿，更说明他们倾向我！"

冯国璋把自己估计过高了，莫说中国的南方、北方，就是他的辖区，也并非冯氏天下。盘踞在徐州的张勋就根本没有把他放在眼里。

冯国璋领衔发出"掬诚忠告"通电的时候，尽管有些意图还和张勋不谋而合，张勋并不感兴趣，他不附属签名。并且在不久之后还联合一些军界领袖发出一个请求北京政府罢免国民党系的财政总长陈锦涛、司法总长张耀曾和农商总长谷钟秀的电报。为冯祝寿，张勋却不到南京来，究竟谁来主天下沉浮？还得看看再说。

冯国璋南京寿庆正是热闹非凡的时候，一位北京客人秘密到来。他便是段祺瑞的高级幕僚曾毓隽。

"云霈，你也来为我贺寿，感谢至极。"冯国璋有点受宠若惊。

"副总统大寿，我能不来！"曾毓隽说，"而且还有重命在身。"

"是合肥所托？"

"正是。"曾毓隽这才拿出段祺瑞的亲笔信。

冯国璋一看，是段要冯支持他的对德宣战主张，还有请冯联络江南各势力倒黎元洪。"事若成，总统大位自然非甫公莫属。"

冯国璋对于总统大位早已垂涎三尺。但此人素来圆滑，他与段是同学又是换帖弟兄，深知段的用意是"倒黎"，可他，也想借段势力上爬，却又不想出面得罪黎元洪，于是，便笑笑说："云霈公，你是不知道，江南的事，我虽以副总统的身份坐督江苏，但有些事还是以徐州的张绍帅为首。他年资在我等之上，是我们的老大哥，遇事总要请他出来主持。这件事关系很大，应该与张绍帅商量。"

曾毓隽见冯国璋软丁丁地推辞了他，心里很不高兴，便也软中有硬地说："既然副总统有难处，我想合肥也不会勉为其难，他会有另外办法的。那样，我就告辞了。"

冯国璋一见曾毓隽这个态度，心里一慌——他心里明白：段祺瑞虽然被免了国务总理，那只是暂时的，他不会甘心倒下，他会有力量卷土重来的。有一天，还得靠他——忙说："云霈公，我不是这个意思。我只是说此事应与张绍帅商量。这样吧，我再写一封信，说明情况，让总参议胡嗣瑗公陪阁下一起去徐州。你看如何？"曾毓隽无可奈何地点点头，便随胡嗣瑗一起匆匆去了徐州。张勋先看的冯国璋的信，又看段祺瑞的信，一边看一边想："这两个人全都来求我了，我得想想该如何应答他们。"他又想："这两封信我得好好保存，段祺瑞你亲笔写信要我反黎，你日后反悔我可有把柄了。"这么想着，他还是很谦虚地说："这么大的事我怎么办得了？还得副总统出来主持才好。"张勋一边推让，一边还是热情地款待了他们。

由于冯国璋的圆滑，南京祝寿只起到了祝寿的作用，别的什么事也不敢涉及，连一句支持段祺瑞的话也没有说便草草收场。皖系骨干分子倪嗣冲有好大的反感，便及时跟张勋通了信息。他知道张勋虽戒段却反黎，想争取在反黎这一点上达成共识。张勋回味刚刚接到段、冯的信，正处在少有的兴奋之中，便一口答应了倪嗣冲的意见。于是，倪嗣冲以安徽省长的名义邀请各省代表到徐州举行会议。这便是史家所称的第三次徐州复辟会议。

各路军阀再次到徐州的时候，是1917年1月7日，一场巨大的天灾——流行性白喉病正笼罩着徐州城乡，光是城西北的微山湖畔的沛县，就因为白喉病死亡男女九万八千人。真是哀鸿遍野，民不聊生。军阀们不问这些，他们有兵，想夺权，要争地盘！

张勋很兴奋，本来他已是十三省联盟的盟主了，此番有二十余省代表人物到徐州，表明他的盟主地位不仅是巩固的，还发展了；连副总统、陆军总长都依赖于他，他能不高兴？！开会前一天，张勋隆重地举行了一次招待会，会前，他郑重其事地翻出那套不常穿的上将军服，他想以威武的"帅"气显示盟主的雄风！不知是巧合还是苍天在捉弄他，正是他对镜精心打扮的时候不知从何处飞来一块拳头大小的石头，正落在他身旁，那石块翻了几个身，打了几个滚，停在他身左。他陡然想起了二眼井的测字先生，他是那样一幅严肃面孔，一派不酸不甜的腔调："你先生是个当兵的，兵者卒也，卒边加石，乃粉碎的'碎'字……"他马上软瘫瘫地坐下："哪里飞来一块石头呢？难道我真的会碎吗？"他板起脸膛，思索着。好一阵，拧着眉站起来。"混话，我有什么可碎？今天是二十多个省的代表到徐州，到徐州就是倾向我，依赖我。今天我是十三个省的盟主，明天，我就是二十多个省的盟主，后天……"他重又穿戴起将军服来。本次徐州会议进行得并不顺利，安排议程的时候就发生了分歧：张勋力主会议中心是复辟，他迫不及待了。而邀约各路诸侯来徐州的倪嗣冲，他热心的是打击黎元洪，支持段祺瑞，他也迫不及待了。

"丹忱呀，"张勋呼着倪嗣冲的雅号说，"天下大乱，乱就乱在无人统得了。中国的黎民百姓不了解共和，他们只知道皇上，知道天子。谁不知道'听天由命'这句话！"

"绍帅，"倪嗣冲也开门见山，"当务之急是如何对待黄陂？黄陂手下那么多佞人，他们又有一个堂而皇之的国会，不清除这些，能办成什么事呢？不去清除这些障碍，只怕各省督军也不会赞同。绍帅，是不是把棋分成几步走？"

张勋不想分几步走，他恨不得一声呐喊，小皇上便登基理政。可是，倪嗣冲的话也不无道理。他眯起眼睛想想，不只有道理，而且很实际。这个意见，各省督军都能接受，起码是这个"盟"还会存在；盟存在，他盟主的地位便存在。万一意见不一，各走各的，他张勋连个空头盟主位也没有了，行动更加困难。他深深地叹了声气，说："但愿合肥一旦有了转机不要忘了我等今日的苦心。"

"怎么会呢？"倪嗣冲说，"合肥素来是敬仰大帅的，当然乐于与大帅合作。"

私下里这样默契之后，会议上并未发生过大争执——中国的当务之急大不了这些：府院之争、积极复辟。二次革命被扑灭之后，革命军一时尚无大举征北，别的还有什么大事呢？没有了——便形成了一个决议案。决议共分五条，大家都签了字。五条决议是：

一、请总统罢斥佞人；

二、取缔国会；

三、拥护（段）总理；

四、淘汰阁员；

五、促成宪法。

说实在的，张勋对这五条决议是反感的："为什么非要总统罢斥佞人不可呢？这不是明明白白承认总统存在着吗！国会应该取缔，怎么还要促成宪法？还由黎元洪去制定他的共和宪法？"思来想去，他明白了："这个五条，无非是打击黎元洪、支持段祺瑞。支持段祺瑞与我有何好处？"他心里扑通扑通地跳了。但是，当他看到墨迹未干的签约书上，他赫然以盟主身份领了衔，他又平静了："有这一点，我的位置还是巩固的！"

张勋还是举行了一次盛大的欢送宴会。

张家乱事多

这些天来，张勋家里不知不觉中蒙上了一层阴云。上将军进得院来，就愁眉不展，唉声叹气；有时坐在餐桌边只管沉默，不吃不喝，不同任何人言语，仿佛在重病之中；他最心爱的四姜王克琴，这些日子也寡言少语了，每日里只在房中逗着咿呀学语的儿子梦渭玩耍。梦渭身个儿长得不矮了，胖乎乎，两只小眼睛还算有神。只是，已满了周岁的孩子既不会走路也不会说话，连两个字组成的词也吐不出。新从北京搬来的二姜傅筱翠，原本是张家主妇中的佼佼者，是她率先为张勋生了一个儿子，使张勋后继有人，而她的身份也猛然升高，成了北京两爿住宅的主宰者。到徐州来，傅筱翠不想久住，她只想看看徐州这个家住在这里的女人们料理得好不好？天津她不管，她管不了，那里有名正言顺的夫人曹琴。曹琴不对她指手画脚，那已经是夫人的宽厚了，她不去惹她不舒服。其余的，傅筱翠当仁不让，她是一家之主。谁知她生的这个张家的长子梦潮不争气，四周岁了，智力同刚刚一岁的四姨太王克琴生的四子梦渭差不多，甚至还不如梦渭机灵。往天，她们母子不常在张勋身边，有时见了，张勋也只是逗逗儿子，也就匆匆离开了，并不了解儿子。如今，傅筱翠领着儿子到徐州来了，并且打算暂住一段，张勋也细心地想测测这个儿子智力如何，日后能不能把帅府的大业继承下来？有一天，张勋学着贾政测试宝玉的法儿，把世间所有的文武工学商、三教九流、黑白社会的玩物用品都买来，让儿子去挑。他心想：孩子都四岁了，总不会像贾宝玉那样，伸手抓一把脂粉。谁知这梦潮看着面前琳琅满目、花红无限的物品，竟不屑一顾地转过脸去直望墙。张勋生气地把他拉过来，他又把脸转过去。还是做妈妈的傅筱翠，忙着解开怀，把一只尖鼓鼓的奶头送进他口中，"乖乖儿"地哄个不止，然后再让他去拣。说来也怪，起初是对所有物品一件不拿，后来听了妈妈的劝，却把两手张开，什么都拿。然而，他却不是拿为己有，而是一手拿一手扔。直到把面前的所有物品都拿完，都扔光，扔得满院之中横飞乱跳，这才张开双手，冲着张勋哈哈哈大笑起来！

张勋对这个儿子，当初就有些心绪不安，傅筱翠生他时，说是梦见了海潮汹涌，故名"梦潮"。张勋嘀咕了好久："潮来了，什么潮来了？改天换地的潮还是改朝换代的潮？把张家涌上天的潮还是把张家吞下海的潮？"他觉得这是一个吉凶不明的兆头。后来，中国形势大乱，他又觉得儿子是应着"乱"潮来的，是个惹祸精。因而，虽是老年得子，心里并不十分喜欢。偏偏凑巧，梦潮之后，傅氏又为他生了个次子梦沫，五姜吕茶香又为他生了个三子梦江。这两个儿子都在襁褓之中便夭折了。张勋更觉得这个长子太不能容得亲兄弟了，一个个都把他们挤走。这就更不大喜欢梦潮。如今，见他把所有的物品通通扔出去，扔光了东西还哈哈大笑，便认定他是个败家子，非把张家败坏得倾家荡产不可！一怒之下，他扬起巴掌就朝儿子面上打去，一边打，一边骂："混账王八羔子，我一生积攒都被你扔光了，你还笑！笑他妈妈的屁！"

儿子挨了一巴掌，一个趔趄倒在地上，张着大嘴，哇哇哇地号啕起来。

傅筱翠素以主妇自居，自然得益于儿子，也更加疼爱儿子，平时，掌上明珠一般，热怕热着，冷怕冷着，含在口中还怕化了。今日忽见老爹狠狠地抡起巴掌，又见儿子倒地大哭，早已心疼如刺，匆匆伏在儿子身上，也大哭、大诉起来："打吧，打吧！索性把儿子打死了吧，免得在你眼中成钉；最好连我一起打死，我和儿子都去了，你身边就干净了！你个狠心的，快对我下手吧，我也不活了。"说着哭着，便把身子扑向张勋。"都把俺处死吧，死在你手里也心安，免得以后遭了罪，被人家灭了族、杀了头……"

张勋打了儿子，心里也有所悔，见爱妾哭闹，心里也挺疼爱，正想说几句劝慰的话，赔个不是，猛听得傅筱翠说出"灭了族、杀了头"的话，心里犯了忌："咋，我犯了灭族的罪了？这算什么话？"这样一想，刚刚平息的气又冒了上来。这股气顶得他不可自治，遂扬起脚来，朝着爱妾踢过去。

"滚，滚！都给我滚出去！"

傅筱翠原想在丈夫面前撒撒娇，没想说走了嘴，遭了这场灾。于是，也顾不得体面，索性卧地大闹起来。多亏家人们赶来相劝，侍从又撒了谎，说"衙门有事请大帅"，张勋这才匆匆离去。傅筱翠娘儿俩也被人劝进屋里——一场"家乱"总算平息下来。

张勋在徐州闹家乱的时候，段祺瑞正在天津煽风点火闹国乱。

黎元洪免段祺瑞总理职时，段是在一怒之下移居天津的。在天津住了几天，冷静下来，他觉得应该采取报复措施——这个玩兵玩权大半生的人，怎愿平白把权丢了呢？何况他是当今中国最有势力的人。正是段祺瑞死灰想燃的时候，忽然收到黎大总统对他的免职通电：

> 段总理任事以来，劳苦功高，资深倚畀，前因办事困难，历请辞职，迭经慰留，原冀宏济艰难，同支危局。乃日来阁员相继引退，政治莫由进行，该总理独力支持，贤劳可念。当国步阽危之日，未便令久任其难，本大总统特依约法第三十四条免去该总理本职，由外交总长暂行代署，俾息仔肩，徐图大用，一面敦劝东海出山，共膺重寄。其陆军总长一职，拟令王聘卿继任。执事等公忠体国，伟略匡时，仍冀内外一心，共图国事，本大总统有厚望焉！

这个通电除黎元洪署名外，还有代理国务总理伍廷芳副署。段祺瑞看后，冷冷地笑了。"这个通电算屁！"接着，他从天津发出了一个通电：

> 卸职出京，暂寓天津，惟调换总理命令，未经祺瑞副署，将来地方及国家，因此生何影响，祺瑞概不负责。

明白人一眼便看出，段祺瑞这是告诉各省督军"黎元洪的免、任总理都是违法的"，希望军人能够向总统发出质问。果然，此电发出不日，各地纷纷行动：首先便是长江巡阅使张勋，他给黎元洪拍了一个简短而强硬的电报：

此令由伍廷芳副署，不合法律。

接着，安徽省省长倪嗣冲发出通电，宣告独立：

> 群小怙权，扰乱政局，国会议员，乘机构煽，政府几乎一空。宪法又系议院专制，自本日始，与中央脱离关系。

接下来，奉天督军兼省长张作霖，陕西督军陈树藩，河南督军赵倜、省长田文烈，浙江督军杨善德、省长齐耀珊，山东督军兼署省长张怀芝，黑龙江督军兼署省长毕桂芳、帮办军务许兰洲，直隶督军曹锟、省长朱家宝，福建督军李厚基，山西督军阎锡山，第二十师师长范国璋，绥远旅长王丕焕，第七师师长张敬尧，第八师师长李长泰等，都依次哗噪，跟着倪嗣冲独立起来。各省如此，中央怎样呢？

伍廷芳是由黎元洪任命为临时总理的，并没有经过国会同意通过。加上各地督军反对，他自然不能光明正大地干下去，只好连连向总统递交辞呈。黎元洪无由挽留，只好答应。国务院不能没有总理，黎元洪再三思考，决定拉老成持重、现任财政总长的李经羲出来支撑局面，并且草草地在国会履行了一个选举程序，还匆忙派人到天津去请李就任。

这位李经羲原来是李鸿章的侄子，李鸿章是段祺瑞的老上司，想借他余威平息形势。李经羲将世事看得明明白白，哪里愿意跌进如此漩涡，便复信谢辞，黎虽亲书劝任，李却坐地不动，弄得黎毫无办法。另外，独立的各省纷纷派员去天津，在津设立各省军务总参谋处，还传出要设临时政府，设临时议会。真是风声愈紧，雨意更浓！

黎元洪焦急了，他不仅感到了孤立无靠，而且觉得兵临城下，无力挽回。

京津的情况，张勋了如指掌，他在徐州的衙门里，一刻不停地研究风向，决定采取对策。他深夜去访康有为，康有为告诉他"时机到了！"他把秘书长万绳栻找到面前，万告诉他"时机到了！"他去上门找张文生，张还是告诉他"时机到了！"张勋心定了："好，既然诸位都说'时机到了'，我便行动，不失良机。"

又是一个深夜，他又便装简从，独自去访康有为。

"南海先生，既然你们都认为时机到了，我要行动了。还得请先生能够示知，究竟该如何行动才好？"

康有为思索一阵子，把椅子朝张勋身旁移了移，说："绍帅，前三次（徐州）会议均缺乏行动措施，坐而论道，难成大事。这一次，务必务实，而且要讲究策略。依我之见……"康有为胸有成竹地说出自己的全盘设想，有条有理，实实在在。张勋听得如痴如醉，心悦诚服。他几次站起身，拍着桌子叫"好！"："南海先生果然大智，绍轩领教了。"他又以乞求的口气说："照先生这样说，大事准成。只是，还有几件大事务必劳先生费神……"

"请大帅明示！"

"你是知道的，我们这一群都是行伍家伙拼拼打打还行，说说道道就不行了。大事成功之后，必有告全民书，还得有奏请复辟之折，复辟后的诏书等，这些文墨的东西，都得准备齐全，免得到时候措手不及，手忙脚乱。"

"大帅不是武人，而是虑事周全。好，这些事我一定准备好。"

康南海午夜撰奏折

康有为在徐州已经半年多了，他无心去游览徐州的名胜古迹。他知道徐州有许多两汉时期的胜迹，有许多唐宋时期的胜迹。他本来想去看看那座韩信十面埋伏的九里山，可是，他一想到韩信的下场，便不去了；他想去看看张良吹箫散楚兵的子房山，他又觉得这个被封为留候的人功成身退有点儿悲惨；云龙山上有许多宋人苏轼的墨迹，他又觉得此人太愚忠，不该做那样的窝囊官。半年多来，他只偷偷地去走访了一次关盼盼孀居的燕子楼。他欣赏盼盼的文才，他在盼盼的一首诗前久久沉思：

> 楼上残灯伴晓霜，
> 独眠人起合欢床。
> 相思一夜情多少，
> 地角天涯未是长。

"太悲伤了！"康有为匆匆离开，但他暗下决心：有朝一日，我非堂堂正正地游览徐州不可！然而，"有朝一日"究竟是哪一天，连他自己也不知道。不过，他并不焦急，因为这件事尚无力列入议事日程。

张勋离去之后，康有为很兴奋，他感到自己将要办成一件惊天动地的大事，要比二十九年前那场变法还惊天动地！虽然夜很深了，他还是铺开纸，拿起笔。他构思的首篇文章，便是奏请复辟的奏折。

对于此类文章，他早熟悉了，当年的诸多"变法条陈"，他连稿都不用打，总是洋洋千言，一挥而就，并且条理清晰、言简意赅，篇篇都是惊世之作。现在，他的敏思依旧，有何难呢！

　　　国本动摇，人心思旧，谨合词吁请复辟，以拯生灵，恭折仰祈圣鉴……

康有为老了，岁月把他催老了。刚刚六十岁，心力都觉衰退，衰退得他自己都不尽相信。两行字落纸，他再看看，总觉缺点什么。八股文他精通，奏折他熟悉，可是，这两行字为什么不满意呢？再细看看，他恍然大悟："'破题'格式不符合规格。起笔处落了'奏为'二字，而'圣鉴'后还应再添一个'事'字。"他随手又添加上三字，这才转入"起讲"："窃经国以纲纪为先，救时以根本为重……"

康有为不该再回国预政了，"戊戌维新"给了他一项桂冠，算得历史对他的厚爱。世人无不知道，这场涉及中国政治、经济、文化领域的全面改革运动，是被那位狠心的寡妇慈禧给扼杀了，慈禧是扑灭"戊戌维新"的罪魁祸首。而袁世凯呢，却成了内奸、叛徒、出卖维新的千古罪人！

历史就这样铁面无私！

可是，谁又能知道："这段铁定的历史却恰恰是给事实开了一个不大不小的玩笑。谁是罪魁？康有为心中最清楚。只是他不愿澄清它，连做一点必要的说明他也不敢！不过，他对这段历史，一直是惴惴不安，甚至是心怀忧虑的——

戊戌维新时期，虽然慈禧已归政于光绪了，但她却绝不放权，没有她的点头，光绪连个硬邦邦的话也不敢说。这是事实，国人无不了知。慈禧果然如定论的那样是"守旧派操纵军政实权，坚决反对变法维新"，那么，从《明定国是诏》到一大堆变法诏书，又是怎样颁发下来的呢？

康有为对慈禧是有过研究的，十分熟悉她。他所以敢一而再、再而三递呈变法条陈，就是他了解慈禧。慈禧是顽固派的总代表，但这个女人并不顽固到底，为了她的统治权，她能够变通——

慈禧是1861年政变掌权的，那时候正面临太平军的严重挑战，她竟能对"重满轻汉"的祖宗成法做了重大修改，提拔、重用了汉人曾国藩、左宗棠和李鸿章。谁能说她守旧？同意聘任洋人，又派留学生到外国去学洋，还设了轮船招商、机械制造、纺织等局，开展学习西方科学技术，以"自强新政"。这也不能说她保守吧？甲午战争的失败，大清朝面临国破家亡的危机，慈禧也曾认真考虑改革、变法，以图存在的。康有为就是在这个前提下大唱变法曲，而慈禧也出于同样之心每每示意光绪，颁布道道变法诏书的。这能说她守旧顽固吗？那时康有为除了把自己的《上清帝六书》以及后来陆续呈递的四件变法条陈，还有四部鼓吹变法的书，都是光绪帝"恭呈慈览"，而"太后亦为所上之书感动"，继而"命总署五大臣详询补救之方，变法条理"。慈禧并且很有感触地说："变法乃素志，同治初即纳曾国藩议，派子弟出洋留学，造船，制械，凡以图富强也。"后来康有为代御史杨深秀拟的《请定国是明赏罚以正趋向而振国祚折》，代学士徐致靖拟的《请明定国是折》，都是慈禧"览过"而签上"良是"，光绪才发布的。试想，没有慈禧的允许或指令，光绪帝根本无能开展变法。这一点，康有为最清楚不过。

变法是有希望的。为什么后来的事情变化了呢？那个支持变法的老太婆为何又变卦了？

慈禧历来视权如命，改革是为了巩固她的权力。康有为以变法为由，渐渐想限制乃至削弱老太婆的权力，企图建立一个以他和梁启超等人组成的权力中心，取代由慈禧实际控制的原有中央机构，当然出现了"太后不容，神色异常"的状况。这便是康有为试探性提出的、目的在"罢黜昏庸之大臣"的"开懋勤殿"计划所带来的突变。慈禧下决心"不愿将法尽变"。以致，康有为在见光绪时，便大胆提出"尊君权之道，则非去太后不可"。

为实现"去太后"的目的，康有为去拉拢袁世凯，并制造传言，说"太后欲于九月天津大阅时弑皇上"。还说"皇太后不愿变法，恼着皇帝独断独行……借天津阅操为名，要把光绪杀掉"。不仅如此，康还去劝诱湖南哥老会首毕永年做袁的助手，往困颐和园扑杀慈禧。只是这个毕永年太机灵了，他不干。"我可不去做司马昭所遣去杀魏主的成济。因为成济终究还是死在司马昭之手。"袁世凯更机灵，他不光不干，还向慈禧告了密。结果，一场很有希望的变法革新运动，被慈禧扑灭了，"六君子"被斩首，康梁逃出国外，连光绪皇帝也被囚禁起来……

康有为怕这段历史有一天会被人揭白出来。到那时，说不定会有人说：

"康南海抱负过人，但自不量力，自己葬送了自己热心的变法维新运动。"

变法是失败了，康有为海外流浪十几年，"理想"却没泯灭，他组织"保皇党"，生怕皇上"绝迹"，但却依然无所事事。现在，着力支持张勋复辟，还是想实现他的"理想"。

……已经是午夜了，奏请复辟奏折方才脱稿。他从头到尾看了两遍，也还满意，这才去休息。

跑回日本去的佃信夫，像漏网的鱼一样，再不见回头。自然，佃信夫临别对张勋表白的"必争日本政府支持复辟"的诺言，也成了一句空话。张勋无可奈何地摇摇头，也就把这事放到脑后去了。谁知忽然有一天，那个跟随田中义一做翻译的中岛比多吉匆匆从北京来到徐州，说是"传达田中阁下的意见，务必要见大帅"。

张勋先是不理。"一群不死不活的猪，没有什么新玩意儿耍。不见！"万绳栻在一旁劝道："还是见见为好，没有新玩意儿有旧玩意儿耍耍也好。温故而知新嘛！"

张勋无可奈何地接见了中岛比多吉。

——田中义一离开徐州之后，先后到了南京、杭州、上海、武汉，会见了江苏督军冯国璋，浙江督军杨善德和湖北督军王占元。田中向他们谈了日本政府对中国局势的看法，对中国前途的意见。这些地方的军阀也向田中说明自己对国家命运的态度。田中发现，这些人当中，同日本政府的看法最接近的，还是张勋。在中国，反对共和决心最大的、支持君主制决心最大的，就是张勋。田中回到北京之后便给日本政府做了一次详细报告，首相再一次明白告诉他："要向张绍轩表明态度，我们是绝对支持他的。时机问题，请他自己审时度势；行动时，最好先跟我们打个招呼。"这样，才有了中岛的徐州之行。

"中岛先生，此番再度光临，必有要事相告。绍轩愿意恭听。"张勋有些嘲弄的语言，以低低的腔调说了出来。

"大帅，"中岛，一个三十多岁的小个儿，一口流利的汉语，有点傲慢地说，"田中先生个人没有要事，有要事的是你们中国人。日本政府早有态度：'对于中国内政问题本无干涉之意。'只是为了友邻，才想尽尽朋友之道。"

"这么说，那就没有必要了。我们中国人还是能办好自己的事的。"张勋站起身来，喊了一声，"送客！"

中岛一下子呆了起来，他没有想到这个辫子元帅还有这么大的火性——他上次见他觉得他很温驯——忙站起身，说："大帅，你误会了。不是指手画脚，而朋友劝导。难道连劝导也拒绝吗？"

"那你就说吧。"张勋又坐下。

"共和是不适合中国的国情的。"中岛说，"中国非君主制不可！"

"这，我比你们日本人更明白！"张勋淡淡一笑。

"复辟是正确的，只是时机尚不成熟。"中岛说，"寺内首相和参谋次长支持复辟的态度不变，只请大帅慎重行事。"

张勋一听又是老一套，更想发作一番，但又觉得没有用，还是应酬他一下，打发他走开算了。"中岛先生，咱们长话短说吧，贵国政府的态度，我表示感谢。怎么行动？我也会慎重考虑。不过，无论事情有什么变化，我们只希望日本政府实现自己的诺言：绝对保证宣统皇帝的安全。这一点，你们应该能做到吧？"

"保证，保证。我一定向田中阁下报告。我想田中阁下也一定会向寺内首相报告的。"

不管中岛的"保证"是保证传达张勋的意思还是表白日本政府的决心，张勋对此还是点头微笑了。

八方风雨会徐州

徐州，这座有五千年文明史的古城，由于具备着北走齐鲁，南扼濠泗，东襟江淮，西通梁宋的特殊地理环境，历来为兵家必争之地。楚汉之争，使她名震寰宇；三国鼎足，她又成了得权焦点；宋明之际，她不仅是兵争之所，也是漕运中心……她，有过说不尽的风流韵事。

战争给过这个城市以毁灭，黄水曾数次吞没过她，她萧条过，冷落过。但是，到了1917年之春，她陡然又风流起来，几个月之内，中国最著名的军阀，甚至连各部总长、国务总理、副总统、总统以及名噪海内外的活动家，无不把目光投向徐州，且先先后后来到徐州或派代表来到徐州。一时间，徐州成了中国的"天心"。

5月21日，北京发出专列，载着各省军阀数十人直发徐州。

徐州，将要由长江巡阅使兼任安徽督军的辫子元帅张勋张绍轩主持召开关于复辟的第四次会议了。

徐州城又光彩起来！衙门张灯结彩，街巷洒扫一新；待客的花园饭店，一夜之间便彩旗招展，红灯高挂，喜气洋洋起来。简陋的津浦铁路徐州火车站，排列整齐的拖着辫子的大兵和背着洋鼓洋号的军乐队，还有数不清的贼头鼠脑的便衣保卫队，拥拥挤挤，出出进进。专列进站的时候，张勋军戎齐楚地领着他的文武助手恭敬欢迎，而后，在严密的保护下领着来客走向迎宾馆。徐州，在兴奋之中又显得无限恐怖起来！

来客当中，有一个人受到特别优厚的待遇，他就是被称为"合肥魂"的"小扇子军师"徐树铮。从他一步跳下车厢起，张勋便紧紧偎依在他身旁，虽然"小扇子"如今也是平民百姓了，张大帅还是望着他的脸膛，频频送去无限"秋波"。而徐树铮却傲慢得不屑一顾——

比张勋小二十六岁的徐树铮，原本是段国务的秘书长，又是段祺瑞陆军部的次长。现在，一身轻了，本兼各职均被大总统免了，闲居上海，陪着妻妾终日沉迷于丝竹之中。然而，他毕竟不是等闲之辈。当初，请立共和和革命党明着斗争，逼小皇帝逊位，为袁世凯骗来个大总统，无不是此人之计。他睡着了，中国便平静了；他发怒了，整个中国都波翻浪涌。段祺瑞在位时，事无巨细，无一件不是他出谋献策，而段也无一件不言听计从。要不，怎么能称得起"合肥魂"呢？显然，徐树铮是代表皖系军阀、刚刚被免职的国务总理段祺瑞来参加这次徐州会议的。张勋和段祺瑞不是一条道上的人，复辟之事，他也想到迟早要和段祺瑞有一场厮杀。所以，前三次徐州会议，张勋不请皖系首脑参加，皖系首脑也不屑一顾。正因为如此，徐州会议的决议也好，章程也好，到头来都成了一张空头支票——段祺瑞的权力太大了，在中国能够和他抗衡的人毕竟太少。现在，段被免职了，闲云野鹤般地居住在天津了，他愿意听从张勋的倡议，愿意派代表到徐州来，显然是对张勋的高抬——段皖一系手下之兵力，依然可以左右着中国呀！

张勋和徐树铮并肩走进住室，落座下来，人来献上香茶，张勋这才献殷勤地说："又公驾临徐州，绍轩肩上的千斤重担轻了八百！"

"绍帅是我们的旗手，"徐树铮说，"自然一切以绍帅之命是听。"

"芝泉还好吧？"张勋说，"黄陂太过了，都是自家兄弟，有个言差语错，咋就不能包涵一二？动不动就玩权，这还了得！"徐树铮笑了。"绍帅，中国有句传错了的话，叫'无毒不丈夫'。黎宋卿就是这样的人。"

"屁！他算什么丈夫？小人！"

徐树铮点点头。"'无毒'者'无度'也。真正的丈夫，是胸有大度，可不是胸有大毒。"

"他长不了，不得人心。"

几句寒暄，情投意合。张勋猛然觉得心中舒服了许多。"合肥总算看透了，共和是立不得的，中国的事还得靠皇上！"这么想着，便笑着对徐树铮说："又公，不瞒你说，复辟这件事我也是经过深思熟虑的。不是我和合肥相对，我是从大局着想。中国的国情不同呀……你来了，对我是个鼓舞，我很高兴。会议上，还得请阁下多多努力！"

徐树铮笑了。"绍帅德高望重，合肥是极称道的。合肥日来稍感不适，要不，他一定会来徐州的。"

"还是不来好。我了解他。"张勋深深地叹口气，又说，"遇到这种事，谁也不会平静的。芝泉尚能不动声色地待在天津，是我就不会那样做。"

"合肥要我向绍帅转达一个意思，"徐树铮说，"目前形势很乱，也很复杂，务请绍帅谨慎行事，且不可留给别人把柄，以致事态复杂。"张勋对此话的意思没有反应透，他只淡淡地一笑。

徐树铮又说："复辟一事，还得再看看形势，看看各方人士的心态。能行再行，不可操之过急。"

张勋心里一惊，脸色也沉了下来，暗想："不为复辟我开这个会干甚？不为复辟你来徐州做甚？"但他并没有发作，眨了阵子眼，说："芝泉的心意我领会了，是进是退，大家商量再说吧。我也不想独自如何。"又寒暄了几句，张勋这才告辞去看别人。

张勋走后，徐树铮一边品茶，一边微笑着陷入沉思：

徐树铮此番来徐州，是要起着"导演"的作用的。明里他要张勋"谨慎"，劝他"不可操之过急"；暗里他是希望他迅速行动的。早时，他同段祺瑞密谋的，就是这个"调子"。当时，徐树铮要段祺瑞支持张勋复辟，段祺瑞一下暴跳起来。"胡说，我是请立共和四十二将领的领头人，我怎么能支持复辟？"

徐树铮暗自笑了。"请立共和这个主意就是我出的，我怎么不知道？"他说，"此一时，彼一时也。当初你一个带头，皇上逊位了；皇上逊位出了个总统。现在，你再带头，皇上果然复位了，又得下去一个总统……"

"你是说……"

"推倒共和总统有罪，待共和总统被别人推倒了，你再扶起来，却便是英雄！"

段祺瑞蒙在面上许多天的阴云，一扫而光。"又铮，又铮……"现在，徐树铮作为皖系军阀段祺瑞的代表到徐州来了，他正是为了促进张勋早日复辟成功，以达到赶黎下台的目的。张勋果然上了这个当。

徐树铮洗漱一毕，躺倒床上，抽着香烟，乐滋滋地唱了起来：

> 我本是卧龙岗散淡的人，
> 凭阴阳如反掌保定乾坤。
> 先帝爷下南阳御驾三请，
> 算就了汉天下鼎足三分……

在徐州召开的第四次复辟会议，共有二十多个省的督军或督军代表参加，由于段祺瑞的代表徐树铮到会，原本对复辟动摇的人也坚定了态度。安徽省长、皖系骨干倪嗣冲首先在会上对黎元洪发难，其他各省相继响应。推黎复辟很快达成共识。张勋恨不得马上就发兵进京。

——这里，我们还必须再介绍一个人，他就是广东新会的梁启超（梁启超字卓如），是维新变法的另一个重要人物，中国资产阶级改良运动的领袖。梁启超是个思想很灵敏的人，变法失败之后逃往日本，先后在几个地方办报纸，宣传"斥后保皇"；后来还得到孙中山相信，打出"名为保皇，实则革命"的旗号。辛亥革命之后，梁启超在日本惶惶不可终日，与康有为一起抛出所谓"虚伪共和"的主张，想阻止革命军进展，要革命军与清廷妥协，企图保住清室地位。现在，他又应康有为之邀，匆匆来到徐州，要帮助辫子大帅复辟成功。

张勋想马上出兵，梁启超觉得"不妥"，他们立即找到万绳栻。梁对他说："雨公，务劝绍帅，不可操之过急。急了恐有后患。"

"梁先生意见如何？"万绳栻很恭敬地说。

"虽然各省督军都赞同复辟，复辟大势已定，但仍须稳步。我同南海先生商量个意见，想请雨公尽快告知绍帅。"

"我可以办到。"

"既然大家愿意联盟，那就一定要有个盟约，让大家都签上字，免得日后生非。还有……"说着，他把脸转向康有为，"南海先生，你看……"

康有为说："'发兵'这个词太刺激了吧。弄不好，形同造反。黄陂可以名正言顺地'伐罪'。还是想一个名正言顺的理由出兵好。"

"南海先生怎么想？"万绳栻又问。

"我们有个设想，只是设想而已。可以请绍帅衡量取舍。目前不是许多省都宣布独立了吗？天津还有个督军军务总参谋处。既然督军们对总统解除合肥国务总理职有意见，何不以督军团名义给总统'发难'，要求复合肥职？黄陂肯定不会这样做。这样，黄陂不仅与合肥有矛盾，也同各省督军有矛盾。此时绍帅可以以'调停人'身份请求入京。黄陂答应与不答应，绍帅再发兵北京，都师出有名。"康梁果然不愧为政治家、思想家，这个意见立即被张勋采纳。"好好，康梁所见极高！"

督军会上，张勋毫不含糊地提出签盟问题。"既然各位都同意我老张的意见，咱们就得有一个"金兰同心帖"，各人留个名。不是我心孬，这是规矩。别看今天都醉醺醺地挺肚皮，说不定明儿就倒戈。"大家都表示同意。

"公雨，"张勋对万绳栻说，"你去准备一块绫子来，大家签名。"万绳栻转身要走，张勋又叫住他，"别外出买了，筱翠那里有一块，前日买来为孩子避邪用的。什么避邪，咱先拿来用。"

万绳栻到二姨太傅筱翠房里说明情况，拿来了黄绫子，到会督军和代表依次签上名字——唯独到徐树铮面前，他沉思了许久，才落笔。张勋捧着墨迹未干的绫子，心里乐了。"这就好办了，将来谁变心我就领着大家讨伐谁！"他张开大嘴，笑了。"好，好！今天看得出，谁是真朋友！我张绍轩一定和大家生死与共，完成复辟大业。现在，咱们双管齐下：你们大家赶快发出逼黎通电，我也给黎发出调停通电，一切都顺利了咱们便北京见！"

除了在一块黄绫子上签上了参加会议代表的名字，徐州第四次复辟会议便再没有文书协议。可是，大家都看到了这次会后中国将要出现的形势——张勋会忘乎所以地行动。然而，张勋并不莽撞。会议结束之后，他便找到万绳栻，把那块黄绫子和日前段祺瑞、冯国璋给他的亲笔信一起交给万，并说："公雨，你千万千万好好保存起来，这是咱们的命根子。今后，谁想叛咱，有这东西在，他们就叛不了。"

"是不是请太太保存？"万绳栻说。

"不。这不是女人家办得了的事。你保存。只有你，才能存好！"

辫子军挥师北京城

初夏的北京,还有丝丝凉意;久日不雨了,古城被淡淡的沙尘弥漫着。住在中南海的大总统黎元洪,连日来烦躁不安,脸上的愁绪日重一日,性情也变得暴烈易怒起来;他不愿见人,不想理事。可是,越来越多的人、越来越多的事总接连不断地拥到他面前。前天,他索性挂出"患病"的招牌,想与世隔绝,独自理理纷乱的思绪。

免了那个处处掣肘的段祺瑞,国务总理换了人,大总统觉得会顺利了。谁知那个新总理伍廷芳竟是扶不上墙的烂泥,还未上任却又递出辞呈;甚诚挽留,他只答应"暂留数日";另任李经羲为总理吧,这更是一个胆小鬼,藏在天津不露面便谢辞了。国务院这个摊子怎么办?

萧墙之祸尚未缓解,普天之下又起烽火:各省督军反抗的反抗、独立的独立,天津又成立了督军总参谋处,还要设立临时政府、临时议会。这不明明是对着大总统干吗?黎元洪觉得日子难过了,他无法处理这个乱摊子。寝食不安,孤危惊恐!正在此时,他收到了张勋的呈文。他不敢看,他怕张勋也是对他发难的——这个辫帅是什么事都干得出的。但他又不能不看。

张勋的呈文,历陈时局危险,表明自己的关心,然后劝黎元洪把眼光放宽,不必固执,要缓解与各方的矛盾,并表白自己愿意出来做调停人,斡旋各方。

正是黎元洪一筹莫展之际,张勋总算献给他一条"缓兵计",他立刻心里轻松了许多。"张绍轩原来是个好人!他能出面调停,自然求之不得。"思索再三,终于下了"召张勋来京调停"的决心。他怕张勋不来,还正儿八经地下了一道命令:

> 据安徽督军张勋来电,历陈时局,情辞恳挚,本大总统德薄能鲜,诚信未孚,致为国家御侮之官,竟有藩镇联兵之祸,事与心左,慨歉交深。安徽督军张勋功高望重,公诚爱国,盼即迅速来京,共商国是,必能匡济时艰,挽回大局,跂予望之!此令。

张勋接电后,喜如所望,即刻复电:"克日启程。"

　　从徐州回到天津的徐树铮，坐在段公馆的小客厅里把徐州会议的情况向段祺瑞做了详细的汇报。段祺瑞手抚着八字胡，脸上露出了微笑。"又铮这个主意高！既能把黎宋卿赶下台，又不损伤我一丝声誉。黎元洪呀黎元洪，你尽可以耍总统权术，可你面前就没有我这样的'军师'，我可以不动声色地就把你推倒。"这些年来，段祺瑞所以把徐树铮捧到头顶，言听计从，他从实践中悟到一个真理：一个智谋常常抵得上千军万马！他不能不尊重这个比他小了十五岁的人。

　　段祺瑞是有宏大抱负的，昔日他只抓军，认为有势力便会有天下。后来他醒悟了，徐树铮初展奇才，一个"请立共和"的通电，竟获取了比他拼搏半生还要大的成就，连皇帝、孙中山都服了。那以后，他才明白当年周文王为什么那样器重姜尚，明白了刘玄德为什么竟低三下四地三顾茅庐！所以，在任何情况下，他都不放徐树铮，任何事情，他都问计徐树铮，身边少了徐树铮就像丢了魂一般。无论谁在他面前伤害徐树铮，他都绝对不答应。故有人把徐树铮说成是"合肥魂"。

　　段祺瑞对徐树铮的徐州之行是十分满意的，他心里更明白：只要他皖军不阻拦张勋，这群辫子军准会进北京，并且一定会赶黎元洪下台。"不赶走黎元洪怎么让皇上复辟呢？"

　　"又铮，这次回徐州没有到皇藏峪老家去看看？"段祺瑞知道徐树铮是徐州城南五十里皇藏峪人，故关心地问。"时间紧，家中也没事，没有回去。"

　　"有一天，我陪你去。"段祺瑞说，"听说那里是一片极其优美的山峪，还有一座很有名的寺院。"

　　"是的，"徐树铮说，"那个寺院叫瑞云寺。"

　　"听说还有一段美丽的传说，是吗？"

　　徐树铮点着头笑了。"据说，当年刘邦彭城一败，便落荒南逃，项羽追击过急，刘邦便藏进这片山谷的一个洞中。他的夫人久久找不到他，十分着急。后来忽见山腰飘浮一片瑞云，夫人便知刘邦藏在那里。匆匆赶去，果然相会。后来，刘邦当了汉朝的开国皇帝，便把这座因产黄桑得名的'黄桑峪'更名为'皇藏峪'，并在当年藏身的洞旁建寺，取名瑞云。"

　　段祺瑞点头微笑。"传说得真美！"

　　寒暄几句，段祺瑞的脸色忽然沉了下来，鼻子也渐歪了。"又铮，你刚刚说，徐州会议还有个'金兰帖'，大家都签了名字。你签了吗？"

"签了。"徐树铮说,"就在那块黄绫子上。"

"坏了,坏了!"段祺瑞站起身,就地打了个转。"张绍轩是个什么事都干得出来的人,万一日后他把那幅黄绫子抖了出来,人家不骂咱出尔反尔,玩弄辫帅吗?"

徐树铮面色一沉——当初他是想到这件事了,签字时他还迟疑了一下,但却没想到这么严重。"是的,张勋果然复辟成功,老总(指段祺瑞)再兴兵打倒他,是出尔反尔……"他思索一阵子,却淡淡地笑了。"字还是应该签的。咱不签字,辫帅还是不大胆兴兵,不兴兵就赶不走黎。咱签字了,岂不是促进了辫帅兴兵……"

"我是说以后!"

徐树铮沉思片刻说:"那就只好做点小小的手脚吧。"

"做什么手脚?"

"那块黄绫子一定在万绳栻手中。万公雨是个见利忘义的小人,给他点实惠,把黄绫子拿回来,不就完了。"

"能办成?"

"能!"

"得多少银子?"

"不知道。"徐树铮说,"以办成事为准则。"

"谁去办?"

"听说还有你一封信被冯华甫交给张绍轩了,是胡嗣瑗亲手交的。现在还让那位总参议劳劳神,把那封信一起收回来吧。"

"那当然更好,你抓紧去办吧。"段祺瑞知道,像这样的事,徐树铮是有办法的,只要他乐意干。所以,他悬了一阵的心终于放了下来。徐树铮轻松地走了。

张勋急于北上,但又无把握成功:徐州十三省联盟虽较巩固,条约上并未明确各家出兵多少,行军途径如何安排。光是徐州的辫子军,由于段祺瑞的入盟,到达京城没有问题,要左右京城,怕是力不从心。张勋还要做些活动,至少是取得北方数省的军事支持。正在此时,黎元洪又发来急电,催他"火速来京"——

黎元洪的日子很不好过,本来摊子已经散了板,一说引辫子军来京调停,许多人对"调停"怀有忧虑,总觉得张勋这群辫子军居心不良,结果,众议院院长汤化龙首先陈请辞职，留也留不住，只好匆匆又选吴景濂为议长；副议长陈国祥也陈请辞职，勉为留下了；参众两院诸多议员也纷纷告辞，弄得人心惶惶。尤为使黎震惊的是，副总统冯国璋也电达参众两院，请辞中华民国副总统职，不仅将原受证书具文送回，且通电中央及各省，声明"时局昤帜，无术救济，不能须觍颜尸位"等情……一时间，整个国家都乱了。黎元洪着急，才又给张勋发电。张勋迫不及待了，他怕失去了今天这个良机，明天还不知阴晴。所以，他只草草地给盟友们打个招呼，便率领五千辫子军匆匆北上。

张勋起兵的那一天，徐州城天高气爽，阳光明媚！九里山格外雄伟，云龙山更加碧翠，废黄河里第一次早汛已经退去了，只剩下一脉余波带着贫瘠和凄清，泪泪流去。张勋匆匆吃过早饭，便去检查家人为他收拾的行装。他昨天特地告诉四姜王克琴，"务必把那套花翎顶戴袍服带上"，他怕她忘了。"此番进京，必然朝圣。朝圣没有花翎顶戴怎么行呢？"他在行装中找到了这套服装，王克琴没有忘。他笑了，很满意。他真想立即就穿上，穿上这身御赐的服装进京，让天下人知道，中国不仅还有辫子军，并且还有敢着花翎顶戴的指挥官！

张勋还是冷静地收敛着："忙甚？有穿的那一天。"

随身的东西检查完了，他又忙着把万绳栻、张文生和刚刚从东部调回徐州的统领苏锡麟找到面前，问了问火车安排情况，部队安排情况，然后说："你们多关照些吧，咱们到天津再说。"

北上的专车从徐州分三次发出，张勋是随第一趟车先走的。专车上给他挂了一节特等包厢，几个主要随员和他的家眷都在这节车上。列车开动后，他临窗而坐，心情十分激动，面上微微带笑，上将军服上的金色横线和红色点缀闪闪发光；军帽放在茶桌上，帽旁放一杯香茶，他的目光却投向了车外，似乎想对这片土地再说些什么。窗外，田野一片碧绿，稀落的村庄，低矮的房舍，淡淡的炊烟，一望无际的平静。"徐州，我张绍轩得恩于你呀！今日一别，绝不相忘！"他将着唇边翘起的八字胡，挺挺胸脯，暗自哼起刚刚跟四姜王克琴学来的两句唱词：

那一日在虎牢大摆战场，我与他桃园兄弟论短长；关云长挥大刀猛虎一样……

唱着唱着，他猛然想起了这一次徐州会议。他沾沾自喜起来："当今天下，能与我张绍轩抗衡的有三个人，徐世昌、段祺瑞和王士珍。而今，徐、段都成了我的盟友，王士珍正在北京欢迎我。中国，我成了无可争议的核心人物了！"

"来人！"他大叫一声。

"大帅，您吩咐。"侍从立在他面前。

"快摆宴席，我要跟大家畅饮一番。"

侍从转身，他又说："拿口子酒！把那箱口子酒全抱来！"在列车的飞驰中，张勋和他的属将们都喝得酩酊大醉……

第十二章
黎元洪握着张勋的冷手

辫子大帅的理想终于落到实处。不过，他也实实在在地感到实现起来困难。困难也得走！否则，留下辫子干甚？

一个堂堂的将军竟不如一个普普通通的妇女见识广。你信不信？

曹夫人洒泪诉衷情

住在天津德国租界张家公馆的曹琴夫人，春天从徐州回来之后，一直郁郁不乐，除了敬佛闷坐之外，一般不外出，也很少与人谈话。虽然才是五十一岁的人，面上的皱纹却显见得增多，鬓角也失去了丰润，连穿戴也从简多了。她很担心复辟的事。

这个从十二岁就失去父母的女子，天生得一副"知足"性子和满腔体贴别人的心肠，诚实、贤惠、慷慨大方。做了夫人之后待人接物依然，非常热情，在下人面前从不摆夫人架子，深得家人和士兵的爱戴；在社交上，也是张勋的一个好内助，曾经帮助张勋做了许多好事。可惜，这几年张勋纳妾多了，沉于美色，加上曹琴再未生育，张勋与她的关系逐渐疏远了，曹的许多忠言他听不进去了，有时还暴跳如雷。曹琴索性住在天津，跟他隔得远远的。但她对张勋却一片忠心，对诸侧室视若姐妹，不争风吃醋，不妒忌他人，独自过着平静的生活。

近来她却不能平静了——张勋要复辟。要复辟就得推倒共和制度。共和是当今潮流。曹夫人觉得，弄不好这是一件抄家灭门的事。她不能无动于衷。

正是曹夫人心情不安的时候，有人报"大帅到天津了"。她又惊又喜。惊的是：知道张勋要进京保皇上复位了——"只怕是祸大于福吧？！"喜的是他来了，正可以当面再劝说一番——"但愿比在徐州劝说有效！"

张勋只率领两个部将和侍卫回到德国租界。他想避开到津后与各界的接触，还要再认真思索一下"到天津了，如何进北京？"

自己的公馆，虽然门庭依旧，但他猛然觉得凄凉多了：行道旁的花草多枯萎了，过早飘落的几片树叶在轻风中滚动；行道中的砖缝间青草萋萋，沙尘一层；庭院中的主侧房舍，大多关门闭窗，无声无息。若不是先派人来家告知，怕公馆里连接应他的人也没有。张勋在院中站立片刻，心神也有点儿凄楚。

公馆里按例为他举行了一次颇为丰盛的家宴。张勋在客厅里应酬了一阵子随员和管家之后，便急忙去见曹琴——他这些年虽然和她疏远了，不多相聚了，但他对她的感情还是不忘的，他知道她是个好心肠人，只是"见识不足"。这些年她帮他把家操理得很好，尤其是她秉承了他的心愿，在他的老家奉新办了许多件社会公益的事情，令他十分高兴。有时冷静下来，张勋也会想到她的许多长处，虽然言多语碎，那副心肠还是善良的。故而，只要回天津，他总是要到她房中跟她谈阵子心。曹琴呢，也乐意应酬他一番。

张勋进房，房门半掩着，他一边推门，一边喊："琴，小琴！"曹琴应了一声，随即从内间屋走出来。"你回来了。"

二人对面坐下，桌上早已摆好了家宴。一个侍女把酒斟好，便悄悄地退了出去。张勋抬眼一看，见夫人一脸衰老相，且衣冠不整，忙说："琴，你怎么啦？"

曹琴刚刚在房内流泪了，泪痕尚在。听张勋问，满腹的忧伤陡然重升，泪水更旺了。她一边擦拭，一边说："没怎么。"

"你哭了，哭什么？"张勋有点慌张，他站起身，走到她身边，拿出手绢为她拭泪。

"我知道，这些年委屈你了，对不住你。可是，我从来没有忘记你。这不，我不是一到天津就先来看你吗？你……"

曹琴摇首叹气："绍轩，你把我看成甚人了？我何尝想着自己的委屈了。"

"那你伤甚心哩？"

"我为你伤心。"

"我做甚哩？"

"你坐下我有心里话对你说。"曹琴揉揉眼，站在张勋身边，说，"绍轩，别去北京了吧，队伍在天津住几天，还回徐州去。"

"为甚哩？"

"你也是六十多岁的人哩，论年龄，也该告老还乡了。这些年我就想：为官在外，三十年，四十年，到头来，还得叶落归根，回咱奉新老家。在老家办了那么多公益事，还不是为了不忘老家。"

"我明白，我明白。"张勋说，"我不也是不惜一切这样做吗？早几天南昌城惠民门外建码头，府学前崇礼堂房产改成公学，还成立了帮助穷家子弟读书的'奉靖公所'，都是咱出的钱，说是花了三十万现大洋呢！"

"我不说这些。"曹琴说，"复辟这事，可是关联身家性命的事。成功了，你还能再做几天官？官还能再做多大？咱别图这些了，保住老命吧。要是复辟失败了，你不就遭罪了吗！"曹琴又揉泪了，"爹娘殁得早，没有跟咱享一天福。这些年想把老人家的坟墓修好点，还没有修好。万一咱们再遭了罪，祖坟也被挖了，祖宗跟着遭殃，死后不能合眼呀！你千万千万不能进北京，不能干复辟的事，太可怕了！"

张勋默不作声了。

曹琴又说："绍轩呀，你别糊涂！段祺瑞居心不良，他的代表在你面前说的话不一定是真的，你得防备他，千万千万别上了他的当！"

"段祺瑞怎么啦？"

"段祺瑞怎么样你心里最明白，还用问我？我只提个醒，你千万别上他的当。"

张勋眨眨眼睛，眉皱了阵子，才说："好好好，听你的，不干（复辟）那事。你放心吧。过几天我就把队伍领回徐州去。"

张勋心里很纳闷："夫人长期在天津，连门也不出，又不同徐州接触，徐州的事她怎么知道得这么清楚呢？难道她发现了什么兆头，复辟真有风险，不能成功？"

跟张勋北上的是两员大将——苏锡麟和李辅廷，他们共带一营炮兵，一营卫队，八营步兵，共十营兵马，全驻在天津北车站附近。李辅廷守着军队，苏锡麟随张勋回到德国租界张公馆。张勋想："苏锡麟不会赶在我前把徐州情况告诉夫人？"他要去找苏问问。

苏锡麟当时是定武军一个统领，率领三营兵驻在灌云县和涟水县一带。张勋决定北上在即，才把他调回徐州。苏锡麟同定武军司令张文生关系甚密，一到徐州他便去见张。张对他说："你要跟大帅北上了。刚刚结束的徐州会议决定了大事：大家签字的条件是大帅推倒黎元洪。如果推倒了黎元洪，就拥护皇上复位。他们就怕不是真的拥护皇上复位。徐树铮和倪嗣冲就偷偷地说，'咱们先赞成他复辟，等他复辟了咱们再想别的法子'。你到天津之后，务必把这些情况对夫人说，要她劝阻大帅，什么都可以办，只有保皇上复位这件事办不得，一办就糟糕，准得上当。"苏锡麟记在心上了，一到天津，他就把这话传给了曹琴。

"锡麟，咱们徐州的事，你对夫人说了？"张勋并不急躁地说。

"大帅，"苏锡麟心事重重，"我到徐州时，张司令叮嘱我几句话，让我告诉大帅，保皇上复位的事办不得，怕会上当，将来无法收拾。"

"会吗？"张勋说，"他们都是诚心诚意签了字的。"

"徐树铮偷偷地对倪嗣冲说了另外的意见，咱得防备他们。"张勋暗想："我不怕他们，是他们心甘情愿的。"他对苏锡麟说："以后别向夫人谈什么了，妇道人家小心眼，乱说说。到北京的事，还没有定，到时候再说吧。"

苏说："大帅，我个人也有个想法，咱们这支队伍有今天，不容易呀！全靠大帅费尽心机。如今的天下，还是得以拳头论资辈儿的，咱得保好咱的队伍。"

"我明白。"张勋说，"咱们进京，是奉大总统命令的，名正言顺，谁也不敢阻挡。大总统叫咱们到北京维持治安，叫咱们调停纷争，咱就调停纷争，咱就维持治安。"

夜深了，曹琴还是放不下心，她又着人把随张勋从徐州来的大姨太邵雯和四姨太王克琴请到面前，语重心长地对她们说："大妹妹，四妹妹，你们两位是知道的，大帅的事我从来不过问，有你们在他身边，我放心！今天，我得拜托二位了。"

"大姐，自家姐妹，说什么拜托。我们做不到的，你只管指教；该做的，你只管吩咐。谁不拿你老佛爷一般地看待！大姐，你说吧。"邵、王二人齐声说。

曹琴微微一笑："我不想指教你们，也不想叫你们干这干那。我只问你们一句，你们知道大帅此番北上做甚吗？"

"说是调停什么乱事。"邵雯说。

"我说不明。"王克琴说，"只说叫带着孩子赶快进北京。"

"不单是这些！"

"还有啥事？"王克琴问。

"还要保皇上复位！"曹琴说，"这可是件天大的事。共和了几年，再让皇上登基，这不是闹反吗！不知大帅着什么迷？如今，咱也是儿女满堂的鼎盛人家了，大帅的官也算做到家了，还想甚？你们二人随在他身边一定得好好劝劝他，千万不能干那种事。你们再在徐州住几年，大帅也该告老了，回北京、回奉新都行，该过几年平安日子了，还闹什么险事！"

"大姐，"邵雯说，"这事，我们能办到。只是大帅听不听，不敢说。说真的，大姐说出了这件事，我和四妹还有咱们的孩子倒有心拜求大姐呢！咱们张府上上下下谁不知道，你大姐是最受人尊敬的。连大帅也敬你。大姐该在大帅面前多劝几句。你说的话可比我们说的有分量。"

"该说的我已经说过了，"曹琴说，"我毕竟不常在他身边，鞭长莫及。你们跟着他，随时可以说。如果觉得碍口呢，你们就说是我让你们说的，要怪罪叫他怪罪我。"

"有大姐撑腰，我们会做到的。"

段祺瑞果真服了我？！

张勋兵临津门的时候，天津落了入夏以来的第一场雨。雨不大，但淅淅沥沥地落了大半夜，高高低低的房舍都被洗涤得一派清新；树木显得更碧绿了；穿城而过的海河，原来缓缓细流，一夜间也猛然波涛汹涌起来；穿梭在街巷的男男女女，脸上露出微笑！

张勋在自己公馆里过了一宿，正想回营房去看看队伍，有人报："段祺瑞来拜！"张勋心里一惊："他，消息这么灵通，我尚未站住脚他怎么就知道了？还知道我在家里。来拜我？啥意思？"

张勋和段祺瑞许久不相往来了。从袁世凯小站练新军起他们相识，以后又同是袁世凯的膀臂，可是，二人的心却拧不到一处：段祺瑞一直瞧不起张勋，认为他总是低三下四地向"大树"靠，唯人家的命是从，没有人格，"永远当不了好官！"张勋对段祺瑞也没有好印象，认为这个人太傲慢，锋芒毕露，干什么事都太自以为是，老子天下第一！特别是他做了国务总理，做了陆军总长之后，更是目中无人，独断专行。张勋做了外任官之后更不想同他来往，并且渐渐疏远，隔阂，甚至不协调起来。令张勋十分反感的，是共和风潮一起，他竟领衔发出"请立共和"的通电，还说什么"饷源告匮，兵气动摇，大势所趋，将心不固"；最不该做的是威胁朝廷，说啥"丧师之后，宗社随倾。彼时皇室尊荣，宗藩生计，必均难求满志"等。什么话，皇室尊荣、宗藩生计好不好，你做臣子的没有责任？朝廷养你这么多年，深恩厚泽，朝廷有难了，你逼着朝廷退位，让共和来管天下，这像什么人臣……梦想复辟时，张勋就把段祺瑞列为最大障碍，决定跟他拼一场。不想，第四次徐州复辟会议段祺瑞竟派出了代表，还在"盟约"上签字，支持他复辟。想到此，张勋又消了气："他段祺瑞今天也算落魄的人了，昔日隔阂再大，今天也得一笔勾销。何况他今天又早早上门来拜，毕竟是做过国务总理、陆军部总长的人，能上门，已殊难得，我得盛情款待——张勋赶快整容换装，迎至大门之外。

"芝泉老弟，我正想登府拜望，你却先来了，抱歉抱歉！欢迎，欢迎！"说着伸过手去。

段祺瑞也紧紧握住张勋的手，说："你是老大哥，又是远道而来，我怎么好让你屈驾呢。"

客厅坐下之后，烟茶敬毕，张勋以主人之态说了话："芝泉老弟，我知道你近来心里不悦，早想见你，劝慰一番。别把这种事看重了，天还有白昼黑夜呢，没有什么大不了的。过了黑夜是白天！"段祺瑞也淡淡一笑："往天，终日忙忙碌碌，头脑也在热得发胀；现在，做了闲员了，方才领略到'无官一身轻'的滋味。闲员了，什么也不想了，安逸得很。"

张勋又说："辛亥之后，国事不安，你我终日颠簸，行迹无定。近来虽共和一统，形势仍然混乱不堪，你我兄弟连个促膝谈心的机会也没有了。说实在话，国事令人心焦呀！"

"能人还是有的。"段祺瑞轻轻摇首说，"让他们去收拾吧。"

"让谁收拾？"张勋也摇首，但他摇得比段祺瑞重，"黄陂？咳，那人做事我了解，太刚愎自用了。当今天下仿佛只有他一人才是忧国忧民的。这岂不……"张勋虽然粗，有时粗中还有细。他说这番话的时候，又想到那幅黄绫子，想到徐州会议。所以，他把指责黎元洪的话说了一半又吞了下去，并且转了话题，想从段祺瑞口中了解他对黎元洪的评价。"芝泉老弟你对黄陂该最了解，你说此人如何？"

其实，张勋这个算盘拨错了，他不了解段祺瑞在想什么，他所以匆匆登门来拜，并非来为他"助威"，而是揣着另一副心肠，是想探探他复辟的决心如何？也顺便说几句不关痛痒的话，为自己留个后路。北洋军阀中，段祺瑞得算"老"字辈，权势又相当可观，除了袁世凯，谁也同他无法相比。此人自从在山东办武备学堂起，就不出门拜客。此番来拜张勋，是费了相当思索的。所以，不问张勋如何想，他还是按自己想的做事。"别提黎宋卿这个人了。我只想对大哥说几句心里话。"段祺瑞表现得十分谦虚，十分平易，"大哥到北方来了，很好。北京是天心，牵一发而动全身！目前乱了。国人为京城之乱，无不忧心忡忡。大哥到了北京，首先要维持治安，这是顶重要的事。其余的事嘛，都可以缓缓再说。"

张勋听着，心里犯了嘀咕："你那国务总理早被免了，还有心肠想着北京的治安。这不是多此一举嘛。"令张勋不安的是，段祺瑞要他把"其余的事缓缓再说"，他想："什么其余的事？我进京干甚？你是知道的，你的代表签过字了。除此之外还有什么事情？"想到这里，张勋耐不住了，但他还是心平气和地说："国家兴亡，匹夫有责！芝泉老弟虽暂离公务，那副忧国忧民的心肠是国人皆知的。绍轩此番有勇气北上，也是多蒙老弟鼎力相助！"

段祺瑞一听张勋横下心复辟了，并且把他也拉了进来，心里明白：事已无法变更，便说："大哥，我有一言相赠，不知可以吗？"

"你我兄弟，有话尽管讲。"

"大哥，保清帝复位的事，还不到时候，即使勉强办了，就算北京答应了，南方也不一定答应。我看，这事还是慢慢来为好。"说这番话时，段祺瑞不急不忙，心平气和。

张勋心里一惊，脸也寒了下来，暗想，"段歪鼻子（段祺瑞一发怒鼻子就歪，故有此绰号）你这是说的什么话？徐州会上有你的代表参加，黄绫子上有你代表签的字，墨迹没干，你怎么又这样说？难道你变了心？"张勋想跟他面对面把话说清楚，但转念又想：段祺瑞历来奸猾狡黠，常常声东击西，表面是人，背后是鬼。现在，他是不是脚踩两只船，又想当婊子又想立牌坊？我可不怕你，有你代表签的字，想逃也逃不掉！张勋淡淡一笑，说：

"尽人事，听天命吧！"

就在段祺瑞拜会张勋的时候，徐树铮正在匆匆忙忙拜会总参议员胡嗣瑗。

胡嗣瑗，江西人，北洋家族中一个颇会周旋的说客，张勋的秘书长万绳栻的同乡，又是好友。胡常在各派之间走动，能和事，也能坏事。如今闲居天津。当初是他把段祺瑞给冯国璋的"密信"送到张勋手上的。现在，徐树铮来找他，正是为此事，还有那块黄绫子。事情急迫，一见面徐树铮便开门见山："日前，冯华甫有信请嗣公转给张绍轩，是吗？"

胡嗣瑗想了想，说："有这么回事，是我到徐州去的。"

"华甫是副总统，"徐树铮说，"辫子军一旦复辟成功了，冯公岂不成了'身在曹营心在汉'的人物了嘛！"

胡嗣瑗饱经沧桑，一悟便明白了徐树铮的来意，淡淡一笑，转守为攻，咄咄逼人地说："那封信是代表合肥转奉的，倘不是我亲手所转，我真不敢相信合肥会做出此事！"

徐树铮脑门热了一下。可是，他马上镇静地说："这么说，副总统和阁下都被合肥利用了？咳，咱们两家事，究竟是庄周梦见了蝴蝶，还是蝴蝶梦见了庄周，一时也说不清楚。当今之计，是你我均有责任排除后患。"

胡嗣瑗捋了一把八字胡，暗自笑了。"徐树铮你也太狂妄了，哪有拿着棍子求人办事的道理？"便反问道："又公，你的意思……"

"当然是支持张绍轩了。"徐树铮说，"有徐州签订的协议嘛，那块绫子还在。"

"这就无话可说了。"

"不！"徐树铮说，"果真那样了，甫公、合肥均极不利。我想……"

"明白说吧。"

"咱们给张绍轩来个'暗度陈仓'！"

胡嗣瑗轻松地舒了一口气。"'小扇子'想把那块黄绫子和那封信给'暗度'过来！"他说："不易呀！张辫子的宝物全在万公雨手里，那个人谨慎有余，怕难到手。"

"万公雨是个崇拜'赵公元帅'的人。"徐树铮说，"嗣公做做手脚自然是易如反掌的事。至于说到款项嘛，自然从天津段公馆出，不必再惊动南京（指冯国璋）了。"

胡嗣瑗也是个不怕钱炙手的人物，听说有钱，又不需大动干戈，何乐而不为？何况，他早就有意想在合肥头上"打秋风"，今天机会送上门，不能放过，便故意摇着头说："只怕少了难打动万公雨。"

徐树铮也慷慨利索，一边点头，一边拿出一纸四十万大洋的支票。"嗣公，请你多多费神了。"

胡嗣瑗一见支票，通身热得猛抖一下，他仿佛觉得眼睛走了神。"乖乖，徐树铮到底大方，这张票足够我和姓万的享用后半生了！"他还是说："让我试试吧，万一成功了，也免得节外生枝。"

"合肥说，多多拜托嗣公了。"

几天之后，段祺瑞揪心的两件东西——信和徐州会议的那幅黄绫子，徐树铮便笑嘻嘻地都送到他面前！万绳栻也乐得落入怀中二十万大洋。

送走了段祺瑞，张勋气呼呼地转回客厅，愤愤地骂道："我只觉得段祺瑞不是个东西，还没有看明白他坏到如此地步！不同意复辟你派得什么代表？我看你敢奈何我？凭那幅绫子我就能让你活得不人不鬼，一钱不值！"

——世界太大了，人的耳目都太小，所以人还是比较安逸的。张勋那么气壮如牛，若是把天底下发生的和将要发生的事都告诉他，只怕他光是生气便气死了！

黎元洪被迫黜国会

黎元洪在北京中南海盼张勋盼得望眼欲穿。听说张勋到天津了，连好酒香茶都备好等着他了。可是，总不见影子。两天之后，忽然接到天津"急电"，他还以为是辫子军到北京了，要他去迎接呢，原来是张勋发来的"调停条件"。张勋说了一片理由之后，最后提出两个条件：一、宣布解散国会；二、撤销京津警备。

黎元洪一看，傻了眼。"胡说，这怎么能行？"傻归傻，怒归怒，形势乱得逼人，不做一点表示是不行的。何况，调停之事是他大总统请张勋来的，空口说白话办什么事？思来想去，无可奈何，决定先接受一个条件，下令把王士珍、江朝宗、陈光远的警备总、副司令先行撤销，然后电复张勋。

张勋有张勋的打算，本来进京只是借助"调停"为幌子，目的是复辟。凡对复辟有障碍的事，他都想尽早排除。国会这个堂而皇之的机构，自然对复辟不利。张勋怎么能同意保存它呢？他立即给黎元洪复了一个电报：

国会若不解散，断无调停余地，我亦未便晋京，拟即回任。

黎元洪见张勋复电，更是吃惊，急忙把暂留任的国务总理伍廷芳找来，无可奈何地说："张勋所要求的两个条件，京津警备已撤销，只是解散国会这件事，事关重大，未便照行。偏偏这个张绍轩要照办，这如何才好？"

伍廷芳是无可奈何留在位上的，和尚虽当着，却不想撞钟。他哪里想动脑筋，解决什么眼前眼后大事？眨了眨眼睛，说："民国《约法》，并无解散国会的条件，此事如何行得？"

黎说："不行又怎么办？难道只好让张定武回徐州去？"

伍廷芳说："前日段总理免职，廷芳面奉钧命，勉强副署，哪还有《约法》可援，已遭各军方反对，痛责廷芳。倘或解散国会，只怕要被全国唾骂了。"

"那怎么办呢？"黎元洪着急了。

"再派一要员赴津与张勋婉商，看看能否改换成其他条件？"伍廷芳说。

"也只好如此试试看了。"

黎元洪选派代表，持着他的亲笔信去了天津。

代表去得快，回得也快。这次，张勋连张纸也不复了，只捎来几句话：

限定三日以内，必须颁发解散国会命令。否则，通电卸责，返回徐州，恕不入谒！

黎元洪山穷水尽了。再召伍廷芳，伍廷芳托病送来一篇辞职书。大总统又召来几位国务员，大家也只是面面相觑，支支吾吾。没有办法了，黎元洪只好孤注一掷，连下三道命令：一是准伍廷芳辞去代总理职；二是特任江朝宗暂行代理国务总理；三是解散国会。在解散国会的命令中说：

……时局艰难，千钧一发，两院议员纷纷辞职，以致迭次开会，均不足法定人数，宪法审议之案，欲修正而无从，自非另筹办法，无以慰国人宪法期成之喁望。本大总统俯顺舆情，深维国本，应即准如该督军等所请，将参众两院即日解散，克期另行选举，以维法治……

这条解散国会的命令，是由江朝宗副署，江朝宗怕招来麻烦，随后发了一道自我解释的通电，说什么"不忍全国疑谤，集于主座一身，特为依法副署，藉负完全责任。区区之意，欲以维持大局，保卫京畿，使神州不至于分崩，生灵不罹涂炭"等。这位代总理既标明自己深明大义，为国为民，也把今后责任搪塞得一干二净。黎大总统只好无可奈何地长吁短叹，愤懑不安。

张勋所要求的条件，所限制的时间，黎元洪都满足他了，他没有理由不进京了。正在这时候，黎元洪的代表、公府秘书夏寿康专程从北京来天津迎接张勋。

"绍帅，"夏寿康一见张勋，便恭恭敬敬地说，"大总统盼望你盼望得心急，请你早日驾临京城。"

"承蒙仲膺（夏寿康字仲膺）先生屈驾，绍轩愧不敢当。"张勋也客气地说，"既然大总统业经答应了条件，我自当即去北京。请先生先回，我即日由津启程。"

不知这位仲膺先生是"多此一举"还是诚心搞一个小插曲，他把离京前黎元洪为解释解散国会所发的另一纸电令稿拿给了张勋。这个电文张勋是未曾看到的。接在手中，匆匆一览，顿时脸色沉了下来——

黎元洪的电文略为：

元洪自就任以来，首以尊重民意，谨守《约法》为职志，虽德薄能鲜，未餍舆情，而守法勿渝之素怀，当为国人所共谅，乃者国会再开，成绩尚鲜，宪政会议，于行政立法两方权力，畸轻畸重，未剂于平，致滋口实。皖、奉发难，海内骚然，众矢所集，皆在国会，请求解散者，呈电络绎，异口同声。元洪以《约法》无解散之明文，未便破坏法律，曲徇众议，而解纷靖难，智勇俱穷，亟思逊位避贤，还我初服，乃各路兵队，逼近京畿，更于天津设立总参谋处，自由号召，并闻有组织临时政府与复辟两说，人心浮动，讹言繁兴。安徽张督军北来，力主调停，首以解散国会为请，迭经派员接洽，据该员复述："如不即发明令，即行通电卸责，各省军队，自由行动，势难结束"等语，际此危疑震撼之时，诚恐薨躬引退，立启兵端，匪独国家政体，根本推翻，抑且攘夺相寻，生灵涂炭。都门首善之地，

受害尤烈，外人为自卫计，势必至始于干涉，终以保护，亡国
之祸，即在目前。元洪筹思再四，法律事实，势难兼顾，实不
忍为一己博守法之虚名，而使兆民受亡国之惨痛。为保存共和
国体，保全京畿人民，保持南北统一计，迫不得已，始有本日
国会改选之令，忍辱负重，取济一时，吞声茹痛，内疚神明。
所望各省长官，其曾经发难者，各有悔祸厌乱之决心，此外各
省，亦皆曲谅苦衷，不生异议，庶口一心一德，同济艰难。一
俟秩序回复，大局粗安，定当引咎辞职，以谢国人。天日在上，
誓不食言。

张勋捧着信，心里嘀咕："黎元洪把解散国会之责全推到我头上了。我
何时强迫他了？你不解散国会也可以，我回徐州不就完了！"其实，张勋这
是做作，果真黎元洪不解散国会，他不知又用什么理由，反正得进京，得复
辟。不干这些事他北上干甚？！假装了一阵之后，心里还是平静，并由平静
而欣喜了："黎元洪表明态度了，秩序回复，大局粗安，他就辞职。总统自
动辞职，皇上当该复位，名正言顺！"

这一天，张勋还是盛情款待、厚礼相赠，舒舒服服把黎元洪的代表打发
走了。

张勋乐观得太早了，他以为国会一解散，黎元洪一许诺，什么事都可以
马到成功了。其实不然：东北便立即出现黑龙江军务帮办许兰洲夺督军毕桂
芳权的事件；广东督军陈炳焜、广西督军谭浩明，以及上海的一些议员联名
发出通电，称："总统无解散国会权，江朝宗为步军统领，非国务员，更不
能代理国务总理。且总统受迫武人，亦已自认违法，所有解散国会的命令，
当然无效。"烽火虽暂停了，但尚未熄，有朝一日，必然复燃。

张勋决定要进军北京了。动身之前，他深夜去访李经羲，还是恳切地请
他出来组阁，并邀李一同进京。李经羲答应了。他说："我可不是想有总理
这个大位，中国不能再乱了，黎民受不了！"李经羲相信张勋是来"调停"
国事的，他支持调停。

张勋回到家时，雷震春正坐在客厅里等他。"大帅，你回来了。"

"是你？请坐。"

雷震春是徐世昌身边的红人，他和张镇芳二人多年来一直充当徐世昌的

密使跟张勋联络，此次在天津组织督军参谋处这二人也出了力。只是，近日黎元洪接受了张勋的条件，督军团自动解体了，下一步怎么办？他有点茫然，特地来张勋这里探信，也好及时向徐世昌汇报。

雷震春坐下之后，便开门见山地说："大帅，督军团一散板，咱那计划咋办？"

雷震春说的计划张勋明白，是指的复辟。他淡淡地笑着，说："这是有言在先的事，大总统解散国会，咱们就取消独立，拥护中央。现在，这方面的电报已发出了，还谈什么计划不计划？"

雷忙说："我们已经联络好了几个省，近畿军队中的刘金标、李长泰等部均已洽妥，他们也准备好了粮饷、军械。万事俱备，只等大帅早做决定，今若食言，将失信于天下。"张勋锁起了眉，没有说话。

雷又说："康有为先生亦到了北京，复辟之声，闹得满城风雨。我们在徐州开了四次会议，势力也由七省扩大到了二十多省，仅只解散一个国会，岂不虎头蛇尾，令人笑话我们怯懦。"

张勋说："我因为军队太少，所以不敢贸然行动。你们说的一些省靠得住吗？会不会误事？"

雷说："靠得住！不要徐州出多少兵，只要大帅出面主持，便可一举成功。"

"明天万秘书长便到，你们跟他具体商定吧。"

"大帅同意了？"

"既定的事，只是看形势再做具体安排罢了。"

明天辫子军要进京

离开天津的前夕，张勋有老大的心神不定，许多事他觉得都该办，可是，一件件他都丢到脑后去了。"甚当紧？不办！"不去办，心里又放不下。

他想去回访一下段祺瑞。尽管那一天两人谈得很不舒服，段祺瑞总是上门来拜了。来而不往，太不通情理。他要动身的时候又犹豫了："我去拜他，拜他做甚？"他想起了同段之间的许多不愉快——"什么事都可以既往不咎，他最不该的是在徐州会议上签了字，到天津又说'不到时候'。两面三刀，哪有一点大将风度！"张勋瞧不起段祺瑞的人品，认为这个人太卑劣了："吃着大清的俸禄，能带头逼皇上'共和'；派人去徐州加我的盟了，到天津又不认账！算什么人？"

他决定不去回拜他。"一旦我成功了，我不怕他段歪鼻子不到我的门下！"

他想拜访直隶省长朱家宝，他知道这个人举足轻重：大事成败，直隶至关重要。天津可以成为复辟的后盾，也可以成为阻力。朱家宝是曹锟的人，直系骨干。"到时候他会不会像段祺瑞似的，两面三刀？"张勋锁着眉，思索一阵子，笑了。"朱家宝是朱家宝，朱家宝不会是段祺瑞。"张勋信他，他决定不去访他，"等到大事成功了，我不亏待他就是了！"

张勋想在离津前再同皖系的主要人物接触一下，他忧虑的还是皖系。接触谁呢？他不想见徐树铮了，他觉得这个人诡计多端，阴谋太多了。"我斗智斗不过他，弄不好得上他的当！"他想见见曾毓隽，在接触的印象中，张勋觉得这个人比段祺瑞、徐树铮都诚实些。

他让人给曾毓隽通话，竟是找不到。他心里有点怀疑："曾云霈不想给我面见，难道合肥这一群真的还有诡计？"

张勋在举事之前是做了周密的思考的，这样惊天动地的大事他不能轻举妄动，他怕一穴不固而溃了长堤！

在想访的人都不如意时，张勋决定再开一次参谋人员会议，好在万绳栻已到了天津，让这个"军师"也表明个进退……

张勋进京前的参谋会议开得很简单，大家对于进北京异口同声，无丝毫异议。万绳栻尤为积极，他说："徐州结盟早定，大事已定，无论如何不可有丝毫动摇。定武军北上，天下人皆知是为了什么。到现在了，还能再说什么话呢？"

一切都无可争议了，张勋也下了决心。"好，咱们就这么办。"会散了，他又匆匆去见曹琴，好像还有些事要同她商量。

曹琴还是闷闷不乐。见张勋进来，只深深地叹了声气，依然坐着不动。

"明天我就要去北京了。"张勋说，"抽点儿空再跟你谈谈，看看还有事没有？"

"要去北京？"曹琴有点惊讶，"一定要去？"

张勋点点头。

"还说什么，你什么都定了……"曹琴叹气了。她拿出手绢在擦泪。

"放心吧，没有大不了的事。"张勋说，"天下大乱，北京大乱，谁能整治得了？再说，徐州会议大局都定了，不是咱一家单独行动，有二十多个省呢！"

"我就是不放心！"曹琴说，"一生中，我没有不依你的事。今天，我要你依我一件事，怎么样？"

"有甚怎样？该听的我全听了。该提醒的你也全提醒了。"张勋说，"还要怎样？"

曹琴知道劝说无益了，便转了话题，说："我原想在天津哪里也不去了，现在我改变主意了，我要随你去北京。"

"你也去北京？"

"我去。我得去看看。"

张勋没有说话，只就地踱了两步。

曹琴又说："我去北京也碍不着你的事。我是想办我自己的事。"

没有办法，张勋只好答应她。"你去北京了，天津呢？"

"我会安排人的。"

万绳栻到天津之后，即驻军营，他不想在张勋身边多待，他怕问及那幅黄绫子——他已在十天前以二十万大洋卖给胡嗣瑗了。再说，对于徐州那个盟约的价值，万绳栻渐渐觉得不可靠了。张勋北上之后，万绳栻曾与各省联络，本想促其共同发兵北上，结果，大部分省的督军闷不作声，态度暧昧；少数督军复电，也是尽言"时机不到，暂缓北上"。万绳栻过济南时，想约山东省长张怀芝，张竟借故不见。他感到辫子军孤立了。

正是万绳栻沉默的时候，张勋派人来找他，说"有急事相商"。他赶到德国租界张宅时已是深夜，张勋刚刚从曹夫人房中出来。"公雨，你到天津来了，怎么不给面见？"

"大帅在公馆中，我以为你家事繁忙，便未打扰。"万绳栻借故说。

"我何尝是因为这事北上的？"张勋有点不耐烦地说，"徐州联络得怎么样？"

"不尽理想！"

"怎么？他们会不认账？"

"这还不至于。只是说'时机不到'，或说'准备不齐'。"万绳栻说，"其实，我看有些人就是推脱，想看看大局再定。"

"等我胜利了他们再出头？"张勋怒冲冲站起来，"屁！没有那么多好事！果然到那一天了，谁不出面，想分一毫利也没门！"

"更不像话的是山东那个张怀芝！"

"张怀芝？"张勋想起来了，也更生气了，"别提那个东西了，不是人……"

——几天前，张勋路过济南时，张怀芝到车站去接他。张勋心里很高兴：徐州会议上，对复辟的事，张怀芝最积极，是他同倪嗣冲联名倡议得到通过的。张勋北上了，他又前来迎接，张勋认为他一定有重兵相随。

"怎么样？山东能出多少兵马？"张勋以盟主的姿态去问张怀芝。

张怀芝淡淡一笑，说："绍帅，时局已变，万不可照前议进行了。"

张勋一听，心里便火起。"这是怎么说？徐州会议是你首先提倡复辟，今天各省大军已经调动，你应该坚持原议，力排众言，岂可畏首畏尾，为天下耻笑！"

"绍帅，你怎么就忘了'时务'了？"张怀芝说，"此一时，彼一时也！徐州会议时，大家齐心协力，现在，形势变了……"

"怎么变了？是北京变了还是济南变了？"

"都变了。"张怀芝说，"我手里就有两份电报，要我转给你的。你看看吧。"说着，将两份电报转给张勋。

张勋接过一看，是南京和开封的电报，他有点傻了眼，电报明白说："阻止此举，敬请慎重。"张勋把电报扔到地上，只狠狠地"哼"了一声……

万绳栻说："请绍帅别发怒，这种局面，咱们应该看看怎么进退？"

"怎么进退？"张勋说，"我明早就动身进京，车辆全安排好了，总不能改变主意说不干！"

"那是自然。"万绳栻说，"即便有三个两个张怀芝之辈，也不至于毁了大事。明日进京！"

张勋沉默片刻，又问："奉天有消息吗？"

万绳栻摇摇头。"冯麟阁的二十八师原说是和咱们同时启动的，咱们到天津了他们也应能够入关了。可是，据最新情报：冯师的张海鹏、汤玉麟两个旅，均仍在奉天未动。"

"妈妈的，什么同盟？我看他们一个个全是孬种，全是等着白手拿鱼的家伙！不管他们，只我们定武军一家也照样北上。"

"我部到京之后，是先进城，还是？……"

张勋冷飕飕打了个战。"是呀！是进城还是住城外？"他也有点说不定。黎元洪要他来京调停，并未明确"武力调停"；张勋带兵北上也只打出"调停"旗号，并未表明以武力助谁攻谁。几千人马开进京城，安在哪里？他思索一阵子，说："这样吧，主力先住廊坊、丰台，前哨可以住天坛。住下以后再说。"

万绳栻尚未走，李经羲深夜来访。

李经羲表面上辞了黎元洪的内阁，内心里还是想干的。黎元洪请他出来组阁时，国会尚未解体，他怕国会不会同意他，使他丢人。现在，国会不存在了，李感到无恐了，便想出山。"绍帅，听说你明日即率队进京。"

"仙老（李经羲字仲仙），我正要去拜望你，想请你能够明日与我同行。"张勋说。

"我也进京？"

"进京。"

"合适吗？"

"怎么不合适？"张勋说，"主管国务的国务院，自合肥被停职，何尝一日有首？伍廷芳不干了，江朝宗干不了。群龙无首，如何得了？你不支撑这局面，谁支撑！"

"那得靠绍帅大力臂助。"

"义不容辞！"

"那我就明天随阁下北上了。"

送走了所有的客人，张勋想平平静静地睡一宿，明天好去办大事。可是，他却无论如何也睡不实，头脑里乱七八糟，什么都想。最后，竟神游到徐州二眼井测字摊上去了，他神志不安地想："我这个大兵旁边加个石，就是'碎'？难道我真的会'碎'？"

黎元洪握着张勋的冷手

自从张勋到天津之后，段祺瑞的情绪便热冷无常起来：他十分欣赏徐树铮导演的这场闹剧，他希望张勋能够更勇敢一点，赶快去北京，一阵枪响就把黎元洪赶出总统府。到那时，他便可以长出一口气，昂首挺胸走回北京城！他又怕张勋缺乏勇气，怕黎元洪给他点小恩小惠就把他蒙住了。"他不复辟不要紧，万一再同黄陂狼狈为奸了，我不是白费心机吗？"

段祺瑞也怕张勋复辟成功。"大清王朝的影响，毕竟非同小可，中国人心目中的皇帝是至高无上的！万一小皇帝重登大宝，四海倾倒，万民欢呼，我能翻转这个乾坤吗？"他怕到那时自己失落。站在一旁看热闹的人，是不会得到恩惠的。他怕复位的朝廷会把他段祺瑞排到孙山之外去。"果然那样了，我独自一家能不能再把皇帝赶下龙座？"他心里没有底。

热衷权术的人，总是绞尽脑汁在要权，无权想夺，夺来权了想保，争争斗斗，无止无休！像段祺瑞这样的老手，也时不时地坐卧不安。

有人向段祺瑞报告：张勋要率定武军进京了。段祺瑞惊讶了一下，仿佛去得太猛然了，他还没有准备好呢！他派人去找徐树铮，去的人回来报告：徐树铮听戏去了。他又派人去找曾毓隽，曾毓隽来了。"老总（段祺瑞的官称），你找我有事？"

"云霈，快坐下，有大事同你商量。"

"又铮呢？"曾毓隽知道段祺瑞遇事总先和徐树铮商量，故问。

"他？——"段祺瑞摇摇头，"我这里大火扑门了，他还有心思去听戏。"

"不至于这么严重吧？"曾毓隽是个慢性子。

"张辫子要进京了！"段祺瑞说，"我这里还在睡大觉，怎么能不急？"曾毓隽眨了眨眼睛说："只怕不会那么容易就（复辟）成功吧？"

"成功就晚了！"段祺瑞说，"人家兴师了，咱们还没有调兵。我心里急！"停了停，又说："我想咱们先做一个计划，看看有多少兵力，怎么安排，总得有个统调。"

曾毓隽说："力量还是有余的，倪嗣冲、段芝贵、曹锟都有实力……"顿了一下，又说："老总，果然到那一天了，我只怕会半路上杀出个程咬金来。"

"你是说……"段祺瑞很惊讶。

"廊坊是京津咽喉，这里卡住了，就不顺利了。"

"你说十六混成旅？"

"是的。"

段祺瑞把眉头锁了起来——

十六混成旅原本是冯玉祥的队伍，冯同段祺瑞的军师"小扇子"有矛盾，"小扇子"在段面前做了手脚，结果冯的旅长被撤下了，换成了杨桂堂。可是，这支队伍却依然是听冯玉祥的。段祺瑞若天津起兵，十六混成旅若是不借道，岂不麻烦？段祺瑞叹声气，说："恐怕是要把十六混成旅还给冯玉祥了。"

"一定要还！"曾毓隽说，"越快越好，免得到时措手不及。"段祺瑞点点头，又说："你马上和倪嗣冲、曹锟联络一下。"

天津火车站。几趟专列，把几日前从徐州移防来此的辫子军都送往北京去了之后，又备了一列考究的客车送辫子元帅张勋。此列专车，前后挂着普通车厢，中间一节豪华头等，车厢两头四门，各悬花环一个——时兴的伟人车厢皆如此——张勋披着朝霞，身着上将军服缓步步入车站。他身边是身着长衫、头戴礼帽、手持拄杖的老者，他们边走边谈，满面带笑。那老者，便是决心去占总理位置的洋务派首领、北洋大臣李鸿章的侄子李经羲。二位步入车厢，卫侍敬礼以待。坐定之后，张勋脱下军帽，笑了。

"仲仙先生，幸亏你昨日提醒，要不，我今日要在这片地方成孤家了。"

李经羲也脱下礼帽，微笑而且晃着脑袋。"不患人之不己知，患不知人也！"

"我解不透你这话。"张勋憨直地说，"我就知道你来了，我高兴！你来了，壮我行色！"

"绍帅，"李经羲说，"有个日本人对我说：'中国的复辟没有日本人支持不会成功。'我看这话他说过头了。"

张勋说："咱们中国人做事，为啥必须日本人支持呢？我就不信。"

"对，不能信。"

"也有个日本人对我说：'英国人克伦威尔把查理皇帝处死了，一度实行共和政治，国家乱了。十年后，还是把查理二世迎回国，恢复了君主制。'英国恢复君主制的时候，难道说也是日本人支持了？废话！混账话！"

二人相视而笑。笑得很爽朗。

专车抵达北京车站。

北京车站，一改往日的嘈嘈杂杂、忙忙乱乱，而被森严的兵队所占据。三步一哨，五步一岗，荷枪实弹，严肃无声——不知是迎接要员还是监控要犯？

专车停下了，张勋和李经羲一起并肩从挂着花环的车厢走下来。刚一举目瞭望，总统派来迎接的特派员便来到面前，深深鞠躬，而后说："大总统十分欢迎上将军来到北京，总统正在客厅恭候！"张勋也拱着手，说："谢谢总统阁下的厚爱！"

特派员招招手，过来两辆马车，张勋和李经羲也不客气，跃身上去，马车朝中南海飞奔而去。随在马车后边的，是随张勋从徐州来的一营辫子军。

这一天，是 1917 年 6 月 14 日。

黎元洪在总统府客厅门外等候张勋。马车停下之后，黎元洪便匆匆走上去，紧紧拉住他的手，握了半天，才说："绍帅，国难当头之际，你能挺身而上，宋卿十分敬佩你！论国事，你堪称栋梁；论私谊，你以老大哥之心，解了我的大难！"

张勋望望站在他面前，比他小十一岁的大总统，看看他满面的愁容和消瘦了的脸膛，猛然产生了同情感："大总统也不是好当的！"可是，他立刻又猛醒："我可不是来北京保护他大总统的，我不能对他同情。"他握着黎元洪的手，说："奉你的命来的，一切听你安排，听你安排。"

黎元洪淡然一笑，心想："我安排你什么？未进京前你已经把我难得不轻了，你那条件还不够苛刻的，现在又说听我安排了！"心里虽然不悦，口头上还是说："一切由老大哥处理，一切由老大哥处理！"

张勋心中有数，不想让黎元洪抓住把柄，得表示个不明不暗的态度。"天下乱成这个样子，叫人痛心呀！"黎元洪忙说："是啊，是啊！"

"东西南北，分崩离析，得有个妥善办法，先拢，拢到一起，再谈治。"

黎元洪又忙说："是啊，是啊！"大总统的神气不见了，仿佛张勋是他的"大总统"，此番张勋的到来，完全是向他发号施令的，他只有五体投地的"是啊，是啊！"张勋当然以主宰者身份，不把总统放在眼里。黎元洪又去应酬李经羲。

"仲仙公也能来京，宋卿尤为高兴。公务必以国事为要，担起大任。"李经羲说："仲仙德薄，恐负众望，故迟疑再三。"

"国事维艰，宋卿甚盼诸君臂助。"黎元洪的架子没有了，只有乞怜，"我当以全力为诸公提供方便。"

在客厅坐下之后，三人又寒暄有时，黎元洪又说："二位就住在这里吧，有事也好及时请教。"

张勋忙说："仲仙先生住这里好了，我还是回到南河沿寒舍吧。还有些家事待安排。"

黎元洪挽留再三，最后只好说："那就听大哥便吧。只有请大哥多来畅叙，我也会及时登府请教。"

临别时，黎元洪握着张勋的手，再三再四说出了"拜托"的言辞。不过，使黎元洪惊讶的是：张勋的手很凉，冰冷冰冷的。他想："难道这位辫子大帅还是一副冷酷的心肠?！"

总统送走了张勋，抬头望望天空，才知道北京的天气原本就是阴冷冷的!

第十三章
溥仪想起了不剪辫子的人

形势对张勋的复辟甚为有利，他步步走着顺风顺水的路。于是，他不放松，步步加紧。

一个地方巡阅使竟能管着京城！这不是怪事，辫子军就这样干的。

张勋胜了第一步棋

京城前海西街，有一座十分壮观的王府，分府邸和花园两大部分，光是府邸便占地四十六亩多，分中东西三路，各由多进四合院组成；后部环抱着长一百六十余米的通脊二层后罩楼，楼后便是花园。园中散置叠石假山，曲廊亭榭，池塘花木。这片宅院曲折变幻，景致幽深，这便是清朝历史上著名的大贪官和珅的府邸。咸丰年间，恭亲王奕䜣成了这所宅子的主人，改名恭王府。京城人说它是"荣国府的大观园"。昔日的繁华不可言尽，而今，皇权坍塌了，这座王府自然萧条起来。正门掩闭，门前冷落，只有守门的两个老朽，没精打采地依躺在门槛边，有一句无一声地在聊着《山海经》。那位瘦脸膛说："徐哥，京城又出新事了，你知道吗？"

胖脸膛说："陈老弟，我老眼昏花、两耳死沉，啥也不知道。只记得昨夜做了一个噩梦，那位和珅大学士拿着乾隆爷的圣旨，说要收回他的府第。果真收回了，咱这门楣怕就不能再称'恭王府'了！"

"说这干啥？"瘦脸膛说，"凭叫什么名，连宣统爷都无处存身了，哪里还顾得恭王奕訢！我说的新事不是这。"

"那是啥？"

"祖宗宗法，历朝历代都是京城管地方。如今怎么样？"

"能怎么样？"

"如今是地方管京城了！"

"我不信！"胖脸膛说，"共和就乱得够收拾的了，地方管京城，成何体统？"

"你不信？"

"不信！"

"可就是千真万确！"瘦脸膛说，"那张勋张绍轩得算地方官吧？"

"对。安徽督军，长江巡阅使。"胖脸膛说："是袁项城给了他个'定武上将军'衔。"

"对呀！"瘦脸膛一拍屁股，"话就得从这里说起。这张上将军率领辫子军到京城来了。"

"来勤王？"

"哪是什么勤王，说是来调停府院矛盾的。调停矛盾就调停矛盾吧，可他却遍京城发布告示。"

"什么告示？"

"全文我是记不清了，只记住一句话，说'此行入都，当力筹治安'。他是外任官，外任官到京城治的什么安？"

"真有这事？"

"满京城的人都张开大口合不上了！我是听人传说后才去看告示。果然！白纸黑字，《定武将军告示》。你说奇不奇？！"

……张勋到北京之后，除了发出一张令北京人惊讶的"告示"之外，并没有给北京带来多大波动，大街小巷，日出日落，一切都平静而又安详，像气候一样，入夏了却依然春意盎然！就连张贴在大街小巷中的那张"力筹治安"的《定武将军告示》，也渐渐被人淡忘了。中国的黎民百姓，烧香拜佛求的就是太平日月！

不过，人们千万不要被现象蒙蔽了，北京城并不太平：

张勋进北京的第十天，即 6 月 24 日：国务院总算有总理了，李经羲宣布就任总理一职，还奉命兼任财政总长。

6月25日，总统下令任命李经羲兼盐务督办。

6月26日，内务部因改选国会，特设办理选举事务局，杨熊祥出任局长。

6月29日，准免司法总长张耀曾及农商总长谷钟秀，改任江庸署司法总长，李盛铎署农商总长……

如此频繁的人事变动，谁能说太平无事？知情人说，新就职的总理传出话了，说"任事期限，只三个月，过此便要辞职"。人们听了只一笑——等九十天以后再说吧！唯有些蹊跷的事是：张耀曾、谷钟秀二人都是国民党。张勋到京后不久，两位国民党人去职，不知内在有什么联系？京城中无论"观察家"还是"包打听"，都在不遗余力地探他个究竟。

进到北京的张勋，并不像人们猜测的，只发一个"力筹治安"的告示。果然只有此事，他无须兴师动众了。在发告示的同时，他就办成了一件惊天动地的大事——把李经羲捧上国务总理宝座！

6月23日，他单独跟黎元洪进行了谈判，力主李仲仙出任总理。黎元洪狠狠地摇着头，说："我的初衷也是他。可惜他早已发出谢辞通电，弄得我措手不及。"

"除去李仲仙，怕是再无合适人选吧？"张勋有点儿"逼宫"了。

"有。合适的人有。"黎元洪说，"徐卜五就是一位。早时，你不是也曾推荐过此人吗？"

张勋一听黎元洪要徐世昌出任总理，便狠狠地摇头。"此人只能做太平官，他没有力挽狂澜的本领。"

"啊？"黎元洪心里一惊，眼神也有点儿痴了。

——张勋推荐过徐世昌。他为什么又拆徐世昌的台呢？我们还得揭示一点"微妙"：

张勋崇信徐世昌，是尽人皆知的。此次到天津之后，张便去拜见徐。一见面，张勋便直率地说："复辟事，承蒙卜公大力支持。日前，陆宗舆去徐州，代传了阁下两点意见，我一听便知不是你的本意，故而拒绝了。不知卜公知道不知道？"

陆宗舆向张勋提的两点意见是：一、复辟成功了，徐要做辅政王，并列为皇族，代代世袭；二、以徐之女为宣统皇妃。这两条，徐实有此念。张勋拒绝了，他有情绪。现在，张勋重提此事，徐世昌只好支吾了事。张勋对徐产生了反感。谈话不欢而散。

还有一件事：张勋到天津，天津正在筹建督军总参谋处，拟推选徐世昌为大元帅，借以收拾时局。张勋本来也是支持此举的，但有人把"计划"拿给张勋看时，那计划从头到尾，洋洋千言，竟没有"复辟"二字。张勋立即沉下脸色说："根据我国五千年来的礼教道德，早拟发动复辟，以匡天下。今此计划中只字不言复辟，而竟任意组织政府，拥立什么大元帅，实与大义名分不合，本人不能赞成。"

这两件事，使张徐结怨，故而张勋不同意徐世昌出任总理。

张勋见黎元洪犹豫，忙又说："李仲仙老成持重，国务大任非他莫属。总统你就不必迟疑了。"黎元洪不得已，只好任李为总理。

张勋胜了第一步棋！就在张勋积极策划李经羲组阁的时候，日本人不安起来——谁都知道，日本人是支持段祺瑞的。段祺瑞坚持对德宣战，便是向日本表示友好。日本人打定主意要恢复段的内阁。所以，中国的组阁问题，日本人也就特别关注。当他们发现李经羲随张勋到北京了，便感到形势不妙。果然李仲仙组织新内阁了，段祺瑞便丧失了东山再起的机会。所以，当日本人获悉李经羲果然出来组阁了，他们便采取种种隐蔽手段进行阻挠，包括向拟议中的新内阁成员施加压力。另外，还由日本驻北京公使林权助特派一个叫小田切的日本人去给张勋施加压力。

张勋从总统府回到南河沿自己的公馆，小田切已在客厅等候多时。张勋心里一惊："日本人来干甚？"张勋对日本人已失去信心了，他不想再获日本人的赞助，他也不想再听日本人的劝告。迟疑有时，他才走进客厅。

"小田切先生，欢迎光临！"

小田切急忙站起，深鞠一躬。"林权助公使向大帅致以问候！"

"谢谢。请代我问候林权助阁下。"

"谢谢！"

"小田切先生无事不登我这三宝殿，请明白指示！"

"不敢，不敢！"小田切说，"本国政府内阁及林权助公使，均对大帅表示关切，想向大帅进一言。"

"请讲。"

"中国形势太乱。我们希望大帅勿置身于混乱的政局之中，以致毁伤大帅的名节。"

张勋心里明白了，他淡然一笑，说："这么说，日本朋友是希望我回徐州去了。"

"自然是愈早愈好。"小田切说，"这也是为大帅着想。"

"谢谢日本朋友的关心。"张勋说，"不过，得请先生向林权助公使及贵国内阁转达一声：我张绍轩认定的事情，不干到底，是不会改变主意的。"说这话的时候，张勋的脸色有好大的不高兴，心里却在想："你们日本人管事也太多了，我既来到北京，就得完成大事。如不能收拾时局，空回徐州，岂不更毁了我的名节嘛！"日本人看见张勋如此坚决，只好悻悻而去。

咱们莫失良机，干！

张勋进京未几，前国务总理熊希龄突然以个人名义发通电，称复辟有五大危险，要国人"务必注意辫帅的阴谋，万不可上当"。在南京的副总统冯国璋，一见熊希龄通电，自己也幡然觉醒，即发出附和熊的通电。这样一来，复辟事已宣示全国。舆论纷纷，莫衷一是。张勋的密友也诚心劝告，说"时机未熟，民情未孚，兵力未集，不宜妄动"。张勋听了这些话，思想波动颇大，暗想："这些煽动会不会影响我的大事？我得争取主动。"

张勋只身走进总统府，与大总统面对面坐下，他毫不掩饰地对黎元洪摊牌了。"宋卿，"他不呼他大总统了，"我来京城这些天，事情都看明白了，能做的事我也尽了心。有些话，我觉得该说明白了，特来找你。"

"还有没说明白的话？"黎元洪有点糊涂，"老大哥进京就是调停。调停的事该怎么办，老大哥可以自作主张。"

"不是这个。"张勋说，"我是想问你：中国下一步棋怎么走？"

"下一步棋？"黎元洪心里一跳，"我是大总统，国家怎么办，自然由我通盘去想。当前要不是府院矛盾我让你来干什么！调停就是调停，调停完了你还回你的徐州。"黎元洪是这样想，却不能这样说。因为他还得依靠张勋。他故作糊涂地说："下一步棋不知老大哥怎么想？"

黎元洪反话正说，张勋心里发怒。一怒之下，便不能自制。"我说，中国还得从制度上动动脑筋。民主、共和这玩意儿到底怎么样？我总信不实！"

"啊？！——"黎元洪吃惊了，"这都是几年前就解决的问题了，宣统逊位后一切都安排得妥妥当当；共和制度也已建立多年。袁项城制造的一段弯路也取直了。人心所向呀！只要府院间关系协调了，国家会太平兴旺的……"

张勋又摇头又摆手。"话不能这样说。"他想起了日本人对他说的话，"三百多年前英国的事你知道吗？"

"英国的什么事？"黎元洪问。

"有个叫克伦威尔的人把皇帝查理杀了，实行共和，共和了不到十年，把个平平和和的国家弄得混乱不堪。结果怎么样？"

"怎么样？"

"复辟了！"张勋说，"又把查理二世请回来，还是实行君主制。共和不行！"

黎元洪猛地站起来，胸脯挺了挺，脖子拧了两下，但最终还是没有说话。

张勋也站起来了。他轻轻地踱着步子，也没有说话。

客厅里，灯光明亮；八仙桌上，茶杯中散发出淡淡的清香。一抹轻柔的月光，透窗而入，和灯光亲昵地交织在一起；丝丝夏风，偷偷地抚摸着这二人的脸膛；唯有条几上新从皇宫搬来的一只轿式的自鸣钟，摆动出均匀的"嘀嗒"声。

窒息了良久的空间，黎元洪有点耐不住了。他转过脸，面对张勋。"绍帅，"他不叫他大哥了，"你觉得该怎么办呢？"不待张勋回答，他又说："你想怎么办呢？"

"随形势吧。"张勋说，"个人的荣辱死生都无可顾及，中国的前途，黎民的安康，不能不放在心上。谁叫咱是百姓的官呢！"一派忧民忧国之情。

"这么说，"黎元洪认真了，"绍帅是打算把逊位的皇上重新扶上来了？"

"这也是随形势！"

"要是各方面不答应呢？"黎元洪说，"比如，果然皇上复位了，中国的东西南北方都出来了蔡松坡的组织——护国军，又怎么办？"

"我若决定那样干了，我自有办法。"张勋态度变得十分强硬，"现在是我在问你，我要这样干了，你怎么办？"

"我还要问问那些督军、总长、省长和中国的老百姓，看看他们答应不答应！"黎元洪的态度也强硬了，他是大总统、是国主，早时他一发怒连总理段祺瑞都可以免了，难道你张勋的势力、资历能比得上段祺瑞？他黎元洪完全能够免了他张勋的安徽督军、长江巡阅使，还可以黜了他的上将军军衔。

张勋没有想到黎元洪还有这点血性！他本来想针锋相对地抵下去，但转念一想："不行。黎元洪毕竟是大总统，天下他治不了，中南海他还是说了算的。闹僵了，他以'谋反'罪下令杀了我，举手之劳。到那时，我纵然有天大的本领也得做鬼。"再说，张勋又想到他的队伍，他的队伍只有一个营进了京城，其余均在城外。突然发生事情了，硬拼也拼不过总统卫队，何况京中还有重兵。张勋把火性收敛了，他深呼吸一下，声调也变得缓和温柔了，他说："国事太乱了，我心里不安。既蒙大总统召至京城，总想为总统分担忧愁。我说的复辟，也只是想作为挽救艰难的一个办法。能不能行，自然要同各方面商量，最后还得请大总统决定，哪里就一说即做了。"

黎元洪见张勋态度缓和了，也马上转变了态度——大总统毕竟处在山穷水尽之际，为了借重才把辫帅请来的。若是辫帅也成敌对，岂不更难以收拾残局了——说："大哥想的，固然有道理，只是帝制之事，在中国人心中，恶感太深了。袁项城的教训不可不吸取。我也是为大哥着想。大哥德高望重，朝野拥戴，我怕别人误会了你。"他又说："国家艰难之日，栋梁难得，老大哥肩上的担子重呀！"二人"言归于好"，张勋这才退出中南海。

一次"火力侦探"，使张勋大为吃惊。他走在路上还想："轻易让黄陂退出来，是不可能了，必须采取强硬措施。"

张勋跟黎元洪初次交锋之后，心里很不愉快。出了总统府，没有回南河沿家中，而是去了江西会馆。那里，正在唱京剧。张勋独自挑了一个位置坐下，心里却依然在纷乱地遐想。他觉得不该向黎元洪透露这个打算，万一黎元洪有了准备，调兵遣将，从今之后把总统府密封起来，或者干脆把宣统爷杀了，岂不大事完了！转念又想，透露也就透露了，早晚总是得揭明的，先打个招呼，也算先礼后兵，不失礼节。一想到事揭明了，心里又空起来！果然发兵中南海，驱走大总统了，兵力够不够呀？再说，我的兵全在城外，远的还在廊坊，怎么往京城中调呀……

办这样大的事，张勋确实觉得没有把握，怕到时候指挥不开；再说，这件事尚未跟宫里商量，万一行动了，宫里再不同意，那该怎么办？张勋就这样胡思乱想了许久，一时也没个准定意见，索性不想了。"听戏。听完戏再说。"

会馆的小舞台上，正演着《霸王别姬》。这是他的小妾王克琴的看家折子，他听得十分熟悉了，他倒是想听听别一派角色的唱腔。只见那花旦从帐篷中出来，做了一个甩袖的动作，而后唱道：

> 看大王在帐中和衣睡稳，
> 我这里出帐去且散愁情；
> 轻移步走向前荒郊站定，
> 猛抬头见碧落月色清明……

"不如我家小琴的。没意思。"张勋先入为主了，他想走开。张勋回到南河沿家中，却见万绳栻陪着康有为正在小客厅等他。他急忙走过去。

康有为急忙站起，匆匆迎过去。"绍帅晚安！"

"南海先生晚安！"张勋拉着康有为重新入座，又说，"这几天直盼望着先生，又被琐事纠缠，未能去访，竟劳先生先来了。"

"大帅是有重任的人，我是闲员，自然应该先来看望大帅。"几句寒暄，万绳栻又报告了定武军的驻防情况，然后说："南海先生来京之后，又将那个奏折稿子修改了一番，怕急着用，先生便亲自送来了。"

康有为忙从衣袋里拿出《奏请复辟》的折稿，说："请大帅过目。"

张勋接过折稿，一边展开，一边说："这……这事恐不便即行吧？"

万绳栻一见张勋有些犹豫，忙说："大帅志在复辟，已非一日，现在大势属我，一呼百应，且握有军队，正是千载难逢的机会，失此不图，尚待何时？"

康有为也说："绍帅，夜长梦多，机不再来。目前形势，对咱们最利，万不可坐失良机呀！"

张勋从黎元洪那里出来，便有些心神不定。经二人这么一提，他猛然醒悟，觉得既已在黎面前提及此事，若让黎先下手了，岂不千载憾事？索性一不做二不休，大干一番。"二位说得有理，咱们莫失良机，说干就干！"

会帝师交呈复辟奏折

张勋是在江西会馆一个幽静的小客厅会见溥仪的老师陈宝琛的。

陈宝琛一大早就来到江西会馆。这个被人冷落了许久的帝师，原本想着随他的幼小学生沉积于历史的角落了，虽然觉得满腹经纶可惜，也无可奈何。自从京城里飞扬起"复辟"的消息，这位尚不算老的老朽竟又精神起来，在失去光彩的小皇帝面前授课也有劲了。当他得知张勋要单独拜见他时，他竟似做了一梦——

这位新"太保"——帝师，做梦都想有这么一天。这一天到了，他又真的做起梦来了。他本来就对张勋有些莫名的崇拜，他知道此人曾在老佛爷面前得过宠，对朝廷有极深的忠诚。天下人都剪辫子了，只有他一家不剪辫子，这说明唯他对皇室忠心。早先，陈宝琛想拜见他，总苦于无门，不想张勋先找他了。陈宝琛坐在小客厅等了好大一阵。张勋来了。

他们不曾见过面，但却都神交已久。张勋先伸出双手，陈宝琛也匆忙迎上去。

"久仰先生大名！"张勋先开了口。

"绍帅的雄风，毓庆宫中无人不敬！"陈宝琛真会奉承。

"皇上龙体还好？"

"皇上十分惦念你！"

寒暄之后，对面坐下。张勋便开门见山说明心地。"请太保驾临，有一要事相商，还望大力臂助。"

"绍帅所示，无所不从！"

"请你先看看这个，看完了，咱们再商量。"说着，便把由康有为起草的那个《奏请复辟》的折子交给陈宝琛，陈宝琛站起身来，双手接过，然后仔细看下去：

奏为国本动摇，人心思旧，谨合词吁请复辟，以拯生灵，恭折仰祈圣鉴事：

窃经国以纲纪为先，救时以根本为重。我朝开基忠厚，圣圣相承，立教者首尚人伦，敷政则勤求民隐。是以皇灵赫濯，敬者凛若帝天；化泽涵濡，爱者戴如父母。虽经发捻、发寇氛之巨，卒赖二三大臣效忠疆场，用能削平祸乱，弼我丕基。盖仁泽入人既深，而王纲又足以维系之地。

廿载以来，学者醉心欧化，奸民结集潢池，两者相资，遂成辛亥之变。孝定景皇后不忍以一姓之尊荣，罹万民于涂炭，勉循所请，诏设临时政府，原冀惠安黎庶，止息干戈；岂意根本动摇，竟以安民之心，助彼厉民之虐。彼时臣勋、臣国璋等，孤军血战，莫克回天；臣嗣冲、臣怀芝等，虽力遏妖氛，卒难荡决。贻忧君国，寝馈难安，忠愤填胸，积年成痗。然不敢不仰承庙略，幸冀升平，蒙难艰贞，于兹七载。乃共和实行以后，上下皆以党贿为争端，各便私图，以贪济暴，道德沦丧，民怨沸腾。内外纷叹，迄无宁岁，苍黎凋瘵，逃死无门，此实非孝定景皇后逊政之初心，我皇上所当收回政权，实行安心，以仰承先志者也。

臣等伏查列强之世，非建设巩固帝国，不足以图存，此义近为各国所主张，尤深合吾民之心理。以中国之皇王神圣，代有贻留，规复典章，易如反掌。而我皇上英姿天挺，圣学日昭，虽在冲龄，睿逾往圣。况当杌陧之运，曾无匕鬯之惊，天殆默佑圣躬，以宏济艰难，俾延无疆之祚，而吾民迭婴荼毒，尤徯后以来苏。臣等蒿目时艰、痛心天祸，外察各国旁观之论，内审民国真实之情。靡不谓共和政体，不适吾民，实不能复以四兆人民敲骨吸髓之余生，供数十政客毁瓦画墁之儿戏。非后何戴，穷则呼天。臣等反复密商，公同盟誓，谨代表二十二省军民真意，恭请我皇上收回政权，复御宸极，为五族子臣之主，定宇内一统之规。臣等内外军民，誓共效命竭忠保×皇室，伏恳我皇上大慈至德，俯允所请，天下幸甚。所有国本动摇，人心思旧，合词吁请复辟各缘由，谨恭折具陈，伏乞皇上圣鉴，训示施行。谨奏。

陈宝琛激动了，那感人肺腑的语言，字字句句都道出了他的心声，而且言简意赅，要比他自己的文笔还精彩百倍。看着看着，他心发跳，手发颤，脑发热，不由己的两行热泪便汩汩地往下流。"大清有望了！中国有望了！皇上有望了！我们大家都有望了！"陈宝琛自言自语，说着，揉着泪，"就凭这篇奏折，连天地鬼神都会感动，何况吾皇乎！"他转脸对张勋说："中国还是有脊梁的，绍帅不愧为中流砥柱！我一定把这个奏折面呈皇上。我想皇上也会感激涕零的。请绍帅等好消息吧！"

张勋急忙站起，紧紧握住陈宝琛的手，说："这么说，太保是赞成复辟的了。"

陈宝琛点点头，有些哽咽地说："怎么不赞成，怎么不赞成！凡有血性的中国人，都会赞成！"他抽出手，揉揉泪眼，又说："共和，共和，中国共和到什么样子了？无君无父、无兄无弟，无伦理，无纲常！五千年文明史，毁于一旦！瞧，外国人不打中国人了，中国人自己打自己，南方人打北方，东方人打西方！毁的就是黎民百姓，怎么得了？皇上幼龄，却天性忧民，他业经痛哭几次了，还仰天长叹：'还我大清，还我黎民，还我忠臣良将'……"

张勋冲动了，流泪了。"我是皇上的黎民，我是皇上的忠臣良将！我一定从他们手里把大清江山夺回来交给皇上。皇上万岁！"

张勋从江西会馆回到家的时候，发现小客厅灯火通明，他心里一惊："我不在家，很少有人进那里。谁在小客厅呢？"他匆匆走去。未进门，便听见夫人曹琴正在发怒："在徐州，我就看着你不安好心。我骂过你，你还不服气。现在怎么样？你急不可待地跟到北京来，到处煽风点火，你究竟安的什么心？"

"这是对谁呢？"张勋停住脚步，在门外细听。

"夫人，请你别误会了。哪是我能做得了主的事呢？自从在徐州你批评了我，我也想……"

张勋一听，是他的秘书长万绳栻。他明白了，是夫人在骂他。他急忙推门进去。

"胡说什么？胡说什么？"张勋指着曹琴的脸，说，"这算什么规矩？谁让女人管国家大事的，我不许！"

曹琴没有理会他，依然怒气冲冲地对万绳栻说："姓万的，你知道厉害吗？你这样做，会使我张氏子孙没有吃饭的地方！你不该闯这个祸。还有那个姓康的，也是个心术不正的人。见了他我也饶不了他……"

张勋见曹琴怒气不消，一时劝解也无用，便把万绳栻推走了。"你走吧，走吧！这里的事由我来收拾。该干什么，你去干什么！"万绳栻走出小客厅的门，迟疑着问张勋："大帅，下一步……"

"照计划办！"张勋毫不含糊地说，"哪能听凭女人瞎嚷嚷。"张勋怀着一肚子怒气走回客厅，他真想狠狠地骂曹琴一顿。可是，当他看见曹琴早已泪人似的坐在那里抽泣时，又觉得她的心并不坏，得体谅她。他站在灯影下，沉默了好一阵，才兀自软瘫瘫地坐在椅子上。

曹琴抽泣了好久，本来还想再劝说张勋几句，但觉"说了也没有作用"，便缓步走出来。临出门，才对张勋说："你在这里等我片刻，我就回来。"

张勋只管沉思，并没有搭理他。

时间不久，曹琴领着几位姨太太和子女们都进来了——

曹琴自从在徐州知道张勋要复辟起，便一直心上坠一块石头，她认定这是一件危及九族的祸事。徐州劝了，不行；天津劝了，又不行；到北京之后，她又曾劝，还是不行。张勋连她的话也不愿听了。曹琴曾去找随张勋到北京来的统领刘文揆，请他劝说。刘说："没有用了，最好把万绳杦赶走，兴许会缓和。"曹琴哭着说："他们已经死了心了，我想现在就把此事告白天下，让总统有所准备，免得把事做坏。"刘说："万不可这样做。做了，其祸之速，正与复辟相等。我看还是以逐万为上策。"

曹琴还没来得及逐万，张勋来了，此策又无用，她只好带领子女与张的宠妾齐来跪求。

曹琴领着全家人进了房，一声令下，都跪在张勋面前。

"绍轩，"曹琴也跪在地上，哭求说，"你可以不管我，你得要看看他们娘儿们吧！咱们这个兴旺和合的家，团团圆圆、热热闹闹，儿女满堂，你难道就甘心把他们都往死里送吗？你已经六十四岁了，可以不顾日后，难道你不为你的子女想想，不为几位妹妹想想吗？绍轩，我求你了，你把队伍带回徐州去吧！往后徐州不好待，咱们就回江西，回老家……"

爱妾和子女们也都流着泪乞求着。

张勋见如此情形，心里也有所动。"是的，这是一个兴旺和合的家，儿女们都挺喜人，万一复辟不成，他们都成了罪人，岂不可惜！"他皱着眉，想对妻妾和子女们说"不干了，咱们回徐州"，可是，张勋毕竟有他的"胸怀"，有他"远大"的设想。"皇恩浩荡，死不足报，国家黎民都在水深火热之中，我怎么能只想保全自家呢？自古忠孝都不能两全，为皇上、为国家，我还能顾及自己的家吗？！"他站起身，冲着妻妾儿女们大声吼道："哭甚？求甚？此事非妇人女子所知，我意已决，不可变更！"说罢，拂袖而去。

溥仪想起了不剪辫子的人

十二岁的逊位皇帝爱新觉罗·溥仪，一直在毓庆宫跟着老师读书，外边的事只是从老师或近侍那里听到一些。不过，却从不思索任何事情的利害。思索有什么用呢？他本来没有品尝过皇帝的味儿，或者说品尝了，并没有品出滋味，也不想品出滋味——登基的时候，他才三岁。三岁的他还常尿床呢！别人教给他享受他还没有习惯时，却早从宝座上滚下来。从那之后，他便产生了恐怖。后来，有了复辟传言。在老师的开导下，他明白了复辟的含意。此事也未引起他的兴趣。在溥仪的印象中，当皇帝本身就是一件恐怖的事：自己坐在上边，下边许许多多文臣武将，山呼万岁，还得奏事，还有鼓乐。他第一次享受此滋味时竟吓得把裤子都尿湿了。不过，他懂得，真能复辟了，真能当上皇帝了，天下人都听他的，天下物都是他的，干干皇帝也可以。

袁世凯活着的时候，中国就闹复辟——当然那是袁要称帝——只是不成气候；袁世凯死了，复辟事闹得更凶了，东北一些人组织了"宗社党"，一些人还在满蒙组织"勤王"运动——这回复的是他——善耆、溥伟、升允、铁良四个王公大臣还演了一出《申包胥哭秦庭》的戏，也不见有什么效果。据说，早在光绪帝和隆裕太后奉安时，还由复辟派闹了一大场恶作剧呢——

一批共和政府的国务员、总长、总监督在梁格庄灵棚里为太后、皇上致祭，大多人就换上了清朝素袍褂，行三跪九叩大礼。其中有一个叫孙宝琦的国务员又是外交总长的，竟是穿的大礼服，而行的鞠躬礼。孤臣、宣统帝的老师梁鼎芬对他发难了，指着鼻子问他："你是谁？你是哪国人？"又说："你忘了你是孙诒经（同光两朝的重臣之一）的儿子，你做过大清的官。你今天穿这衣服，行这样的礼来见先帝先后，你有廉耻吗？你——是个什么东西！"

许多不忘清室的孤臣孽子都围了过来，连声说："问得好，他不是个东西！"

孙宝琦在众人目光下，面无人色，低头承认："不错，不错，我不是东西！我不是东西！"

这件事朝野传闻甚广，陈宝琛便隐约地对溥仪说："大清复辟有日了！"

就在这样的前提下，突然又出了个不剪辫子的张勋，废宫中的人能不关注吗！

那一天，陈宝琛从江西会馆回到毓庆宫，走到溥仪面前，满面含笑地说："皇上，现在不要读书了，有一件大事我要同你谈谈。"

溥仪毕恭毕敬地说："老师，有事？"溥仪是个不管事，也管不了任何事的人，外边的事多与宫中无关，设或有了有关的事，也都是"大臣"和老师们商量好了，告诉他一声，没有让他"圣谕"的事，所以他感到奇怪。

"你知道有个两江总督兼着江苏巡抚的张勋吗？"陈宝琛说的都是张勋的老官衔，说他现在的怕他听不明白。

溥仪眯着眼睛想想，说："张勋？是不是那个不剪辫子的定武军张勋？"

"正是，正是，"陈宝琛说，"皇上记性真好，正是那个张勋。"

"提他做什么？"溥仪问。

"张勋到北京了。"陈宝琛说。

"他不是住在徐州吗？"溥仪说。

"到北京来了。"

"有什么事吗？"

"有。这便是要同皇上商量的。"陈宝琛把张勋要复辟的事说了一遍。

"他要复辟？"溥仪很惊讶地说，"我不相信。"

"怎么不相信？"陈宝琛说着，把张勋当面交给他的《奏请复辟》的折子拿了出来，"皇上，你瞧，这是张勋呈上来的折子。"

小皇帝接过折子，匆匆浏览。有的看明白了，有的还含含糊糊，但脑子里却翻江倒海起来。"辫子军有多少人？光他们自己干吗？复辟了大总统怎么办？我还读不读书……"折子看完了，他犹豫着说："这事怎么办才好呢？有没有危险？我有点害怕。"

"皇上不要怕。"陈宝琛说，"只要你答应了，到时候该怎么办，我会告诉你的。"

"我是怕……"

"怕什么？"陈宝琛说，"是他们兴的'勤王'之师，又不是咱们从宫中组织的。即便万一不成功，也不会给皇上加罪的。何况，听说张勋在徐州业经开了四次督军会了，那奏折上也说得清清楚楚，有二十二省已经同意签了名，只是一声令下的事，万无一失。"

"你们商量过了吗？"溥仪又问。

陈宝琛明白，皇上指的是现在宫中的孤臣遗老们，便说："皇上先点个头，我再把这件事告知他们。"

溥仪说不清该怎么办，只以为"老师说要办的都可以办"，便说："你们决定吧，我都同意。"他停了停，又说："把这个折子拿给他们都看看，慎重些。"

陈宝琛接过折子，退了出来。在复辟这股潮流中，陈宝琛要算是一位积极者了。自从小皇帝搬进毓庆宫，他便为此事到处奔走，在他的本业上，他依然如旧地教授溥仪"如何当好皇上"。袁世凯篡夺了大总统位置之后，曾给小皇帝写了一个报告，除表明"合满汉蒙回藏五族，完全领土为一"之外，还极颂大清圣德，"此皆仰荷大清隆裕皇太后暨大清皇帝天下为公、唐虞揖让之盛轨，乃克臻此"。陈宝琛在给溥仪解释这个报告时，说："袁世凯恐怕不是曹操。当年他曾和徐世昌、冯国璋、段祺瑞说过，'对民军只可智取，不可力敌'，徐、冯、段三人才答应退位的主意。也许这便是智取。"他还说："对清室优待条件里的'辞位'的'辞'字，很有意思。为什么不用'退位''逊位'？袁宫保单要改成'辞位'呢？辞者，暂别之谓也！"

有一天，陈宝琛对溥仪讲完了课，要给他卜一卦。皇帝问他"卜什么？"他说"问问面前吉凶"。皇上点点头。

陈宝琛卜了阵子，拿出一个纸条递给皇上。皇上一看，原来是这样八个字：我仇有疾，不我能即。

溥仪问："如何？"

陈宝琛说："吉！"

"怎么解释？"

"你的仇人袁世凯前途凶恶，不能危害于你。"

"你不是说袁宫保不用'退位''逊位'而用'辞位'，是特殊优待我吗，怎么又成了敌人了？"

陈宝琛忙解释："他夺了你的大位，无论用什么名词，都得算敌。"溥仪不作声了……现在，有张勋了，复辟事又叫得如此山响，陈宝琛信心更足了。作为帝师，他觉得他应该做更多事，促进成功！做什么呢？去访张勋，再促进一下。"不，张勋业经把奏折呈上，没有必要再促了。"他想再同毓庆宫中的王公们谈谈，他又否定了自己的想法，"不。复辟事只要外臣决心干了，他们帮不上忙。弄不好，走漏了风声，说不定会坏事"。这两年，帝师对王公们有莫大的反感，他认为他们只会凭着皇族这把大伞，贪尽荣华，朝廷有困难，谁也没有办法。陈宝琛决定去秘密访问康有为——他听人说，康有为是张勋的一臂，现在北京。

陈宝琛找到康有为的时候，康有为正在优哉游哉地舞弄古筝。陈宝琛驻足听听，是一曲《十面埋伏》。曲终，他才推门进去。

"南海先生好雅兴！"陈宝琛拱起双手，满面带笑，说，"好一派千军万马冲锋陷阵之势！"

康有为一看是帝师，心里"噔"了一下。"他怎么来了？"但还是站起身来，恭恭敬敬喊了一声"太保"，然后说："久违了。有失远迎，罪过罪过！"

"南海先生不必客气，如今咱们一样，都是庶民，难得一见。"让座之后，献上茶来。

"太保是大任在肩的忙人，怎么有暇而且能够打听到学生？"康有为谦称学生。

"'天下谁人不识君'！"陈宝琛说，"长话短说吧，听说你近期与定武上将军常相聚，还在忙大事。我祝贺你们！"

"你全知道了？"康有为说，"皇上……"

"定武上将军把《奏请复辟》的折子已经让我转给皇上了。"陈宝琛说，"我一看，就知道是南海先生的大笔。好啊，说得有礼有节，很是动人！"

"皇上对此事有什么想法？"

"放心，一切都听你们的。"陈宝琛说，"我来见你，还有大事相托。"

"托我？！"

"是的。"陈宝琛有些焦急，"自从皇上搬进毓庆宫，一切章法就都乱了，真有些'树倒猢狲散'的情形。这几年，皇上也只是以读书为主，又能做什么？"他无可奈何地叹息一声，又说，"照你和上将军的计划，事在燃眉了。临时抓人又抓不到，真的复辟成功，别的不说，还不得立即下几道'圣谕'！这就难了。我思来想去，此事非先生莫属。所以……"

康有为笑了。"太保尽可以放心，我们既然决心还政于清了，这些事当然都在准备之列。只要太保和皇上觉得不辱眼，又可表达上意，那就不必虑了。"说着，便在随身的一个小箱子里拿出一沓稿纸，展开在陈宝琛面前。

陈宝琛拿过一看，原来是一些《复辟圣谕》《登基诏书》之类的文稿，他轻松地舒了一口气。"怪不得世人称你和上将军是一个'文圣'，一个'武圣'。有你们二人，大清复兴指日可待了。"

复辟这事怕是骗局

张勋有些迫不及待了，《奏请复辟》的折子送上去的第二天，他便派人到毓庆宫找到陈宝琛，说要立即见皇上。陈宝琛虽然感到时间太紧迫了，皇上还没思想准备，怕为难了"幼主"，但是，又无法阻止张勋的要求，只好匆匆去见溥仪。

小皇上一听说张勋要见他，心里很慌张，连忙摇头："不见，不见。"

"不能不见。"陈宝琛说，"张勋不是一般的大臣，也不是一般的事情。皇上一定要见他。"

"那说些什么呢？"溥仪着急了。

"张勋是为复辟来的，皇上应该首先夸赞他的忠心。张勋现在是长江巡阅使了，有六十营军队驻在徐州、兖州一带，皇上可以问问他徐、兖军队的事情，黎民生活情况，以表示皇上对他的关心。"

"还说什么？"溥仪问。

"张勋免不了要赞颂皇上，"陈宝琛说，"皇上切记，一定要以谦逊答之，这就是示以圣德。"

在一旁的梁鼎芬老师也说："满招损，谦受益。越谦逊，越是圣明。"溥仪都一一答应了。

溥仪是在养心殿接见张勋的。侍从用轿子把他从毓庆宫抬过来，一路上小皇上心里嘀嘀咕咕，猜想着张勋的模样——他虽曾见过张勋，模样早忘光了，只有从太监为他买的石印画报上刊印的张勋样儿去猜测——但总也猜不定型。

溥仪在养心殿坐下不久，张勋进来了。他虽然穿着将军服，却是行的跪叩礼。

"臣张勋跪请皇上圣安！"

溥仪抬眼一看，心里一惊："张勋就是这模样？"皇上见他短短的身个，胖胖的黑红脸膛，两道浓眉，脖子短得几乎分辨不出，留着短短的八字胡，若不穿着将军服和唇边的胡子给他点缀，小皇帝还当他是御膳房的一个太监呢。不过，张勋脑后拖着的那条长长的辫子，却又使小皇帝心里热乎乎的。他按照老师们的教导，对张勋说："你是从徐兖来的，那里的年景还好吗？

黎民百姓过得还好吗？"

"好好，好好！"张勋忙回，"承蒙皇上恩典，都好，都好！"

"地方还太平吧？"

"太平，太平！"

"军队训练得怎么样？"

"很上规矩，请皇上放心。"张勋不待皇上再说话，便奉承道："皇上真是天纵圣聪！"

"我差得很远，"溥仪想起了老师"谦受益"的教导，说，"我年轻，知道的事也少。"

"本朝圣祖仁皇帝也是冲龄践祚六岁登基呀！"

"我哪敢比圣祖，我可差得太多了。"溥仪虽然年轻，并且早就逊位，可他曾经见过不少很有学问的老臣，他跟他们谈起话来，很觉崇敬，何况身边还有三位文才出众的师傅。他觉得张勋是个粗鲁人，说了几句应景话，也是硬凑现学的，因而，脸面上不怎么高兴。

张勋此番"朝圣"只是想"挂个号儿"似的，几句话说完，又见皇上无大兴致，便告辞出来。临别的时候，溥仪照惯例给了张勋一些赏赐——宫中也非往日了，只好给一点字画、佛龛、如意一类的小玩意儿。张勋却如获至宝，千恩万谢。

从毓庆宫出来，张勋觉得一切该办的都办完了，现在要干了。他忙把康有为、万绳栻，还有随他来徐州的司令、统领找到面前，要他们拿出行动计划。来的人除了康、万还有张镇芳、雷震春、吴镜潭、胡嗣瑗、江朝宗、汤玉麟、冯麟阁、张海鹏等。张勋把近日向皇上交出了《奏请复辟》的折子，又蒙皇上召见——他是求见的，在这些人面前他说是召见——的事都说了一遍，然后请大家说话。

雷震春一如既往，十分积极，他说："请皇上复位的事大家都签了字，不要再商量什么了，现在该办了！"

张勋问他身边的警察总监吴镜潭："北京的事应该跟北京的人再商量一下，北京谁的威望最高？谁能维持北京秩序？你这个警察总监该最清楚。"

吴镜潭说："北京的事，当然是首推王聘老（王士珍字聘卿）了。"

"好，"张勋忙说，"那么就请聘老出来，大家一块商量吧。"

雷震春又说："事情到了现在，还要跟这个商量那个商量，那得商量到什么时候？干脆，要办就办，不办就算了。"

大家还是把王士珍请来了——他现任着陆军部总长，不请不行——随王士珍一起来的，还有二十师师长陈光远。

王士珍，这个北洋三杰之一，老奸巨猾。到会场之后，环顾左右，说："这件事还应慢慢妥商才好。"

张勋是请他来为他说几句硬邦话的，没想到在这种关口他搪塞了他。张勋恼火了，腾地站起身来，说："要做就做，不必多商量。事若不成，由我老张负责，不致累及诸公。否则，各位休怪我不讲情哩！"王士珍见张勋色厉词狂，便不再言语。

张勋又对吴镜潭说："今天你就把城门打开，把我的队伍放进来，明早我就复辟！"

警察总监也只得点头应"是"。

蓄谋已久，万事俱备。现在弓在弦上，不能不拉。张勋立即下令据住电报局，不许他人发电报；一边令定武军进城，同时，把复辟最热心的刘廷琛、沈曾植、劳乃宣、阮忠枢等都请来，说明情况，并让他们最后审定由康有为起草的复辟诏书。

进京的定武军，是由原统领苏锡麟担任司令的。徐州留守的，是原来的司令张文生。张文生对于复辟一事，一直是担着心的。因为在第四次徐州会议上，他觉察到了段祺瑞的代表徐树铮和倪嗣冲有阴谋。他曾当成一件大事透露给苏锡麟，并说："一定规劝大帅，千万慎重从事。还要告诉曹夫人，请她劝大帅不可轻举妄动。"苏锡麟在天津，便把此事告诉了曹琴，才有曹琴几次阻止张勋的事。现在，一切都既成事实，甚难挽回了，大帅已下令军队进京城，苏锡麟感到问题严重了。"万一复辟失败，岂不一切都完了！"他匆匆地去见张勋。

张勋刚刚发完了命令，正坐在一个僻静的小房里思索下一步棋怎么走，苏锡麟进来了。

张勋有点惊讶。"你……怎么来了？"

"大帅，我有几句话想对你说。"苏锡麟以恳求的语气说。

"什么话？只管说。"张勋对他的部下，无论什么级别，都以"奴才"看待，即使张文生、苏锡麟这样职位较高的人，也很少用商量的语气说话。

"大帅，我总觉得徐州签字不可靠。"苏锡麟说，"推倒黎元洪大家没意见。把黎元洪推倒了，保皇上复位，就怕他们不赞成。"张勋锁了锁眉，没有说话。

苏锡麟又说："徐树铮、倪嗣冲二人是秉承段祺瑞意旨来徐州的。他们的目的是推倒黎元洪。他们不会同意复辟。"

"不会吧？"张勋说，"都签上字了。"

"我在徐州时，张（文生）司令就是这样看的，就怕咱们会上当。"他又说，"在徐州出发前，张文生要我向大帅说，复辟这事办不得，这是个骗局。他们大家签字赞成复辟，那是假的，请大帅千万不要受骗。"

"会吗？！"张勋觉得不可能。

"再说，要把国家大权交还给皇上，那是总统和国务总理的事，咱们办不了。请大帅千万别管这件事。"

张勋锁着眉想一阵子，说："大家公推我出来，况且事情已经弄到现在这个样子，不办亦不行。再说，我亦愿意办。就是他们骗了我，我为这件事死了，亦甘心情愿。咱不能说了不算，咱们要干就干到底。"苏锡麟见张勋态度那么坚决，知道再劝也没有作用了，便说："那好，大帅既然下了决心，我就陪着大帅吧！"

东方欲晓。

张勋已命厨役办好了盛宴，遂即邀约前来谈事的各位饱餐痛快。有人入报："定武军统领已率队入城，听候命令！"

张勋乘着酒兴，对大家说："我们现在就同往清宫，去请圣上复位！"

此时，公馆中已有人准备好了朝衣朝服，共数十套。张勋带头穿戴，其余人随着更换——只是大多人已没有辫子了，即便花翎顶戴齐全，也总觉得不那么协调——然后出门登车，直奔清宫。

仲夏京城的黎明，异常宁静，街巷里，唯有三两个小卖店，在煽点着闪闪火光；行人稀少而匆匆；长空一片瓦蓝，几颗晨星闪着无神的眼睛。没有风，天气显得丝丝寒凉。

天安门城楼，依稀中更加威武，庞大的皇宫殿宇，默默地沉睡着；正阳门门楼和德胜门箭楼，像两个扣环，南北锁着紫禁城；作为皇宫内廷主殿的三大宫——太和殿、中和殿、保和殿，也早已萧条冷落，门掩窗闭了。

就在这冷寂的黎明、萧条的宫殿和稀落的行人中，张勋率着车队、兵勇来到清宫门首。门尚未启，由定武军叩开。张勋和王士珍等络绎进入。

早已冷落的宫廷，业已起身理事人员正在游动，忽见大兵闯入，一个个吓得魂不附体，纷纷乱跑，有的去报瑾太妃和瑜太妃，有的去报管事的太保世续。

二太妃和太保相继出来，也都吓得一身冷汗，并问其缘由。张勋来到面前，朗笑着说："今日复辟，请圣上立即登殿。"世续不相信，说："这是何人主张？我怎么不知？"张勋说："由我老张做主，公公怕什么！"

"复辟是好事，唯中外人情，能否愿意？"

"管他们愿意不愿意，快请少主登殿！"

世续不敢再说话，把目光投向二位太妃。

二太妃也一时无主，只轻声对张勋说："事需斟酌，三思而行。"张勋有点发怒了。"老臣受先帝厚恩，不敢忘报，所以乘机复辟，再造清室。难道两位太妃反不愿重兴吗？"

瑜太妃擦着泪眼说："将军幸勿错怪！复辟万一不成，反恐害我全家族呀！"

"有老臣在，尽请勿忧！"太妃和太保都不敢言语。

"此时，定武军已经哗噪起来，张勋也忍不住了，厉声问世续："究竟愿不愿复辟？"

世续怕惹出意外，经同二太妃商量，只好领着张勋等去见"皇上"……

第十四章
辫帅逃进荷兰使馆

黎元洪做了一场梦，梦醒了他的大总统位子没有了；溥仪做了一场梦，梦醒了只落了一身冷汗。

张勋也在做梦。他梦醒了会怎么样？有人说北京城又挂龙旗了。那还是梦！

龙旗复挂，奇文横飞

这是 1917 年 7 月 1 日。宣统九年五月十三日。由于张勋的紧逼，世续只好找到陈宝琛、梁鼎芬和朱益藩这几位帝师。帝师便急忙去见溥仪。老师们出现在皇上面前时，一个个面色庄严，使小皇帝大为吃惊。

陈宝琛先开口："皇上，张勋一早就来了。"

"他又来请安？"溥仪问。

"不是请安，是万事俱备，一切妥帖，来拥戴皇上复位听政的。大清复辟啦！"

溥仪被这突如其来的事情弄得昏然起来。他呆呆地望着老师不知是想问些什么，还是想说些什么？也不知是该喜还是该忧？做傀儡做习惯了，要让他真做皇帝，他还不知该怎么做呢？

陈宝琛说："皇上务必答应张勋。张勋是为民请命，天予人归。"陈宝琛看见溥仪只管发呆，又说："不用和张勋说多少话，只是答应他就行了。"停了片刻，又说："不过，不要立刻答应他，先推辞，最后再说'既然如此，就勉为其难吧'。"有人又把溥仪抬进养心殿。

张勋和王士珍等人被领进来。溥仪一看，觉得惊讶又好笑："怎么这群人变成这模样？"原来，他们朝服穿上了，脚上还是皮鞋；顶戴罩上了，连个品级也分不清；尤其是那么多人脑后没有辫子了，真显得不伦不类。

张勋等人跪倒在地，齐声说："给皇上请安！"

"起来吧。"溥仪学着老皇帝的样子。

张勋没有起，跪着说："隆裕皇太后不忍为了一姓尊荣，才下诏办了共和。谁知办得民不聊生。共和不合咱的国情，只有皇上复位，万民才能得救……"

溥仪一听，全是早天他送上来的《奏请复辟》折子上的话，只不过不像折子上说得那么斯文罢了！于是，溥仪也按着老师交代的话说："我年龄太小，无才无德，当不了如此大任。"张勋又把圣祖皇帝六岁登基做皇帝的事说一遍。

溥仪心里不安。他忽然问道："我复位了，那么，那个大总统怎么办呢？要不要给他什么优待条件？"

"皇上复位了，黎元洪自然会请求退辞。皇上准他的请就行了。"

"唔……"皇上应了一声，又说，"那么，总得有个诏书什么的。"陈宝琛想起康有为，忙说："有，有。有准备了。"

皇上答应了，张勋叩请之后便退了出来。接着，许多人去向溥仪请安。当即，一封《复辟诏书》便发向全国……圣谕既发，天下大变，北京首当其冲。

这天早晨，警察穿街走巷，通令各户悬挂龙旗；家家居民，购的购、糊的糊；几年不见的朝服、旗袍，忽又出现在街上。在这奇观之中，还见报童满街跑，大声叫卖"宣统上谕"。前门外有些店铺，忽又从冷落中清醒，生意大为兴隆；成衣铺赶制龙旗，估衣店抛售袍褂，连营业戏装的店铺中也纷纷有人去求购用马尾巴做的假辫子。

冷清清的内务府，一下子热闹起来：人们一扫昔日的垂头丧气，穿戴整整齐齐，个个精神饱满，那些写字的人从早忙到晚，太妃还赏饭；最兴奋的还是几位太妃，匆匆在神佛面前烧香，乐得嘴巴合不拢。

同一天，朝廷还诏示设内阁议政大臣，授张勋、王士珍、陈宝琛、梁敦彦、刘廷琛、袁大化、张镇芳七人为议政大臣；万绳栻、胡嗣瑗为内阁阁丞；又授梁敦彦为内务部尚书，张镇芳为度支部尚书，王士珍为参谋部尚书，雷震春为陆军部尚书，朱家宝为民政部尚书，授徐世昌、康有为为弼德院正副院长；张勋又兼任直隶总督、北洋大臣……

张勋神气了，除了上述头衔，他还被封为忠勇亲王，又领了政务总长桂冠去组织内阁。

复辟成功了！复辟猛然间也给张勋带来不安，许多事情包括皇上的复辟诏书，也都是康有为和他杜撰的，连冯国璋、陆廷荣、瞿鸿机等人也未曾商量，而黎元洪呈辞总统一说更是凭空想出。事情是张勋领的头，皇上听凭他左右，天下乱了他有责任。思来想去，觉得自己应该向国人说些话。说什么话呢？他无主见。只好在匆忙中又去找康有为。康有为有主张，于是，一篇"奇文"又写就出来，遂以张勋的名义通电全国：

> 自顷政象谲奇，中原鼎沸，蒙兵未解，南耗旋惊。政府几等赘旒，疲氓迄无安枕。怵内讧之孔亟，虞外务之纷乘，全国飘摇，靡知所届。勋惟治国犹之治病，必先洞其症结，而后攻达易为功；卫国犹之卫身，必先定其心君，而后清宁长保。既同处厝火积薪之会，当愈励挥戈返日之忠。不敢不掬此血诚，为天下正言以告。溯自辛亥武昌兵变，创改共和。纲纪斁颓，老成绝迹；暴民横恣，宵小把持。奖盗魁为伟人，祀死囚为烈士。议会倚乱民为后盾，阁员恃私党为护符。以滥借外债为理财，以剥削民脂为裕课；以压抑善良为自治，以摧折耆宿为开通。或广布谣言，而号为舆论；或密行输款，而托为外交。无非特卖国为谋国之工，借立法为舞法之具。驯至昌言废孔，立召神恫，悖礼害群，率由兽行。以故道德沦丧，法度凌夷；匪党纵横，饿殍载道。一农之产，既厄于讹诈，复厄于诛求一商之资，非耗于官捐，即耗于盗劫。凡在位者侵吞贿赂，交济其奸。名为民国，而不知有民；称为国民，而不知有国。至今日民穷财尽，而国本亦不免动摇，莫非国本不良，遂至此极。即此次政争伊始，不过中央略失其平，若在纪纲稍振之时，焉有谬辂不解之虑？乃竟兵连方镇，险象环生，一二日间，弥漫大

地。迄今内蒙独立，尚未取消；西南乱机，时虞窃发。国会虽经解散，政府久听虚悬。总理既为内外所不承认，仍即腼然通告就职，政令所及，不出都门。于是退职议员，公诋总统之言为伪令，推原祸始，实以共和为之厉阶。且国体既号共和，总统必须选举，权利所在，人怀幸心。而选举之期，又仅以五年为限，五年更一总统，则一大乱；一年或数月更一总理，则一小乱。选举无已时，乱亦无已时。小民何辜，动罹荼毒。以视君主世及，犹得享数百年或数十年之幸福者，相距何啻天渊？利病较然，何能曲讳？或有谓国体既定共和，倘轻予更张，恐滋纷扰，不若拥护现任总统，或另举继任总统之为便者。不知总统违法之说，已为天下诟病之资。声誉既隳，威信亦失，强为拥护，终不自安。倘日后迫以陷险之机，讵若目前完其全身之术？爱人以德，取害从轻，自不必佯予推崇，转伤忠厚。至若另行推选，刻期继任，讵敢谓海内魁硕，并世绝无其人？然在位者，地配德齐，莫能相下；在野者，资轻力薄，孰愿率从？纵欲别拣元良，一时亦难其选。盖总统之职，位高权重。有其才而无其德，往者既时蓄野心；有其德而无其才，继者乃徒供牵鼻。重以南北趋向，不无异同，选在北则南争，选在南则北争，争端相寻，而国已非其国矣！默察时势人情，与其袭共和之虚名，取灭亡之实祸，何如屏除党见，改建一巩固帝国，以竞存于列强之间。此义近为东西各国所主张，全球几无异议。中国本为数千年君主之制，圣贤继踵，代有留贻，制治之方，较各国为尤顺。然则为时势计，莫如规复君主；为名教计，更莫如推戴旧君。此心此理，八表攸同。伏思大清忠厚开基，救民水火，其得天下之正，远迈汉唐，二祖七宗，以圣继圣。至我圣祖仁皇帝圣神文武，冠绝古今，历传至我德宗景皇帝，时势多艰，忧勤尤亟。试考史宬载笔，历朝爱民之政，如普免钱粮，迭颁内帑，多为旷古所无。即至辛亥用兵，孝定景皇后宁舍一姓之尊荣，不忍万民之涂炭。仁慈至意，沦浃人心，海内喁喁，讴思不已。千百年后，平心论事，谓为亡国，夫岂其然。昔少康以臣靡之师而光复夏物，宣王以召伯之辅而复周宗，功在千秋，至今不朽。前者朝廷逊政，另置临时政府，原谓试行共和之后，足以弭乱绥民。今共和已阅六年，而变乱相寻未已，仍以谕旨收回成柄，实在初旨相符。以视夏周中兴，尤属事半功倍。我皇上冲龄典学，遵时养晦，国内迭经大难，而深宫匕鬯无惊。近日圣学日昭，德音四被，可知天佑清祚，特畀我皇上以非常睿智，庶应运而施其拨乱反正之功，祖泽灵长，于兹益显。勋等枕戈励志，六载于兹，横览中原，陆沉滋惧。比乃猝逢时变，来会上京，窃以为暂偷一日安，自不如速定万年之计。征之于古既如彼，征之如今又如此，大势所向，天与人归。此固非勋等一人之私言，实中外人心之公理。业已熟商内外文武，众议佥同。谨于本日合词奏请皇上复辟，以植国本而固人心，庶几上有以仰慰列圣之灵，下有以俯慰群生之望。风声所树，海内景从。凡我同袍，皆属先朝旧臣，受恩深重；即军民人等，亦皆食毛践土，世沐生成。接电后应即遵用正朔，悬挂龙旗。国难方殷，时乎不再，及今淬厉，尚有可为。本群下尊王爱国之至心，定大清国阜民康之鸿业。凡百君子，当共鉴之。

大总统避难日本使馆

复辟的事情，不是像张勋想的那样，圣谕一发，龙旗一挂，小朝廷便会重登大宝，大总统便会溜之大吉，全中国的老百姓又会山呼万岁！

不！复辟诏一出传到总统府，黎元洪拍着桌子大骂："我何时'奏请奉还大政'？难道中国'惠中国''拯生民'的大任只有溥仪你才能担当得了？！我倒要看看你如何施政？你能把我怎么样了？"他暴跳怒骂一阵宣统，又骂张勋："张辫子真不是个东西，是个流氓，是个土匪，是条狗！我后悔没有看清他的真面目，不该引狼入室。"

诏书下出之后，小皇上和张勋感到第一件不安的事，便是总统。一个国家不能有两个当家人，何况中国历来讲究"天无二日"的。历史上为这事杀父、杀兄、灭亲的事不胜枚举，何况毫无血缘关系的皇帝和总统？张勋"通电"发出之后，才猛然感到这件事棘手。"当初该先把黎元洪赶走再复辟！"但晚了。他想出兵总统府，以"王师"驱之，但又觉出师无名。奏请复辟的折子只能拉出来小皇帝，驱总统还得另找理由。他悔怨当初没有同康有为商量，没有请这位"文圣"编出一篇奇文。现在晚了。

陈宝琛老谋深算，他走到张勋面前，说："绍帅，黄陂的事，得温和解决。"

"我正发愁。"张勋说，"还得请太保多出主意。"

"我无能为力了。"陈宝琛说着，摇着头。

"你说温和解决，怎么温和呢？"

"对他，最好不用兵。"陈宝琛说，"能有一位说客，而又是他还信得过的人去劝导他。请他自动出面请辞，然后，皇上发一道恩谕，再给一个冠冕的加封，让他体体面面地下台。"

"嗯。"张勋答应着，思索着。可是，他再也想不出谁可担此重任。

陈宝琛忽然精神一振。"有一个人，我看挺合适。"

"谁？"张勋问。

"梁鼎芬。"陈玉琛说，"他是帝师，又是毓庆宫行走，还是黎元洪的老师。他去见黎，一定能办成这件事。"

"好，好。那就快请梁师傅。"

梁鼎芬来了，十分乐意走一趟，并说："我向黎宋卿说明形势，他会乐意接受的。"

陈宝琛忙将此事禀报皇上，皇上自然同意，并发了一道圣谕："封黎元洪为一等公，以彰殊典。"

梁鼎芬拿着"圣谕"，高高兴兴地来到总统府。见了黎元洪，先将复辟情形叙述一遍，并把"一等公"的封章放在黎元洪面前，说："宋卿，大局已定，我看你会选择一个妥善去从的。"

黎元洪正在恼怒中。本来气恼张勋，现在，连他的老师加皇上一起气恼起来。"我选择什么去从？你们驱逐我了，赶我下台了，我成罪人了，只能等待惩办。你们惩办我吧，怎么都行，杀头也行！"

梁鼎芬一看黎元洪顶牛了，心里一跳，觉得这个总统还是有点儿血性的。如何完成"圣命"？他犹豫了。

黎元洪却气怒不休，他涨红着脸膛，说："我召张定武入都，是叫他来调停的，难道叫他来复辟吗？"

梁鼎芬舒了一口气，说："宋卿，天意如此，人心如此，张大帅不过是应天顺人，才有这番举动。况公曾受过清职，食过清禄。辛亥政变，非公本意，天下共知。前次胁公登台，今番又逼公去职，公也可谓受尽折磨了。今何不就此息肩，安享天禄，既不负清室，亦不负民国，岂非一举两善？"

黎元洪还是怒气不消，但口气也略有缓和。他说："我并非恋栈不去，只是觉得此事太缺乏公道！总统的职，乃由国民委托，不敢不勉任所难。若复辟一事，乃是张绍轩一人主张，恐中外未必承认。我奈何敢私自允诺，答应去从呢？"梁鼎芬觉得黎元洪说得有理，只是圣命在身，还是极力劝退。黎元洪拉下脸来，说："请老师转告张绍轩，他不是有军队吗？出兵总统府吧。大兵占了共和国的总统府，我自有去处！"

梁鼎芬一看劝解无效，也拉下脸来说："先朝旧物，理当归还。公若不肯赞成，恐致后悔。"

黎元洪说："听天由命吧！"

梁鼎芬见事无法行通，悻悻自去。

复辟诏书传出时，黎元洪还有些半疑半信，梁鼎芬上门来赶他了，他知道事情属实。虽然当面还气壮如牛，梁鼎芬走后，他精神有一点紧张，忙命秘书拟了几个通电，要向全国说明，并通牒世界。但由于电报大楼已被张勋定武军把持，他只得密派专人去上海发出。而后，便把身边要员找来，商量对策。有人劝道："京中势力，全在张勋手中，总统既不允所请，他必用激烈手段，不如急图自救，暂避凶威，徐待外援，再作后图。"

黎元洪说："时至今日，我去何处？"

"事已万急，只好求助外人。"有人劝。

"我若一走，便不是总统了。"黎元洪说，"岂不更难收拾？我已决意辞职，不愿再担此任，唯一时无从交卸。现在再无余步了，只好依据约法，申明故障，请冯副总统主政吧。"

可是，副总统远在南京，且已被封为参预议政大臣，无法再行代理之类。及至次日，定武军已持械包围总统府，原总统卫队也被解装。在此时，总理李经羲又送来辞呈，并称已赴天津。黎元洪再无退路了，只好命秘书刘钟秀草拟两条命令，一是准李经羲免职，仍任段祺瑞为国务总理；一是请冯国璋代理总统职权，所有大总统印信暂交段祺瑞摄护，令他设法转呈。自己取了一些银币，领着总统卫队统领唐仲寅和文案刘钟秀及一个仆从潜出府门，径往东交民巷，投入法国医院。但该院借故"院长外出"，不敢收留。

结果，由唐仲寅出面，找到日本公使随员斋藤少将并报日本公使，公使答应"当予以相当保护，尽可无忧"。

堂堂中国总统，只好避难日本使馆。日本人是支持复辟的。现在，被复辟之潮冲击下来的总统竟钻到日本人怀里来了！日本人怕世人指责，又想不得罪任何情况下的中国人，于是，措辞婉转地发了一个《告驻北京各国公使馆并及清室》的通告：

> 黎大总统带侍卫武官陆军中将唐仲寅、秘书刘钟秀及从者一名，于七月二日午后九时半，不预先通知，突至日本使馆域内之使领武随员斋藤少将官舍，恳其保护生命。日本公使馆认为不得已之事情，并顾及国际通义，决定作相当之保护，即以使馆域内之营房，暂充黎总统居所，特此告知。

张勋急待梁鼎芬有好消息带来，不料梁鼎芬却是满面怒气，一脸颓丧地回来了。他坐在椅子上，仿佛连气也喘不均匀了。张勋心里发慌了，知道事情不顺利，忙去追问。"黄陂怎么样？他什么态度？"

梁鼎芬喘匀气才说："黎宋卿说你做事'太缺乏公道'了，并说'复辟一事，张绍轩一人主张，恐中外未必承认'；还要让你出兵吧，兵占了总统府，他自有去处。"

"皇上的封爵他也不要？"

"大总统位置他都不愿放，还要什么皇上封爵！"

说话间，陈宝琛也来了。陈宝琛本来是个很稳重的人，现在也不稳重了。"这还了得，黎元洪太不自量了！咱们去见皇上。"

溥仪正在院外牵着一只哈巴狗跟着太监看蚂蚁倒窝，陈宝琛把他拉到屋内，说："皇上，有大事向你禀报。"溥仪正儿八经地坐好，两眼望着老师。陈宝琛面色铁青，情绪激动。"梁鼎芬力劝黎元洪离开总统府，遭到拒绝。黎元洪这样拒不受命，请皇上赐他自尽吧！"

溥仪吃了一惊——惊的是他的命令不灵。这还算什么圣旨？又惊的是赐总统一死，他还不曾赐死过谁呢，现在要赐总统死，事太大了。何况，让他离开总统府的命令他都不执行，赐死他会死吗？于是，他对老师和张勋说："民国对我不是也优待过吗？我刚复位，怎么就能赐民国大总统黎元洪死？

这是绝对不应该的。"

陈宝琛又说:"他应该退出总统府。岂但不退,还公然拒绝梁鼎芬的劝告,赖在总统府不走。这样的乱臣贼子,元凶大憝,焉能与天子同日而语?"

张勋此刻也好像觉得陈宝琛的要求太高了。无论如何,张勋同黎元洪之间并无多大冲突,又曾同朝为官,怎么就能要他的命呢?太不尽情理了。于是,他说:"皇上,我看请梁师傅再去一趟,还是劝他出来。"

梁鼎芬在一旁说:"不必去了,没有一点希望了。"

"那么,我就派兵把总统困起来。"

张勋果然派兵包围了总统府……可是,黎元洪却偷偷地跑了——

马厂誓师讨逆军

复辟之举,全国哗然。都城北京,《晨报》《公言报》《国民公报》等一律停刊,表示抗议;天津报刊,纷纷载文痛斥复辟勾当;上海商会、教育会等共同集会,人心激愤,声讨复辟,报刊愤呼惩办逆贼,孙中山在沪发表《讨逆宣言》;长沙万人集会,声讨复辟罪行,有人当场断指书下"护法讨贼"四字。总统避去,民国垂危。副总统远在南京,鞭长莫及,只有在天津的段祺瑞,忽然雄心勃发,即欲壮举。

复辟之晨,他匆匆找来徐树铮,表明讨伐张勋的急切之情。徐树铮反而镇静起来,半日才说:"不要孤军奋战,最好联络各方,共同行动。"又说:"梁启超现在津门,可先同他商量。"

段祺瑞皱皱眉,说:"他?康有为的学生!康是此次复辟的主谋之一,会他的学生何益?"

"梁启超不同于康南海,他曾任过司法总长,颇有独见。"

于是,段约见梁,梁极力支持段;二人又去拜见握有兵权的陈光远,陈光远也极赞成反复辟。也该着段祺瑞复出有望,就在这时,李经羲返回天津,即刻会见段祺瑞,请他挽回大局;黎元洪派的亲吏亦送来印信。这样,人心已齐,段又复职,且有总统印信,他反复辟更加名正言顺了。他又去找徐树铮,徐树铮却淡淡一笑,一言不发了。

——"小扇子"徐树铮就是这样一个奇才,天大的事情,运筹帷幄,一旦事定,便稳坐钓台,常常弄得段祺瑞拿放不定。好在梁启超愿效劳段氏门下,其人又是个颇有抱负之辈,文采惊人,万言立就,一鸣惊人,先代段草就了致冯国璋电、致陆荣廷电、致瞿鸿机电，又为段草出首篇讨逆电文，笔重千钧，感慨淋漓。全文是：

天祸中国，变乱相寻。张勋怀抱野心，假调停时局为名，阻兵京国，至七月一日，遂有推翻国体之奇变。窃惟国体者，国之所以与立也，定之匪易。既定后而复图变置，其害之中于国家者，实不可胜言。且以今日民智日开，民权日昌之世，而欲以一姓威严，驯伏亿兆，尤为事理所万不能致。民国肇建，前清明察世界大势，推诚逊让，民怀旧德，优待条件，勒为成宪，使永避政治上之怨府，而长保名义上之尊荣，宗庙享之，子孙保之。历考有史以来廿余姓帝王之结局，其安善未有能逮前清者也。今张勋等以个人权利欲望之私，悍然犯大不韪，以倡此逆谋，思欲效法莽、卓，挟幼主以制天下，竟捏黎元洪奏称改建共和，诸多弊害，恳复御大统，以拯生灵等语，擅发伪谕。横逆至此，中外震骇。若曰为国家耶，夫安有君主专制之政，而尚能生存于今世者？其必酿成四海鼎沸，盖可断言。而各友邦之承认民国，于兹五年，今覆云翻雨，我国人虽不惜以国为戏，在友邦则岂能与吾同戏者？内部纷争之结局，势非召外人干涉不止，国运真从兹斩矣。若曰为清室耶，清帝冲龄高拱，绝无利天下之心，其保傅大臣，方日以居高履危为大戒，今兹之举，出于迫胁，天下共闻。历考史乘，自古安有不亡之朝代？前清得以优待终古，既为旷古所无，岂可更置诸岩墙，使其为再度之倾覆以至于尽？祺瑞罢斥以来，本不敢复与闻国事，惟念辛亥缔结伊始，祺瑞不敏，实从领军诸君子后，共促其成。既已服劳于民国，不能坐视民国之颠覆分裂，而不一援。且亦曾受恩于前朝，更不忍听前朝为匪人所利用，以陷于自灭。情义所在，守死不渝。诸公皆国之干城，各膺重寄，际兹奇变，义愤当同。为国家计，自必矢有死无二之诚；为清室计，当久明爱人以德之义。复望戮力同心，戡兹大难，祺瑞虽衰，亦当执鞭以从其后也。敢布腹心，伏维鉴察。

段祺瑞毕竟是有影响的人物，登高一呼，四海响应：冯国璋以副总统身份在南京发出讨逆通电；紧接着，陆荣廷发出辨证捏名电，瞿鸿机发出表明心迹电；岑春煊通电申请讨逆，并致电清太保世续及陈宝琛、梁鼎芬讽劝清室毋堕奸谋。随后，浙江、江西、湖南、湖北等省一致反对复辟，声讨张勋……

一切按照徐树铮为段祺瑞设计的路子发展了，而且比预想的还要快。段祺瑞终于笑了，鼻子也不歪了——黎元洪逃离总统府，业已决定了"府院之争"的胜利者是"院主"段祺瑞，他心满意足。不想，黎元洪又给他最后送来了"秋波"——复职令。"黄陂呀黄陂！既有今日，你何必当初？那么点不能容人的小肚肠，还当什么大总统？！"本来，段祺瑞可以率队堂而皇之进北京，张勋那几个辫子兵是无力阻挡住他的。可是段祺瑞他不，他要更辉煌地进京，要成为一代英雄，成为反复辟，造共和的英雄！

"讨逆通电"发出之后，他立即在天津成立了"讨逆军总令部"，并且把靳云鹏、贾德耀、段芝贵、叶恭绰、梁启超，还有徐树铮、曾毓隽都找到面前，开了一个紧急会议，开宗明义，反对复辟，并立时到天津城郊第八师的驻地马厂去举行讨逆誓师大会。

当段祺瑞要离开城区赴马厂时，忽然见到陆军部讲武堂堂长张文运，说："你来得好，赶快去办一件急事，即去找直隶警察厅长杨敬林（以德），叫他把龙旗撤掉，让那个支持挂龙旗的直隶省长朱家宝立即滚出总督衙门（省长公署设在总督衙门）。天津治安由杨以德负责，我就叫他当直隶省长……"段祺瑞抬眼看了看张文远，又说："杨以德如果不同意这样干，我的兵随后就行动，那只好用武力解决了。办的情况如何，你赶紧给我来电话。"

段祺瑞在傅良佐等人陪同下，来到马厂，和八师师长李长泰见了面，商谈了之后，段又同保定的曹锟进行电话联络。他高兴地对曹锟说："张勋只带五千辫子兵，我们以迅雷不及掩耳之势，一下子就可以把他解决。只要打垮张勋，各省要响应他也无能为力了！"曹锟说："我这里有兵，一切听从老总指挥！"

张勋的大本营在徐州，为了切断他的增援，段祺瑞要叶恭绰通令交通部门，把徐州附近车站上的空车皮全部调走，并把京汉、津浦以及通往关外的铁路全部控制起来，把张勋陷于孤立无援地位，他想走也走不开。

马厂誓师大会开得十分简单，但却十分隆重。当时，段祺瑞以讨逆共和军总司令名义发出了第二道通电，通电内容略同于前次通电，随后宣布讨逆军组成情况和进攻路线：段祺瑞为讨逆军总司令，梁启超、李长泰、汤化龙、徐树铮为参赞，傅良佐、曲同丰为参议，张志潭为秘书长，曾毓隽为军需处长，刘崇杰为交涉处长，叶恭绰为交通处长，丁士源为陆军处长，倪嗣冲为皖晋豫三省联军总司令，段芝贵为东路军总司令，曹锟为西路军总司令，段亲自指挥李长泰的第八师。段同时宣布出任国务总理。

商定的进攻路线是：曹锟西路军，由吴佩孚率领第三师从保定到马厂集合，而后进北京；东路军段芝贵以第八师和十六混成旅（此时冯玉祥已复任旅长）在廊坊集合，而后分铁路东西两侧齐头并进……

生活乱了章法许多天的段祺瑞，忽然又兴奋起来了。他想下棋——那是他一年三百六十五天每天不可缺少的生活项目。每日午睡起来，他的棋友便在小客厅等他。这些棋友都是京津的高手，如易敬羲、张国英、刘有碧、汪云峰等。可是，这些人从无人能"胜"得了段祺瑞。只有一个"菜"棋手叫来顺的，还不时将他一将。原来这位来顺是段祺瑞"菜"棋时的棋友，交情厚，敢胜他！如今，这些人全不在身边，进城去找，也怕找不着，索性改项目，打牌！

段祺瑞的牌友也是有专职的，曾毓隽、徐树铮、傅良佐都是，另外还有商界、银行界的。因牌成趣的，傅良佐最出名。傅不仅是段牌桌上的常客，还是最机灵的对手，常常惹得段眉开眼笑。后来，湖南督军出缺，段力保傅继任，故时人说："傅良佐打牌打出一个督军！"如今，傅良佐、徐树铮、曾毓隽均在马厂，老段一声招呼，一场大战便摆开了。

"老总养精蓄锐多日，今天必定旗开得胜！"傅良佐一如既往，专拣段合肥愿听的说。一语双关，惹得老段仰面大笑！

徐树铮略有情绪，说了一句家乡的土话："傅参议，'出水才见背竹笼的'呢！"

段祺瑞乐不可支，只管仰面哈哈大笑："大战前，当有大静；大静中，该有大欢。牌桌上不谈兵、不论政，有能耐都放到日后去施展。明天就叫各位大展其能！"

津郊，马厂，酝酿着一个巨大行动！这行动，将在中国历史上载下了沉重的一笔。

黄绫子不翼而飞了

几天来，张勋一直住在宫中。复辟诏书诏告全国之后，并无反馈，他心中不安："难道徐州会议的各省也变心了？"他派定武军围困总统府，原想总统会俯首帖耳，交出一切，结果，连人也跑到日本公使馆去了，还发出接二连三的通电。"这岂不是总统还在吗？"这些事尚未理出头绪，忽又连接段祺瑞的通电。第一次通电，他还以为段是在唱"顺风歌"应应景呢？紧接着又收到了马厂誓师的消息和以共和军总司令名义发出的通电，他慌张了。"段歪鼻子真会讨伐我？"他不相信。"赶走黎元洪是他的主张，复辟他也签了字，难道他会出尔反尔？"张勋觉得他们有盟约，有一块共结"金兰"的黄绫子，"堂堂国务总理会两面三刀？"

他拿出"总司令"通电，睁眼一看，开首语就使他大怒——"天降鞠凶，国生奇变，逆贼张勋，以凶狡之资，乘时盗柄……"他猛拍桌子："我是逆贼，你段祺瑞是什么东西？皇上对你恩重如山，你竟领衔通电，逼皇上逊位。你才是真正的逆贼！"当他看到通电上骂他"辫子军横行徐、兖，亦既数年，国人犹容而隐忍之"等句，更是火冒三丈："我在徐、兖怎么啦？我有什么罪恶？"他把段的二次通电狠狠地扔到地上。更令张勋头疼的是，冯国璋和段祺瑞的联合通电，那上面列举了他张勋八条罪状，简直就跟掘了他的祖坟一般。"冯华甫呀冯华甫，怪不得世人说你是一条狗，看来，你连一条狗也不如！"

张勋守着一堆通电，心里七上八下，他一会儿想到徐州会议，一会儿想到毓庆宫晋见；一会儿想到段祺瑞、冯国璋，一会儿想到陈宝琛、康有为……心思乱了，乱得他寝食难安。两天来，连脸也忘了洗。他忽然想起了南河沿的家——复辟那天深夜，他怕曹琴再闹，他把她和妾、子女们全都关闭在一处小房子里了，并且派兵看守着。"咳，这两天她们怎样生活呢？"他觉得她们跟着他也不容易，终日担惊受怕。他派一个随从，去南河沿"解放"他的家人。"告诉太太，她们愿意的话，让她们都去天津吧，那里平静。"可是，他却不知道，现在在天津是去不了了，京城已被包围起来。

张勋不相信段祺瑞真的会对他用兵，通电也好，誓师也罢，舆论而已。大不了发几道圣谕，再不然，"我回到徐州去，把北京还给你段歪鼻子。皇上还住他的毓庆宫……"一想到皇上还回毓庆宫，他马上便产生了悲伤：

"堂堂一代天子，怎么竟落到这般田地？"他有些怨恨袁世凯，怨他不该逼宫；他有点怨恨隆裕太后，觉得她太软弱，"为什么同意逊位呢？大清业基三百年，难道一两个逆臣就搬倒了？"

正是张勋心慌意乱之际，段祺瑞发兵了，来势又那么猛，他才觉得事情严重了——段祺瑞的西路军在吴佩孚指挥下，很快占领了卢沟桥；东路军段芝贵占领黄村。张勋立即下令出兵抵拒。怎奈辫子兵只有五千人，顾东而失西，顾西而东紧……多年来，辫子军早已军纪涣散，兵心无定，哪里抵得过超过自己十倍的讨逆军！只好纷纷溃退。最后只能保有永定门、天坛和皇宫一条线。

就在这时，代总统冯国璋发令，褫夺张勋长江巡阅使暨安徽督军职，特任安徽省长倪嗣冲兼署安徽督军，所有张勋未经携带的部兵，统归倪节制。

到了7月9日，张勋只剩下天坛百人，南河沿张宅三百余人了。

此时，在北京的日本人，张勋的老朋友佃信夫来了。他拉住张勋的手，大哭失声。"大帅，事已至今，一切都算完了，请大帅携幼子随我出去吧！"

张勋一见佃信夫，不知该喜该怒了？半日不吐一言——有什么好说的呢？当初日本人对复辟事大力赞成，临到起事，却又态度暧昧。这个佃信夫说去东京争取他的内阁支持，却又传言"时机不到，务勿妄动"。现在，败局定了，日本人令他逃跑，张勋最后感到了日本人的阴谋——他默默地走到室外，取过一瓶香槟酒，倒了两杯，递与佃信夫一杯，说："佃信夫先生，你曾告诉我，你们日本也有一个南北两朝对峙的时期，叫什么吉野朝时代，是一个叫足利尊氏的人制造的。这个人后来成了不可容赦的逆贼！我不知道我日后会怎样？不过，我可以告诉先生，日本人是不可靠的。中国当前发生的事以后无论是何结局，我张勋一人承担。"说着，他仰面喝干了杯中酒。"你走吧，我不会再求你们什么了！"说罢，便转身走了。佃信夫还想再说什么，但无法说了。张勋还有幻想，他觉得他不会败在段祺瑞手下，他有援军，不孤立。故而，他又给保定曹锟、济南张怀芝、蚌埠倪嗣冲、杭州杨善德、福州李厚基、南昌李纯、开封赵倜、洛阳张福来、武昌王占元、奉天张作霖、太原阎锡山、西安陈树藩等人发了急电：

前荷诸公莅徐会议，首由张老帅、倪丹帅、赵倜帅、李培帅及诸代表揭出复辟宗旨，坚明要约，各归独立。前言在身，皇天后土实鉴临之。故弟带队北上，临行通电谆谆，以达到会议宗旨为言。弟之托任调人者，以未得京师根本之地，及弟至津京犹未敢揭出本题，盖以布置未妥，未敢冒昧从事。故请解散国会，叫李九（李经羲）组织内阁，并请各省取消独立，所以示天下以不疑。及事已熟，乃取迅雷不及掩耳之计，奏请皇上复位，然事前未与诸公奉商者，恃有徐州会议之要约也。今事已举办，皇上御极日万众欢腾，亦可见天心民意之所在。诸公意怀观望，复电均以事前未商为言，闻之不胜悚愧。然徐州会议之要约、诸公岂忍寒盟？且天下苦共和之久，舍复辟安有补救之方？诸公明哲素有同心，若疑弟专擅，顿食前言，则弟一身不足惜，设国家动摇，将陷于危亡之地，诸公岂不因小嫌而误大局。且事已至此，安有更改之理？同属北派，何忍同室操戈？用特沥血披诚，务恳飞速赞成，以践前约，万勿稍存意见，天下万幸。特陈委曲，万乞见谅，立侯赐音，是所至盼。

张勋的电报尽管"沥血披诚"，却一如石沉大海：南北各省督军，各人抱着不哭的孩子，谁也不发一言，不出一兵，任北京天翻地覆。战斗紧张了，枪声由城外转入城内，由稀稀落落，转为密密匝匝，忽然间，天空竟出现了飞机的嗡嗡响声，并且投下了三颗炸弹，虽然其中一颗落在西长街隆福门的瓦檐上没有炸，那落在隆宁门外的一颗炸了，还炸死一个轿夫；落在御花园水池里一颗还炸死了几条鱼。空军参战了，张勋害怕了——

陈宝琛突然出现在张勋面前，不待张勋发问他便说："绍帅，好了好了！皇上已经发了圣谕，授张作霖为东三省总督，命他火速进京勤王。我想，不日张作霖即会入关。张作霖一到，北京便会形势大变！"

张勋对此事并不抱多大希望。他知道，即便张作霖出兵勤王，远水也难解近渴；何况，张作霖对张勋还怀有满腹牢骚——张作霖是奉天督军，原以为复辟成功了，他会升腾一下。结果，张勋只给了他一个奉天巡抚。一怒之下，连个回电也不发——所以，勤王解困之事，只怕张作霖不干。张勋只淡淡一笑了之。不仅如此，自己还主动向皇上奏请开去内阁议政大臣暨直隶总督兼北洋大臣各差缺。此外，积极收集溃兵，重点屯聚天坛、天安门、景山、东西华门及南河沿等处，严行扼守，与讨逆军作一死战。

京中形势紧张，京外救兵无望，复辟已毫无希望。张镇芳、雷震春两人情愿弃去度支、陆军两部尚书，出京逃生去了。结果，在丰台被讨逆军拿下。奉天的冯德麟，原想复辟成功，捞点外快，现见事机失败，也逃出京去，想回新民老巢。结果，也被讨逆军拿住。康有为、万绳栻之辈，也远离张勋，做着逃走的准备。

眼看着大势已去，张勋再无良谋，即着人把万绳栻找来，想抛出最后一剑——

"公雨，咱们山穷水尽了。不想那些同盟者都是狼心狗肺，一个个都把头缩回去了。"张勋气呼呼地说，"既然他们都不仁，我也讲不得义了。"

"绍帅，你看……"万绳栻心中大惊，但表面还是不动声色。

"该摊牌了。我要摊牌！"

"……"万绳栻张开口，只喘了一声粗气。

"你通知中外记者，我马上要开一个招待会。"

"开记者招待会？"万绳栻装糊涂了。

"你告诉他们，我有重大机密要向全世界公布！"

"机密……"

"就是徐州会议那个盟约，那幅黄绫子。"张勋有精神了，"我要把他公开出去，让世人知道段祺瑞是两面派、阴谋家；让世人知道，那些在黄绫子上签字的一群家伙都不是人，全是孬种，今天他们都缩头了！"

万绳栻一下子惊呆了：黄绫子？黄绫子早被他用二十万现大洋卖给胡嗣瑷了。"原来这幅绫子果真可以价值连城！"万绳栻手里没有黄绫子，他不敢直说，他知道张勋会在一怒之下杀了他。他便扯谎说："大帅，如此贵重的东西我怎敢带在身边，早已妥善地放存在天津公馆了。"

"放在天津了？"张勋十分焦急，"放在天津干什么？"

"我连夜偷去天津，尽快把它拿来。"

张勋冷冷地叹声气，知道不是那么容易可以拿回了！但还是说："这是唯一的一张牌了，公雨，我拜托你了，千方百计，哪怕千难万难，你务必把它拿来——"万绳栻走了。

但是，万绳栻并没有去天津。他到哪里去了？无人知。只知从那以后，万绳栻再也没到张勋面前来过。

万绳栻有二十万大洋，晚年无虑了。

张辫子潜进荷兰使馆

张勋盼着万绳栻能够拿回那幅绫子，再经报界公诸于世，世人会理解他，会支持他；那些毁盟的人也会幡然悔悟，共图大计。他在南河沿公馆里望眼欲穿地盼着。当他迫不及待地电询天津时，却连万绳栻的影子也找不到了。他失望了。

此时，一个叫辜鸿铭的领着三名英美记者来到南河沿，向张勋索要此前各省赞成复辟的盟约、通电以及徐州会议的名单。这本来是张勋求之不得的事。可是，万绳栻的失踪，张勋两手空空，他什么话也说不出。一位美国记者，以流利的华语对他说："此事已经各省同意，所以先后独立举兵、推公为盟主，中外皆知。今天他们反戈相向，实在令人不平，最好将经过事实宣布中外，何必代人受过？"张勋望着这三个不知心怀何意的外国记者，无可奈何地说："复辟是我向来的主张。至于关系文件，我早已烧毁了。"

大约这些外国人独因此而来，看到张勋不与合作，也只好悻悻离去。

京城中的战事愈趋紧张，他身边的一个统领对他说："大帅，你还是领着公子寄居到外边去吧，这里由我们应付。"张勋笑了。

"自古全家殉难的，历史所载，数不胜数，本是一件很平常的事。不过，我过信人言，草草举事，以致贻忧大家，实罪该万死！"

那统领忙说："大帅不必如此说，你能以全家殉国，我们怎能不追随大帅到底！"

王士珍到南河沿张宅来了。他对张勋说："不可再战了，是不是把军队交出来？至于生命财产，我想请各国公使出来担保，是会做到绝对安全的。"

张勋只默默地摇摇头，一语不出。

王士珍又说："如果再战，你有多少军队，子弹能支几日？能保必胜吗？"

"军队多少，子弹能支几日？兄不必多问了。"张勋说，"敌众我寡，已是事实。但丝毫不放在我心上。"

王士珍见张勋已经破釜沉舟了，便不再说话。

段祺瑞的讨逆军节节胜利，眼看着便消灭了辫子军。徐树铮找到段祺瑞，建议他应该采取"穷寇莫追"的策略了。"复辟，固是人所不容，但是，张辫子毕竟帮助咱们了结了一大心事，网开一面吧！"段祺瑞点头笑了。"但得一片橘皮吃，怎能忘了洞庭湖！"

战事更紧张了。7 月 12 日天微亮，枪声密如雨淋。朝阳门外的讨逆军进到东安门，即与辫子军接上火。到中午，炮弹击中了张勋的南河沿住宅，凉棚着了火，火苗延及住室。张勋站在院中指挥救火，态度十分镇静，还一再安顿家人"不要慌张"！

随在张勋身边的军官，早为这里的安全忧心忡忡，衡量北京形势，已知必定失败，并于先一日与荷兰驻华公使欧登科密约，俟形势危急时，请他们接应。此时，荷兰使馆见张宅起了火，如约将汽车开来。欧登科对张勋说："我们有要事想同大帅商量，请大帅到公使馆一趟吧。"

张勋望了望公使，似乎明白了，便说："我这里战事紧张，无法脱身。等打完了仗再说吧，对不起公使先生。"

公使没办法，只好先离开。战斗依然紧张。

此时，警察总监吴炳湘到南河沿了。他对张勋的指挥官苏锡麟说："北京是首都，华洋杂处，关系很大，不能开火了。再打下去，老百姓就遭殃了。再说，各国使馆均在北京，让外国人看着，也太失中国人的体面。如果外国人出来干涉，事情就更大了。"

苏说："我们是防卫，只要他们不进攻，我们是不会再打的。"张勋看见了吴炳湘，急对他说："你亲眼看见了，我们来北京是维持治安的，我们不是扰乱治安的。我是自卫，他们不讲信用，存心要消灭我，我怎么能不打？"

"这样下去，你能打几天？"吴炳湘关心地问。

"粮秣弹药我有的是，又有坚墙厚壁可据。"张勋说，"打上三五天没有问题。"

吴离去不久又回来了。他还是找到苏锡麟，对他说："别打了，再打'口袋队'（北京人对抢劫犯的称呼）都出来了，街上将要更乱了！"

讨逆军已经大批进城，张宅面临着四面被围之境。苏锡麟也知大势已去，便说："不打，大帅怎么办？我能叫大帅受危险吗？"吴说："打下去，大帅能平安无事吗？你有什么办法？"苏说："你是警察总监，熟门熟路，你去想办法。"

吴炳湘出去不大一会儿，便开来一辆汽车，车上插着荷兰国旗，有两个荷兰人，还有一个德国人。

随吴炳湘来的，还有一个叫钱锡森的人。

南河沿张宅的家眷傅筱翠、王克琴等，早已领着子女避居到荷兰公使馆去了，宅内只有大姨太邵雯等几个人了。钱锡森去劝张勋上车逃走，张拒不上车。

"你们都走吧，谁也不要管我。"张勋大声喊道，"我要在这里战斗到底！"钱锡森见形势已十分严峻，便同几个外国人一起闯上去，把张勋架了起来。张勋身材矮小，又加数日来精神不振，哪里还自主得了？挣脱未成，被荷兰汽车拉了出去——拉进荷兰公使馆。

张勋被架走了，张勋的队伍也不再打了。剩下的残兵伤将，集合起来暂去了警察总署。战火，渐渐熄灭了。

张勋，却从此便销声匿迹了……

战火熄了，张勋去了荷兰公使馆，复辟一场，终于了结了。小皇上自然还得去毓庆宫读他的书。在返回毓庆宫之前，皇上还是堂而皇之地发了最后一道"圣谕"：

前据张勋等奏称：国本动摇，人心思旧，恳请听政等语。朕以幼冲，深居宫中，民生国计，久未与闻。我孝定景皇后逊政恤民，深仁至德，仰念遗训，本无丝毫私利天下之心，惟据以救国救民为词，故不得已而允所请，临朝听政。乃昨又据张勋奏陈，各省纷纷称兵，是又将以政权之争致开兵衅。年来我民疾苦，已如火热水深，何堪再罹干戈重兹困累。言念及此，辗转难安。朕断不肯私此政权，而使生灵有涂炭之虞，致负孝定景皇后之盛德。着王士珍会同徐世昌迅速通牒段祺瑞，商办一切交接善后事宜，以靖人心，而弭兵祸。

小皇上又过了十几天听政的瘾，但只是回光返照，他还得从龙座上滚下来。

第十五章
石皮为破，破了破了

天晴久了会阴，会下雨；雨过了，还会是晴天。专家们说，晴天比阴雨天多。要不，人们还能干什么事呢！

张勋是从江西赣江畔走出来的，他还得回到那里去。赤田陶仙岭是他的归宿。

辞条之叶难返林柯

一场疾风暴雨般的复辟和反复辟战争，总算结束了，北京城平静了，平静得像一池秋水！不过，秋水并不伊人！

北京城重新挂起共和国的五色旗时，所有报纸都在显著位置用醒目标题告诉人们，段祺瑞是"最后推翻帝制的英雄！""再造共和的旗手！""中华民族的救星！"段祺瑞醉了！

讨逆军全体官兵都醉了！

当好事者把一张张油墨未干的报纸送到段祺瑞手上时，他先是惊，特别惊！他原来没有想去当什么"英雄"，他只想报复一下黎元洪，出一出免了他总理这口气，把黎元洪赶下台，"让他尝尝下台的滋味！"惊一阵之后又喜，特别喜！老天给了他一个千载难逢的机会，使他因祸得福，使他一夜之间成了历史上能够"永垂不朽"的英雄！

段祺瑞从指挥室走出来，仰面看看天，天空特别蓝，蓝得透明！空气特别新鲜，新鲜沁人心脾！他轻踱几步，伸伸因连日劳累过度而酸疼的腰身，却情不自禁地喊道："回北京，立即回北京！"

屈指算来，段祺瑞离开北京已经四十四天了。四十四天并不漫长。然而，对于段祺瑞，这四十四天几乎超过了他走过来的五十三年的人生路！因为这四十四天是他失去纱帽的四十四天，他的纱帽又是那样的令人垂涎！

段祺瑞从天津又回到了北京他的总理府。这一场美梦是徐树铮为他设计的，进京后第一件事他要同徐树铮谈心，似乎想表示一下对他的谢意。

"又铮，这口气总算出了。"段祺瑞说，"咱们庆贺一下，再谈谈该急着办哪几件事？"

"我正是为此才匆忙赶来的。""小扇子"说，"我想，无论有多少事，都先放下。今天，最紧迫的，是去拜见黄陂。"

"啊？！——"段祺瑞懂了。

"不仅要拜见，"徐树铮说，"还得盛情请他出来复任。"

"这……"

徐树铮笑了。

"黎元洪还是共和总统，你是'再造共和'的英雄。哪有再造共和英雄，却把一个共和总统赶下台的呢？"

"那是张绍轩赶的他。"

"你不是'再造'吗？"

"黄陂果然赖着……"

"黄陂也是一个人。"徐树铮说，"我想他不至于会去争当什么魍魉。"

"又铮，早几天在天津你还想杀了他，今天怎么一转……"

"天津是天津。"徐树铮说，"要杀也不须咱们动手。皇上不杀他，我们有点遗憾。果然杀了他，我们不是可以在'再造'的旗帜上增添几分光彩嘛！今天，不是复辟，也不是反复辟，而是'再造'一个共和国。你段老总是'再造共和'的英雄，他黄陂敢和你平分秋色？！他现在正是提心吊胆怕你杀了他呢！"

段祺瑞尚无此心胸，他垂着头，反剪着手，只顾踱步。

"老总，不必犹豫了！这是光彩的事，非这样做不足以使'再造'更风彩！要知道，黎元洪已经是一只死老虎，他再不会吃人了！"

段祺瑞终于明白了，他用力拍一下桌子："好，我——我现在就去！"

在日本驻华使馆的一间豪华而幽静的会客室里，段祺瑞和黎元洪会面了。

这是一次极尴尬的会面，黎元洪没有想到会有此一举；段祺瑞虽然有准备，那却是徐树铮提醒他之后才决定的。现在，面对面坐下了，该如何商洽？思想上却毫无准备——黎段矛盾太深了，已经发展到了你死我活的程度。若不是徐树铮出了个"借刀杀人"的主意，段祺瑞对黎元洪用兵，那是笃定的事。没有用兵，达到了用兵的效果，而且又获得了意外收益，这是徐树铮的高见和功劳。黎段对面，前情却无法消弭。

对坐有时，段祺瑞笑了——他是胜利者，他自然会笑——"张绍轩太不识时务了，更不自量。这完全是他咎由自取。"

"是啊，是啊！"黎元洪下意识地随声应和。

"芝泉此来，是想同宋公磋商一件大事。"段祺瑞态度温和、神情平静地望着黎元洪说。

"磋商？！"黎元洪心里一下惊慌起来，他想，"段祺瑞灭张勋，目的在灭我黎某。张勋被灭了，头件事他便跑到外国使馆来找我，来者不善呀！难道他是想借我的头颅以谢天下吗？"黎元洪害怕了，他明白这场战争给中国人造成的灾难有多么巨大！别看做"大总统"的感觉在他身上还没有完全消失，可他知道，他的生命也只有一次，不会死而再生。所以，他只好硬着头皮，说了句"听从安排"的话。

段祺瑞装作没听见，仍然笑着说："小皇帝复位，我们是绝对不能答应的。"

"那是，那是！"黎元洪说，"北京挂龙旗的那天，我也是发出'讨逆'通电的。我还给各方发了电报……"他本想说："我还给你发了电报，送去印信，请你来主持国政。"但话到嘴边，知道"很不得体"，便收了回去。

段祺瑞点点头，装出一副豁达的姿态，仿佛他们之间昔日什么不愉快的事情也不曾发生过。至于要他重理国政一事，段祺瑞却表现出"当仁不让"。黎元洪未说出口，段祺瑞自己却说了出来。"我嘛，自然还是要回到国务院去的。我想，你也要回到总统府。往事烟消云散，咱们还得携手共理国事。"说这些话的时候，段祺瑞表现得十分真诚，好像是在恳请黎元洪出山，来共同朝一个目标奋进！

黎元洪听了段祺瑞的话，又慌张起来："难道此话当真？"他看看段祺瑞，觉得他面上没有星点儿杀气。若是真的……他忙说："宋卿无才，误国不浅！"说着，他又忙站起来，"如此大任，我实不敢再担了。不敢不敢！再说……"

段祺瑞见黎元洪这副可怜相，反而觉得应该同情他，觉得他有许多可爱之处。马上说了许多奉承话，还罗列了他一些"功德"。

黎元洪反而更不安了，心里暗想："段祺瑞是来骂我的。那些好听的话，只不过是在为他自己涂脂抹粉！"他又想："段祺瑞你别装模作样了，算我黎元洪无能，没有斗过你。可是，我也不会仰起脸来向你段祺瑞讨碗凉开水喝！"

"芝泉的盛情美意，宋卿领了。只是，辞枝之叶，岂有再返林柯；坠溷之花，焉能重登茵席！心胆俱在，面目何施！我只想当一名守法遵律的公民了！"说着，叹息着，摇着头。

段祺瑞轻轻地舒了一口气，暗想："你不出来正好。你真回到总统府，还当你的总统，我还真得思索思索如何对付你呢！"他笑着说："既然阁下心志已坚，芝泉也不敢勉为其难。那么就好好保重吧。今后有事尽管向我提出来，我会认真关照的，告辞了。"

段祺瑞回到总理府，在他本来的寝室里认真地洗洗脸，换上衣服，这才坐在窗下桌子边，展纸握笔，准备草拟治理国政的大纲——四十四天了，既遥远又清晰。段祺瑞仿佛是睡了一个不长不短的大觉。一觉醒来，他只需要舒坦地伸一下腰，便会投入一个新的而且又是习惯了的工作。好像中国发生的一场巨大灾难，与他段某人毫无关系。

又过了四天，即 7 月 18 日，中国又出现了一个大总统。不过，他不是段祺瑞，而是冯国璋！

石皮为"破"，破了碎了

住进荷兰公使馆的张勋，像进入一场梦中。他不相信自己会到连家也没有的地步。现在，何止无家，连国也没有了，只得躲进外国人的领地苟安一时，却又不知这"一时"究竟长短吉凶？回想他二十六岁从入南昌府当兵起，风风雨雨三十八年来，他为国家、为朝廷、为黎民做出多大的付出呀！"我怎么就该有今天呢？"张勋觉得这不是他无能，这是天意。"难道大清的气数真的就尽了？！"他觉得不能。大清不应该灭。"轰轰烈烈三百年，怎么能说灭就灭了？"

他在思绪恍惚的时候，坐着就做了一个闪电式的梦。他梦见他回到徐州去了，他去二眼井找那个测字的先生，气势汹汹地对他说："你说我这个大兵是个'卒'，石字放在边上便成了'碎'。我不放在身边，放别处如何？"

测字先生望望他，说："你已经无家可归了，无论把石头放到何处，都无用了。"

"不，有用！"张勋说，"我的石头是玉，是蓝田玉，是可以雕刻最好的器物的玉！"

测字先生淡淡地笑了。"权这东西太迷人了，没想到大帅做了近四十年官还没有过足瘾？握了近四十年权还舍不得丢！可悲呀，可悲！"

"我不能丢官，我不能弃权！"

"那好吧，让我再给你一次机会，看看你的运气如何？"测字先生重新把那块石头交给张勋，说："请大帅随便放一个地方吧。"

张勋接过石头，左看右看，又在自己身上上下打量，生怕放错了。最后，却把它放在自己身边的一个皮夹袋里。"先生，这样如何？"

测字先生叹气了："大帅，还是别说明吧，说明了，怕你伤心。"

"不，一定得说。"张勋强迫说，"我就不相信我会沉到底？"

测字先生无可奈何，只好说："大帅，你这一卦仍然主凶。"

"说清楚。"

"你把石块填在皮夹里了。'石'与'皮'凑在一起，乃是一个'破'字，上次是个'碎'字，这次是个'破'字，二字合并，乃是'破碎'也。连一点希望也没有了——破碎了！"

……一梦醒来，张勋冒了一身冷汗。"我难道真的完了？！"

他失望了。他冷静地想想，他自知无回天之力了，他的友军都不友好了，他心里很难过。"当初，你们一家家都贴向我，都靠着我，把我当成大旗。今天，我被困在这里，怎么连一个人也不伸头了？"他最恼火的，是那些友军突然都参加了讨伐他……没有人为他说话了，他要自己向世界告白。

通过荷兰使馆，张勋以自鸣不平的心态向全国发出通告。通告说：

> 我国自辛亥以还，因政体不良之故，六年四变，迭起战争，海内困穷，人民殄瘁，推原祸始，罔非共和阶之厉也。勋以悲

天悯人之怀，而作拯溺救焚之计，度非君主立宪政体，无以顺民心而回末劫，欲行君主立宪政体，则非复子明辟，无以定民志而息纷争，此心耿耿，天日为昭。所幸气求声应，吾道不孤，凡我同袍各省，多与其谋，东海、河间，尤深赞许，信使往返，俱有可证。前者各省督军聚议徐州，复经商及，列诸计划之一，嗣以事机牵阻，致有停顿，然根本主义，讵能变更？现以天人会合，幸告成功，民不辍耕，商不易市，龙旗飘扬，遍于都城。万众胪欢，咸歌复旦，使各省本其原议，多数赞同，何难再见太平？不意二三政客，因处地不同，遂生门户之见。于是主张歧异，各趋极端：或故违本心，率以意气相向；或反持私见，而以专擅见规。遽启兵端，集于畿辅，人心惶恐，辇毂动摇。勋为保持地方治安起见，自不能不发兵抵御。战争既起，胜负难言……则误国之咎，当有任之者矣。惟念此次举义之由，本以救国济民为志，决无丝毫权利之私搀于其间，既遂初心，亟当奉身引退。况议政大臣之设，原以兴复伊始，国会未成，内阁无从负责，若循常制，仅以委诸总理一人，未免近于专断，不得已而取合议之制，事属权宜。勋以椎鲁武人，滥膺斯选，辞而后任，方切惭惶。爰于本日请旨，以徐太傅辅政，组织完全内阁，召集国会，议定宪法，以符实行立宪之旨。仔肩既卸，负责有人，当即面陈辞职。其在徐太傅未经莅京以前，所有一切阁务，统交王聘老暂行经管，一俟诸事解决之后，即行率队回徐。但使邦基永定，渐跻富强，勋亦何求？若夫功罪，惟有听诸公论而已。敢布腹心，谨谢天下！

通电发出之后，张勋心里一下子坦然多了，他以为当初参加徐州会议的"哥们"会良心发现，做出不受良心责备的行动来——自从潜入荷兰使馆，张勋的"良心论"突然占据了全部头脑，总想以道德标准——良心标准——来论事待人，就像当年在岗嘴头村他对刘老师那样。这是他许多年不曾有过的思想了。假若有一种灵性自始至终都钻在张勋心上，现在一定会大声地对他说："张勋呀张勋，在你头上没有纱帽或纱帽很小的时候，你咋那么多良心？一旦纱帽大了，你的良心为甚却又那么少了？！"果然如此，张勋肯定会理直气壮地回答："不要问我了，临到你身上，你也会这样做。你就不看中国的历史，历史上的男男女女有几个人不是这样？头脑就那么一点空间，纱帽占多了，良心自然没有位置；良心占多了，纱帽就没有位置了！千古如此。"

果然像张勋想的那样，无论他的通电文采多好，言辞多动人，却没有一个人馈送一个字的安慰。除了躲进荷兰使馆他的家人之外，连个熟悉的面孔也看不到了，张勋成了真正的孤家寡人，成了历史的垃圾！

天阴了。北京的仲夏原来是多晴天的，今年反常，总是阴沉沉、雨绵绵。望着灰蒙蒙的天空，天空和他住的院落一般大小，而院落亦和天空一样阴沉沉。张勋想起了小皇上，"他会不会因此而失去了原有的优待条件？我对不起他！我没有尽到责任！万岁呀，我只要尚有一息，我还是你的忠臣良将！"他又想到了他的辫子军。"他们在北京怎么样了？在徐州怎么样了？会不会还保留定武这支人马？"

张勋的思绪太乱了，乱得无以归统，他不知该去想什么，做什么事。

四妾王克琴抱着四子梦渭走进来了。梦渭一岁多了，一双机灵的眼睛，望着面前这个陌生的爸爸，却有些怯生生的。

"绍轩，"王克琴说，"你该把心放宽。这种事不能当真，就当是一场戏。刚刚是在前台，威威武武，有袍有笏；现在回到后台来了，要卸装了，你不过仍是普普通通的人。男人！该有曹大姐那样的心胸……"

一提起曹琴，张勋的心猛然颤动了一下，头脑也忽然觉得发涨。他隐隐觉得十分想念她，想马上能同她谈谈心才好。"只有她最理解我，只有她……"他忽而又觉得很内疚，"当初，该多听听她的意见。"晚了——晚了的事还去苦虑它做甚？

张勋对王克琴说："你对他们说，我很好，就是担心你们。你们可千万千万保重！没有多大事，多不过回赤田村去，还能没有饭吃！"王克琴点着头走了。

是的，荷兰使馆里现住着张勋的家人五十多位，他关心着他们呢！

王克琴走后，张勋又想到了他的"盟友"。他的思想又回到了愤怒中。他不甘心就此罢休，"我要向世界宣布那些当初赞同，今日背叛者的名姓，让天下知道他们！"他又发出了如下电报：

上海高照里×宅转各报馆并转各省督军、师长、镇守使、都统、巡阅使、护军使、各商会鉴：

变更国体，事关重大，非勋所独能主持，谁非清朝臣子，各有应尽之责。数年以来，密谋进行，全仗众力。去岁徐州历次会议，冯、段、徐、梁诸公及各督军，无不有代表在场；即勋此次到津，徐东海、朱省长均极端赞助；其余各督军，亦无违言；芝老虽面未表示，亦未拒绝。勋到京后，复派代表来商，谓只须推倒总统，复辟一事，自可商量。勋又密电各方征求同意，亦皆许可。电函俱在，非可讳言。现既然实行，不但冯、段通电反对，并朝夕共谋之陈光远，王士珍，首先赞成之曹锟、段芝贵等，亦居然抗颜反阙，直逼京畿。翻云覆雨，出于俄顷，人心如此，实堪浩叹！勋孤忠耿耿，天日可表。虽为群小所卖，而此心至死不懈。但此等鬼蜮行为，不可不布告天下，咸使闻知，以免混淆黑白。除将历次会议记录并往来函电汇集刊印分送外，特此电达。勋。微。

张辫子获得大赦令

复辟失败，张勋潜走，新贵们目的已达，也不想过于为难这个辫帅，何况他手中确实有许多人的拥戴函电，果然辫帅狗急跳墙，再捅出一些内幕，一些人的人品便会大为逊色。所以，也就把他丢在一旁了，只由新总统发了一道令，徐州的辫子军首领张文生、白宝山"着照旧供职"，并责成"将所部军队，申明纪律，切实整顿，以卫地方"。一支留着辫子的军队，终于在中国的版图上消失了。

潜在荷兰使馆的张勋，虽说国人要求惩办的呼声很高，但当局也觉此事棘手，何况事出有因，查办人员也就不了了之。张勋先在荷兰使馆，怕出事，一度转到德国医院，见风声平息了，很快又转回荷兰使馆了。不久，除留身边少数家人照顾之外，其余人员也多偷偷移居天津张家花园去了。张勋自己发了几通通电，均不见反响，明知是不起作用了，也就心灰意冷了。

复辟失败之后，张勋对政争忽然冷淡了。他常常独自面壁，独自叹息。有一天，不知为什么，忽然想起了自己脑后的辫子，并且猛然觉得该剪掉了——他知道他在徐州的定武军都被皖系骨干倪嗣冲收编了，被收编的军队是不许再留辫子。"都把辫子剪了，我还留它何用？"张勋想找把剪刀，把辫子剪了去。

剪刀找来了，他从背后拉过还显兴旺的辫子，攥在手中，看了看，心里又觉酸痛起来。

"辫子，辫子！我真要剪去它吗？"他一下子又想到辫子曾经有过的威风，有过的风采！他顶着它上过朝，顶着它阅过军，顶着它跪在皇陵前，多威风呀！真不要它了，岂不一切都消灭、都死了吗？他用力把辫子朝脑后甩去，狠狠地说："不剪，不剪！我一定戴着辫子去见先帝先后，让他们知道，世上仍然有忠于他们的臣子！"

荷兰驻华公使馆，坐落在一条小巷中，青砖铺的路面；两旁，青砖砌的墙垏，低矮的四合院也是青砖灰瓦所建。整个巷子冷寂肃穆，给人一种寒凉的感觉。使馆正门冷冷清清，两个华人岗哨也无精打采。但院墙的两侧和后院，却是一片开阔的天地，隔着铁栏不仅可以尽看院中的门门窗窗，还能够看到小球场上的热闹活动。就在后院的栏杆墙外，这几天，有一个小个子中年人常常徘徊，有时黎明，有时黄昏，总可以看到他的身影。他是日本黑龙会骨干分子、策划张勋复辟的积极分子佃信夫。佃信夫和他的主子一样都是极力鼓吹中国复辟的。他和他的主子不同的是：他主张立即行动，而他的主子则认为条件不成熟。张勋的行动虽然不是遵照佃信夫的主谋，但却不谋而合。结果，失败了。佃信夫猛然觉得"内疚"起来。自从张勋被人拉到荷兰使馆，佃信夫就下定决心要挽救他，把他救出来，再设法扶持他，让他东山再起。

北京毕竟不是徐州，荷兰使馆也毕竟不是张勋的徐州祠堂，日本人自由出入不得，他见不到张勋；荷兰使馆也不同他合作，他无法把张勋救出来。佃信夫拜托日本公使林权助，请他去荷兰使馆洽商引渡。林权助摇摇头，说"无国际惯例，不好交涉"。他又要求林权助派他去荷使馆公干，以探听张勋近况；林权助说"日荷关系并不协调，单独接触尚不具备条件，有事只好经过外交使团"。当一切公开的伎俩都无法实施的时候，佃信夫决定铤而走险，把张勋抢出来。

黑龙会有钱，何况寺内内阁给他提供特殊经费。佃信夫终于买通了荷兰使馆的岗哨。然后，佃信夫从他的友人、日本医生池田悦次郎处借得和服一套，还有若干绷带，偷偷潜入荷兰使馆，走进张勋的小屋。二人见面，先是抱头大哭，而后，佃信夫说："大帅，你赶快换衣服，我把你带出去。"

"换衣服？"张勋惊讶了，"那怎么行？"

"行，行。"佃信夫说，"大帅的体形貌像都和我的朋友池田悦次郎不相上下，我一定可以把你带出去。"

"出去？到哪里去？"张勋不放心。

"到我们那里去吧。"佃信夫说，"我们会帮你东山再起的。何况，徐州还有你的那么多军队。"

"军队？"张勋心里冷飕飕地颤动一下——他知道，他的徐州军队早都归倪嗣冲管了。所以，他只冷冷一笑，摇摇头。

"大帅，我已经买通岗兵了，只要换上服装，我便可以带你出去。"

"中国的事情我懂，无论到何处，还得中国人来解决。我相信我的事中国会有公论的。"

"那要等到何年？"

"不会多久。"张勋说，"我相信，中国无论谁当总统，他们都不会杀我的。中国人不打死老虎，中国人不欺侮弱者。请诸位放心。"

"那你会有一个什么结果呢？"

"中国的大总统无论是谁，他们都会大赦我。只是迟早的事。"佃信夫看张勋如此坚决，只好退回。

张勋潜入荷兰使馆，军阀政府迫于国内舆论，不得不以外交总长汪大燮出面，通过照会形式与荷兰使馆交涉。汪大燮7月17日的致荷兰使馆照会说："……贵公使自必设法禁止该逆（张勋），勿在匿居处所有何等直接得以影响本国治安之举动。……勿得接见中外人士及与外间通递消息，以遏乱源实纫睦谊。"

荷兰公使贝拉斯7月18日给汪的照会说："……此等群疑众虑之人，住居使馆界内，本大臣亦知负有重大责任。所以监视甚严，不令张勋及同窝之人接见中外人士，并由荷兵昼夜看守，其地严禁人行，万不能密递消息。再，张勋事败，猝入本馆，本大臣碍难拒绝，不得不予以避难之地。中荷睦谊凤敦，自当严密防范，绝不使由此避难之地，生出妨碍友邦治安之事。"

后来，不仅中荷之间照会频频，中英、中德之间，也因张勋事多有交涉。及至发展到外交使团出面，中国政府最后还提出了"拟将张勋护送出中国领土以外"。但是，当时的中国政府，无论是段祺瑞也好，冯国璋也好，还是徐世昌，又有几个是张勋真正的仇敌呢？只不过是台上、台下而已。官样文章无论言辞多凶，张勋依然安居荷兰使馆，后来干脆找来笔墨，习起书法，找来古籍，深研起历史来。

张勋闲困在荷兰使馆的时候，北京因为争总统的事情闹得鸡犬不宁：冯国璋是以副总统代总统，代是临时的，必须新选。当时，北京有两股半势力：段祺瑞的皖系，曹锟的直系，这算两雄；张作霖的奉系算半雄。双雄已难以并立，再外加一个"暴发户"张奉，争权之事便旗鼓相当，誓不两立。

中国人不好战。打了几次仗，人人都反对大战了。皖直两家暂时也不想以武力夺权，再经有识之士周旋，结果两雄三家达成"君子协定"，请局外人来主政。这个局外人，便落到了徐世昌身上。

1918年9月经段祺瑞的安福国会选举，徐世昌就任了中华民国总统。

徐世昌同张勋交往甚密，情感亦笃，他做东三省总督时就把张勋作为心腹，委张为行营翼长。张剿匪有功，徐极力推荐，慈禧恩授张为实缺提督。张勋便拜在徐的门下，以师尊之。张勋在徐州的诸多活动，均得到徐的支持，复辟成功之时，他还任了弼德院的院长，自然是张勋的一力保举。现在，张勋获罪潜入荷兰使馆了，尽管尚无明令杀罚，却是不自由了，徐大总统怎么能袖手旁观？于是，找到段祺瑞，对他说："此次复辟，本非清室本心，幸勿借此加罪清室。张勋甘为祸首，原是一个莽夫，但须念同袍旧谊，不为已甚。穷寇莫追，请君注意。"

段祺瑞心里明白，徐世昌是以优待清室为措辞，实系为张勋寻一条宽道。自己也乐意给张一个顺水人情，便说："优待清室条件，理应尽力保存，若绍轩，亦未必就逮。即无公言，我也不忍加害哩。"

1918年10月30日，大总统发出了对张勋的特赦令。令文如下：

> 据四川、广东、湖南、江西四省经略使曹锟等电呈"前安徽督军、长江巡阅使张勋，因案获谴，迭经电请赦免在案。该前使坐镇徐、淮，宣劳民国，论功差足抵罪。现案内诸人，先后均邀宽典，请一体准免通缉"等语。张勋前经通饬缉办，本有应得之罪。惟既据该经略使等以前劳未容湮没，同案已荷矜全，合词吁请，应准免予缉究，以示宽大。此令。

张勋自由了。从此，张勋也再无官做了。

张家花园遇故人

天津。1919 年春。

一身轻松的张勋，回到他的公馆有半年了，一切都习惯了。他每天早晨起床之后，便在自己花园里打打太极拳，有时还练一二路并不规则的红拳；早饭后，先看着儿女们读书，然后自己也去读书。这些时日来，他对《资治·通鉴》入了迷，好像这本书就是为他写的，或者说就是写的他。"我的事，足可以写一本《通鉴》！"午后他要睡觉，觉醒之后，他便走出院子，到附近街巷、公园去转转，但却从不与人攀谈。可是，人们都知道他就是张勋——张大帅。因为他脑后还有一条辫子。全天津、全中国都没有带辫子的人了，人们对他容易记住。遛街回来，便和妻妾们在一起打牌，有时听听二妾傅筱翠清唱一段河北梆子，或听四妾王克琴清唱一段京剧。他对京剧有点入迷，自己也会哼哼几段……就这样，一天一天地把日月打发过去了，倒也清闲自在。街坊邻居，尽管昔日对他复辟怀有反感，如今连大总统都赦免了他，谁还再计较呢？何况张勋也是平头庶民了。庶民对庶民是友好和睦的，庶民对于昔日有地位、现在倒下的人，多少还怀有同情心呢！所以，张勋的心情也很平静。

天津的张家花园，可称得起是阔绰的地方。占地五十多亩，内有两幢富丽堂皇的德国式住宅，还有假山，有溪流，有四季花卉不凋的花园，有龙形的假山，宫式的凉亭，还有供游泳的天然水池，和天津像样的大公园比都不逊色。凭这一点，张勋又得算天津卫最阔绰的庶民！

一天，正是张勋认真阅读《资治通鉴·安史之乱》篇时，家人来报，说："门外有一老朽，自称是大帅的故人，一定要见大帅。"

"什么故人？哪里人？"

"那人不说。"家人说，"老朽还说，他欠你一笔债，特来还债的，务必要你出去迎接他。"

"这是什么人？"张勋疑惑了，但转念又想，"此人既然来到，必有交缘。我得出迎。"张勋是庶民了，他有些看重人情、讲究人情味了。

张勋弹尘整装，匆匆走出。但见门外坐地一位白发苍苍的老者，正在酣睡，身边还放一个破旧的布袋——马褡。

家人忙上前，想拉起他。"这老朽，怎么就地睡了？"张勋忙摇手阻止。"由他睡吧。他肯定是太累了。"

老朽睡了有顿饭的工夫，伸了一个腰，打了个哈欠，揉揉眼，才说："大帅难道不认我这个朋友了？"

张勋说："绍轩早已在此等候，但怕惊醒了先生的美梦，故而……"

"美梦？"老朽摇摇头，"人生在世，就是一场噩梦，哪里有美梦？"

"请先生到寒舍一坐。"

"我正想一坐。"

二人在客厅坐下，家人泡好香茶，张勋亲自奉上。老朽接过放在面前，说道："大帅，你不认识老朽了？"

张勋抬眼仔细打量，见他老态龙钟，两眼无神，消瘦的脸膛，飘洒一绺并不旺盛的苍白胡须，身上的长衫也破旧得不成样子了。人很面善，似曾相识，却想不出是何人了。"绍轩眼拙，敢问老先生……"

"我知道你记不住我了，我可记得你。"老朽品了一口茶，说，"因为我欠了大帅一笔债。就为这件事未能了结，我已九十有四了尚不死！"

"老人家之言，我更糊涂了。"张勋说，"绍轩平生浪迹天涯，戎马倥偬，自知欠了他人许多债，尚不记得还有人欠我的债！"

"这正是大帅做人的高处。"老朽说，"欠人者，永不当忘；人欠者，永不当记！"

"敢问先生仙乡……"

"嗷！说了吧，我乃山东曲阜衍圣公府圣医孔祥吾。大帅这该记起来了吧？"

张勋眯眼想想，记忆淡漠了。

孔祥吾把自己马褂打开，摸摸索索，半日拿出一片纸头，放在张勋面前，说："大帅当该记住这个'药方'吧。"张勋接过一看，见是两句诗：

> 下国卧龙空寤主，中原得鹿不由人。

他一下子想起来了——那是八年前他兵退兖州时，患了一场大病，针药无效，才把圣医请到。结果，圣医给了他这两句话，迄今尚不解其意。

"老先生，这个谜已在绍轩胸中存疑八年了，今得先生上门指教，绍轩甚为感激。"

"不必感激。"孔圣医说，"人人心里都有许多谜，只是到了离开世界时得破译开。我说欠你的债，也即指此。"

"请先生明教。"

"这是唐代诗人温庭筠的《过五丈原》，是首感叹诸葛亮的诗。"孔祥吾说，"诸葛亮一世聪明，一时糊涂，他明知刘禅这个幼主是个扶不起的天子，却偏偏去扶他。到头来，一场悲剧。我想大帅会知道这个典故，不想大帅却甚迷……"

张辫子明白了："原来我的幼主也是个扶不起来的天子？！我扶他也是白费心机？！"忙问："先生当时为何不明教？"

"已经再清楚不过了。"圣医说，"诗中'卧龙'自然是指的诸葛孔明；'痞主'是他想君主有作为；'中原得鹿不由人'，鹿者政权也，大帅无论心地多高，是不会因你而定乾坤的。气数，前清气数尽了！"

"我怎么就不知道呢？"

"你知道。"圣医说，"你比我知道得还清楚。"

"此话怎讲？"

"大帅又忘了？"圣医说，"举事前大帅可曾与什么人一起扶过乩？"

"扶过了。"张勋说，"是同康南海、万公雨一起。"

"乩得什么句？"

"'落花时节又逢君'！"

"还有什么句？"

"还有？还有'江城五月落梅花'。"

"这就对了。"圣医说，"明明白白。"

"还请明教！"

"大帅，北京举事可是7月1日？"

"是呀！"

"那正是农历五月。五月落梅花，'落梅花'时'又逢君'。花已落去，无花可赏，只剩下丝丝'遗香'了！十二天已不算短！"

张勋恍然大悟，他站起身来，双手拱起，深深一揖："多谢先生指点迷津！"

正当此时，一秃头疯疯癫癫跑进来，口中念念有词：

……

身多疾病思田里，

邑有流亡愧俸钱。

闻道欲来相问讯，

西楼望月几回圆。

念着念着，便闯进客厅。

"圣医来还相思债，也不约我和尚一道，我来迟了，还请大帅见谅。"

"敢问方丈？……"张勋有点慌张。

"大帅忘了？那一年你上云龙山兴化寺，留下二十枚银圆还有"阿弥陀佛"四个字，我告诉你'佛门空空，无可惠赠'。你一定要求卜。结果，我送给你两句诗……"

"记起来了，记起来了！"说着，张勋把圣医刚拿出的诗句捧给和尚，"瞧瞧，是这两句吗？"

"一字不错。"和尚说，"既然圣医已经解释明白，我也算还清债了。大帅，咱们的缘分尽了。不再打扰。"说着，拉起圣医，疯疯癫癫地去。张勋并不送客，只望着空落的庭院发呆……

陶仙岭上有荒冢

1923 年 9 月 11 日，活了七十岁的张勋在天津住宅死了。按照张勋生前的遗言，"死后务必归葬故土"，亲属决定把灵柩运回老家——江西省奉新县赤田村。

——张家太不安宁了。张勋死的时候，他先后已有六个子女夭折。所以，曹琴依照旧俗，直到 1924 年 8 月才扶柩南归。

张勋的殡丧，是由他的儿女亲家张作霖一手操持的。灵柩离开天津那一天，有朋友、市民约万人送葬，哀乐开道，挽幛随行，长长的队伍堵街塞道。张作霖派一师兵力护送。灵柩经济南、徐州、蚌埠，一路路祭无数；火车送至芜湖，改乘轮船溯江而上。至九江，张作霖的护送部队才回去。灵船经鄱阳湖入赣江，又在吴城换小船入潦河，至安义石鼻上岸。这里，赤田村已有百余人在迎灵。于是，三十二人抬柩，八人呵道，六十余人持牌匾、挽幛和旗凉伞，至赤田三十余里，途经二十余村庄，村村有路祭。灵至家，放在他的家庙——昆一公祠，而后，大操大办起来，又经过约两个月的祭悼，才选择奉新城十五华里，赤田村西十八华里的陶仙岭安葬。安葬日，奉新县约两千人祭奠——有人说张勋生前为乡里捐修桥梁、修补民路、救济饥荒、助挖汲井、兴办学校和施药舍棺等事不胜枚举，用银不下二百万两，群众不忘他。张勋灵墓自然也修筑得相当气派。据说占地为两千四百五十余平方米，坐东朝西，长七十余米。少不了牌坊、御牌、石雕、神道、华表之类。神道碑大书："皇清诰授光禄大夫、建威将军、内阁议政大臣、北洋大臣、直隶总督奉新张忠武公神道碑！"

尾 声

又是一个细雨绵绵的深秋，岗嘴头村的稻田一片金黄，却在风雨中摇摇晃晃。一个张勋本家的孩子慌慌张张从雨中跑回家，气喘吁吁地说他看见：

站在田埂上的熊作头发现一个孩子正在雨中抓鱼摸虾，把那成熟的秧棵一片片踏倒在地，他便匆匆走过去，一把抓住那小孩。但是，他却不打不骂，凝视半日，说："你可是顺生者？怎么又干起六十年前的勾当来了？"

顺生者抬头一看是熊作头，便怒气冲冲地说："老作头，我正要找你算账哩。"

"算甚账？"熊作头惊讶地说，"当初，要不是怜你无依无靠，把你带进许老爷家，你有后来的发迹吗？还当议政大臣，屁！还不是村中无人敢靠近的小流氓！"

"老作头，坏就坏在你那时一带。要不是你带，我这六十多年怎么会有那么大、那么多的烦烦恼恼呢？抓鱼摸虾六十年，可比当官好多了。"

"瞧你个没良心的东西！你不当官，怎么能落得赤田地方这么大的一片坟墓！威威武武，有牌有坊，还圣上旨意，多光宗耀祖呀！"

"熊老爹，如今我才明白，我睡的那片地跟您老的那个墓坑，是一般大小的。再有几年，咱们骨头也是一样，这才是结局！"熊作头不作声了，慢慢地冲着顺生者笑了。

　　"顺生者，你到底是个经多见广的人，把事体看明白了。我服你……"

　　"熊老爹，我得去抓鱼摸虾，你可千万别再带我走了！"

　　"好，我同你一道去！"

　　是真是假，并没人追究。这些年许许多多真真假假谁又说得清！

　　……据说，从张勋之后，赤田村、岗嘴头村的男人，都乐于抓鱼摸虾，理稻田，但再没有出过顺生者——张勋——这样大的官，这地方也一直平平和和。